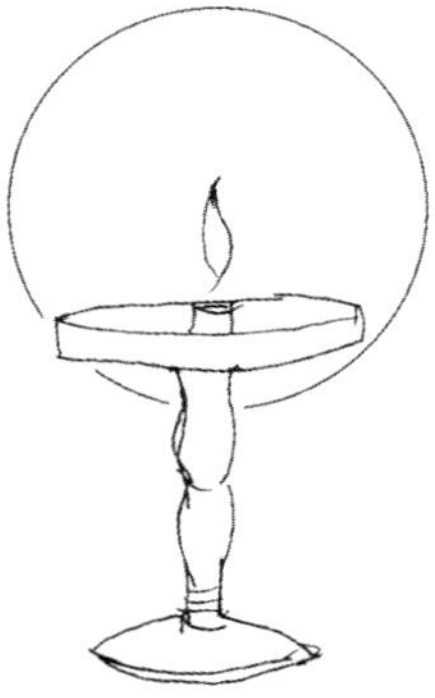

匡亚明 主编 中国思想家评传丛书

惠施 公孙龙 评传

杨俊光 著

南京大学中国思想家研究中心

南京大学出版社

中国思想家评传丛书

《中国思想家评传丛书》序

匡亚明

伟大的中华民族在长达五千年连绵不断的曲折发展过程中，像滚滚东流的长江那样，以磅礴之势，冲破了重重险阻，奔腾向前，现在更以崭新面貌，雄姿英发，屹立于世界民族之林。这是人类历史上的一个奇迹。产生这一奇迹有诸多原因，其中十分重要的一点，就是我们勤劳、勇敢、智慧的各族人民，在长期的生产活动、社会活动、思维活动和对外交往以及抗击外来侵略过程中，逐渐创造、积累、发展了具有以生生不息的内在思想活力为核心的优秀传统思想文化。这是一种伟大、坚强的精神支柱，是我们民族凝聚力和生命力之所在，是历史留给我们所有海内外炎黄子孙引以自豪的无价之宝。

当然，和各国各种不同传统思想文化一样，在中华民族的思想文化传统中，也是既有精华，又有糟粕，因而全盘肯定或全盘否定，不对；一知半解、信口开河或裹足不前、漠然置之，也不对。郑重而严肃的态度应该是对它进行实事求是的科学的研究和分析，取其精华，弃其糟粕，继承和弘扬这份瑰宝，振兴中华，造福人类。人类历史发展的连续性，就是在不断去粗取精、继往开来和改革创新过程中实现的。继往是为了开来，开来不能离开继往。民族虚无主义和复古主义，都是违背历史发展的辩证规律的。

现在我们国家正处在一个新的继往开来迈向四化的关键时刻。继往就是继民族优秀传统之往，开来就是开社会主义现代化建设之来。对中国传统思想文化从广度和深度上进行系统研究，实现去粗取精的要求，正是继往开来必须完成的紧迫任务。我认为这是中国各族人民，首先是文化界、学术界、理论界义不容辞的光荣职责。但面对这一时间上长达五千年，内容上涉及人文科学、自然科学等各个领域的传统思想文化，将从何着手呢？毛泽东同志早在 1938 年就说过："从孔夫子到孙中山，我们应当给以总结，承继这一份珍贵的遗产。"① 这是很有远见而又切合实际的英明建议。从孔子到孙中山这两千余年是中国历史上思想文化最丰富的时期，如果总结了这段历史，也就基本上总结了五千年传统思想文化的主要内容。当然，基本上不等于全部。孔子以前和孙中山以后的情况，可以另行研究。因此，我认为首先最好是在时间上从孔子开始到孙中山为止，方法上采取《中国思想家评传丛书》的形式作为实现这一任务的开端。这就是从这段历史的各个时期、各个领域和各个学科（包括文、史、哲、经、

① 毛泽东《中国共产党在民族战争中的地位》，《毛泽东选集》第 2 卷，人民出版社 1952 年版，第 522 页。

教、农、工、医、政治等等）有杰出成就的人物中，遴选二百余人作为传主（一般为一人一传，少数为二人或二人以上合传），通过对每个传主的评述，从各个侧面展现那些在不同时期、不同领域中有代表性人物的思想活力和业绩，从而以微见著、由具体到一般地勾勒出这段历史中中国传统思想文化的总体面貌，揭示其积极因素和消极因素的主要内涵，以利于开门见山、引人入胜地批判继承、古为今用，也为进一步全面系统地总结中国传统思想文化打下基础。自从毛泽东同志提出上引建议后，半个世纪以来，不少专家学者已从各个方面做了许多工作，但对全面完成这个任务来说还远远不够，还要在深度和广度上继续努力。作为“抛砖引玉”，本《丛书》只是这个继续努力所应完成的工作的一部分。《丛书》凡二百部，约四千万言，自1990年开始陆续出版，争取十到十五年全部出齐。

《丛书》所以用“中国思想家评传”命名，主要是考虑到中国传统思想文化中的核心是生生不息的内在思想活力，而历史事实也反复证明，凡是在各个不同时代不同领域和学科中取得成就者，大多是那些在当时历史条件下自觉或不自觉地认识和掌握了该领域事物发展规律的具有敏锐思想的人。他们取得成就的大小，取决于思想上认识和反映这些规律的程度如何。思想并非先验之物，它所以能反映和掌握这些规律，主要是通过社会实践和对前人思想成果的借鉴和继承。思想一旦形成，反过来在一定程度上又对实践起决定性指导作用。韩愈说的“行成于思，毁于随”①，列宁说的“没有革命的理论就不会有革命的运动”②，这些话，虽所处时代和所

① 韩愈《进学解》，中华书局《四部备要》东雅堂本《韩昌黎全集》卷十二，第3页。
② 列宁《怎么办》，《列宁选集》第1卷，人民出版社1976年版，第241页。

持立场不同，所要解决的问题的性质也不同，但就认识论中思与行、理论（思想的高度概括）与实践的关系而言，确有相通之处，即都强调思想对实践的指导意义和作用。因此我们以“中国思想家评传”命名，就是力图抓住问题的核心，高屋建瓴地从思想角度去评述历史人物，以便对每个传主在他所处时代的具体情况下，如何在他所从事的领域中，克服困难，施展才华，取得成功，做出贡献，从思想深处洞察其底蕴。历史上各个时代富有思想因而能在有关方面取得成就的人，直接阐述自己思想观点的论著虽亦不少，但大量的则是其思想既来自实践（包括对前人、他人实践经验的吸取）、又渗透在自己创造性实践之中，集中凝聚在他自己的业绩和事功上，而没有留下论著。另一些人却只留下著作而无其他功绩，对这些人来说，他那些有价值的著作就理所当然地是他的伟大业绩和事功。如果论述一个人的思想而不联系他的业绩（包括著作），必将流于空洞的抽象；同样，如果只讲一个人的具体业绩而不结合他的思想活动，又必将成为现象的罗列。评价思想和评价业绩，两者不应偏废。而不断在实践中丰富和深化的思想活力则是经常起主导作用的因素，强调这个因素，引起人们的正视和反思，正是我们的主旨和目的。当然，思想和思想家，思想家和实践家，都是既有区别又有联系的不同概念，忽视这一点是不对的。《丛书》的重点则是放在两者的联系和结合上。至于如何使两者很好联系和结合而又着意于剖析其思想活力，各占多少篇幅或以何种方式表达，则自当由作者根据传主的具体情况创造性地作出妥善安排。

自从人类历史上产生了马克思主义，不仅全人类解放和发展有了划时代的明确方向，学术研究也有了更严密的科学方法，即辩证唯物主义和历史唯物主义的世界观和方法论。根据这一科学方法，在研究和总结中国传统思想文化，特别是联系到《丛书》的撰著时，我认为下列几点应特别引起重视。

一、坚持实事求是的原则。实事求是是贯串在马克思实际活动和理论研究中的主线，离开了它也就离开了马克思主义。只有切实掌握了客观情况，才能得出正确的认识和判断。前者为"实事"，后者为"求是"，二者相结合，就叫实事求是。事不实则非夸即诬。为了弄清情况，就必须对情况的本质与现象、整体与局部、真与伪、精与粗，作出区别、梳理和取舍，这样才能掌握情况的实质，达到"实事"的要求；然后进一步加以分析研究，找出事物本身固有的真相而非主观臆测的假象，并验证其是否符合人民利益和人类历史前进方向，是否反映科学、技术、文化、艺术的发展规律，这样才能得出正确的认识和判断，达到"求是"的要求。实事求是是治学的基本功夫，是对每个传主的功、过、是、非作出公正评价的必要前提。不论古今中外，对历史人物过高或过低的不公正评价，大都由于未能认真坚持实事求是原则的缘故。

二、坚持批判继承的原则。马克思主义学说就是批判的学说，而批判是为了继承、发展和创新。这就需要我们在实事求是的基础上，既要继承发扬传主业绩和思想中的积极因素，又要批判清除其消极因素。凡传主业绩和思想中体现了诸如爱国主义、民主意识、科学见解、艺术创造和艰苦奋斗、克己奉公、追求真理的精神，即在符合历史前进要求的"立德"、"立功"、"立言"诸方面有显著成就等积极因素者，必须满腔热情地加以继承和弘扬，并紧密结合当前社会主义建设实际，使之深入人心，蔚然成风；凡反映有诸如封建迷信、专制独裁、愚昧落后、丧失民族尊严和违背科学进步等消极因素者，必须以历史唯物主义的观点加以批判，清除其一定程度上至今尚起作用的消极影响，而消极因素经过彻底批判后可转化为有益的教训；凡积极因素和消极因素相混者，更当加以认真清理和扬弃，既发扬其积极因素又摒弃其消极因素。我们力求一点一滴、切实认真地探索各个传主思想和业绩中珍贵的积极因素，使之成为全国各族人民正在从事的继往开来伟大历史工程的组成部分。

三、坚持"百花齐放"、"百家争鸣"的原则。"百花齐放"和"百家争鸣"，是发扬学术民主、促进学术繁荣的正确原则和巨大动力。前者强调一个"齐"字，后者强调一个"争"字，是表示学术上平等、民主和自由的两种不同状态；前者突出的是统一与和谐，后者突出的是区别与争论；两种状态又统一于不断地相互促进和相互补充、转化的持续发展提高过程之中。"百花齐放"、"百家争鸣"的原则体现在撰著评传时，应从"齐放"和"争鸣"出发，综合中外各个时期对有关传主的不同评价，吸取符合客观存在的对的东西，摒弃其违反客观存在的不实的东西，然后创造性地提出经过自己独立思考的、赶前人或超前人的一家之言。同时，对整个《丛书》而言，也有个共性、个性又统一又区别的问题。这就是一方面作者应把"实事求是"、"批判继承"和"百花齐放"、"百家争鸣"这几点作为大家的共性（统一与共识）；另一方面，对每部评传的立意、结构和行文（文体、文风和文采等），则主要是作者的创造性思维劳动和雅俗共赏的文字表达艺术的成果，是彼此的个性（区别），不宜也不应强求一律。评传作者都有充分自由去发扬这一个性，力求在对每一传主的评述中探索和展示其积极因素，使之和正在变革中国面貌的伟大社会主义建设实践融为一体，丰富其内容，促进其发展，而不是仅仅停留在对传主思想业绩的一般性诠释上。

我认为，以上三点大体上可以表达《丛书》所遵循的主要指导思想，但也不排除用其他思想和方法得出的有价值的研究成果。

感谢所有关心和支持《丛书》工作的单位和个人，特别感谢《丛书》的名誉顾问和学术顾问。他们的热情关心、支持和指教，使《丛书》工作得以顺利进行。更要感谢所有承担评传撰著任务的老中青学者，他们都以严谨的治学态度，作出了或正在作出对学术、对民族、对历史负责的研究成果。没有他们的积极合作，《丛书》工作的开展是不可能的。《丛书》副主编和中国思想家研究中心、南京大学出版社，在制定《丛书》规划，约请和联系国内外学者，审定书稿以及筹划编辑出版等方面，克服重重困难，做了大量工作，他们的辛勤劳动是《丛书》能按预定计划出版的必要前提。

现在《丛书》开始出版了，我作为年逾八旬的老人，看到自己迫于使命感而酝酿已久的设想终于在大家支持合作下实现，心情怡然感奋，好像回到了青年时代一样，体会到“不知老之将至”的愉悦，并以这种愉悦心情等待着《丛书》最后一部的问世；特别盼望看到它在继承中华民族传统思想文化的珍贵遗产方面，在激励人心、提高民族自尊心和爱国主义思想方面，在促进当前建设有中国特色的继往开来的社会主义现代化物质文明和精神文明的历史性伟大事业中，能起到应有的作用。我以一颗耄耋童心，默默地祝愿这一由一批老中青优秀学者经长年累月紧张思维劳动而作出的集体性学术成果能发出无私的熠熠之光，紧紧伴照着全民族、全人类排除前进道路上的各种障碍，走向和平、发展、繁荣、幸福的明天！

热诚欢迎国内外同仁和各界人士不吝赐教，以匡不逮。是为序。

1990年10月7日

内容简介

中国先秦“名家”的学术，可以说是古代中国哲学中思辨性最强的部分，也是最有趣而又最难懂的部分。惠施、公孙龙即是“名家”的两大著名代表。本书对这两位传主的生平、著作、思想体系、社会作用和历史地位等等方面，在广泛地吸取前人考证、注释、研究成果的基础上，运用马克思主义理论，从历史上直到今天的研究状况和存在问题出发，作了比较详尽的研究，得出了一系列新的结论和比较公允的评价。书中，对有关历史的事实和文献资料的文字脱、误、衍、倒以及许多长期聚讼不决致使传主思想体系显得十分模糊甚至无从理解的问题，都作了应有的考证、校勘、训释和研究；史论紧密结合，史实、文字的考释与思想的剖析融为一体，是本书最显著的特色。

A Brief Introduction

The learning of the school of Names of pre-Qin of China Would be the most vigrous part with most strong dialectic thought and interesting in ancient Chinese philosophy. Both Hui Shi and Gong Sun Long are the greatest delegates among the school of Names.

This book deals with the lives, writings, system of thought, social effects and historical positions of these two great biographees. The author of this book have applied both Marxism and existing Questions asstarting point for his detailed research work and expounded a series of new conclusion and fair evaiuations simultaneously. All the errors long time debated, extent, derivations, reserved maters of those extant writings had severely obscured the major thoughts of that two great biographees even caused no way for completely understanding, which have been checked, collated, critical interpreted and researched in this book already.

The method adopted in this book is incorporating history with exposition, facts, words explanation, and mergeing thought analysis into an organic whole. These all make up sequentially the notable character of this book.

目 次

《中国思想家评传丛书》序……………………………… 匡亚明
序 …………………………………………………………………

惠 施 评 传

第一章　年代、乡里与出身…………………………………（3）
　一、年代、乡里略考 …………………………………（4）
　二、出身推测 ……………………………………………（15）
第二章　生平事迹 ………………………………………（21）
　一、历史的舞台——战国中期的魏、宋二国 ……（21）
　二、烜赫大半生的政治生涯 …………………………（27）
　三、研究哲学、逻辑学和自然现象的晚年 ………（37）
第三章　哲学思想——“历物”十事（上） …………（47）
　一、“至大无外，谓之大一；至小无内，谓之小一。”
　　……………………………………………………………（49）

二、"无厚，不可积也，其大千里。" …………… (51)
三、"天与地卑，山与泽平。" ………………… (52)
四、"日方中方睨，物方生方死。" …………… (54)
五、"大同而与小同异，此之谓小同异；万物毕同毕异，此之谓大同异。" ………………… (55)
六、"南方无穷而有穷。" ……………………… (58)
七、"今日适越而昔来。" ……………………… (59)
八、"连环可解也。" ……………………………… (60)
九、"我知天下之中央，燕之北、越之南是也。" … (61)
十、"泛爱万物，天地一体也。" ……………… (61)
第四章 哲学思想——"历物"十事（下） ………… (64)
一、体系初探 ……………………………………… (64)
二、"合同异"说驳议 …………………………… (69)
三、历史的评价 …………………………………… (76)
第五章 政治思想与阶级属性 …………………… (90)
一、政治思想 ……………………………………… (90)
二、阶级属性推测 ………………………………… (99)
第六章 卓然独立、自成一家的学者 ………… (104)
一、"名家"的开山 …………………………… (104)
二、异说商榷 …………………………………… (108)
第七章 惠施思想的历史命运以及在中国古代思想史上的地位 ……………………………… (120)
一、昙花一现 …………………………………… (120)
二、一颗闪光的明珠 …………………………… (122)

公 孙 龙 评 传

第一章 生平……………………………………………(129)
一、年代与乡里 ……………………………………(129)
二、封建贵族的清客 ………………………………(133)
三、名噪一时的"辩者" ………………………………(140)
第二章 著作……………………………………………(147)
一、真伪与存佚 ……………………………………(147)
二、版本与注释 ……………………………………(152)
三、前人对《公孙龙子》的研究和了解 ……………(156)
第三章 多元的、客观唯心主义的宇宙观（上）……(163)
一、"离坚白"的哲学路线 ……………………………(164)
二、几种有关流行观点的考察 ………………………(169)
第四章 多元的、客观唯心主义的宇宙观（下）……(182)
一、《指物论》的"物莫非指" …………………………(182)
二、《名实论》的名实关系论 …………………………(192)
第五章 形而上学的思想方法……………………………(199)
一、《白马论》的"白马非马" …………………………(199)
二、《通变论》的"二无一"和"变非不变" ……(206)
第六章 逻辑思想………………………………………(214)
一、"别同异"、"正名实"的逻辑学意义 ………(215)
二、"别同异" ………………………………………(216)
三、"正名实" ………………………………………(220)
四、"诡辩"说驳议 ……………………………………(223)
第七章 社会政治作用、阶级属性和历史地位………(230)

一、社会政治作用和阶级属性 …………………… (230)
二、历史地位 ………………………………………… (240)

附　录
《庄子·天下》篇的"辩者"学说 ……………… (251)
《公孙龙子》校译 ………………………………… (284)
名家（辩者）诸子、诸书资料辑略……………… (307)

索　引
人名索引…………………………………………… (317)
文献索引…………………………………………… (327)
重要词语索引……………………………………… (336)

后　记……………………………………………… (343)

A CRITICAL BIOGRAPHY OF HUI SHI AND GONG SUN LONG

CONTENTS

Preface

Part Ⅰ: Hui Shi

Chapter One	Age, Home Village, Family
Chapter Two	Life Story
Chapter Three	Philosophical Thought——Ten Paradoxes (Part 1) ——Their Explanations
Chapter Four	Philosophical Thought——Ten Paradoxes (Part 2) ——Exploring & Evaluation
Chapter Five	Political Thought & Class Nature
Chapter Six	Brilliant Independent, Unique Style One-

self
Chapter Seven　The Historical Mission of Hui shi's thought and its Status in Chinese ancient ideological history

Part Ⅱ: Gong Sun Long
Chapter One　Biography in brief
Chapter Two　Writings
Chapter Three　Pluralistic Objective Idealism View of Universe 〈Part A〉——《Discourse on Hard and white》
Chapter Four　Pluralistic Objective Idealism View of Universe 〈Part B〉——《Discourse on chih & Things》and《Discourse on Name & Actualities》
Chapter Five　Metaphsical Method of Thinking
Chapter Six　Logical Thought
Chapter Seven　Social Political Affection, Class Character & Historical status
Appendixes
Indexes
Postscript

序

春秋战国是一个历史过渡时代。在这个时代里，生产关系、阶级结构、政治制度乃至意识形态，无不发生了激烈变动。在变动过程中，死的拖住活的，活的挣脱死的；旧的缠住新的，新的排开旧的。于是各种事物发生了“名实相怨”的情况，或是有名无实，或是有实无名，更多的是名实相绕。这就产生了“正名”的必要性。中国文化发展到春秋战国时代已进入全面的繁荣时期，思维能力也达到了相当的高度，这就为讨论“正名”问题提供了可能性。这个时期，在阶级结构发生变动的过程中，出现了一个“士”阶层。由于“士”阶层来源不一，成分复杂，因而他们提出的思想、主张、方案也就很不一致，于是发生了争鸣。争鸣的立场、观点虽然各各不同，但有一点却是共同的，那就是“正名”，这是各家各派的出发点和归宿点。首先提出“正名”问题的是儒家学派的创始人孔子。他说：“必也正名乎!”“名不正，则言不顺；言不顺，则事不成；事不成，则礼乐不兴；礼乐不兴，则刑罚不中；刑罚不中，则民无所错（措）手足。”（《论语·子路》）这段话把“正名”的重要性和政治作用说得非常透辟。其后各家都提出了正名问题。到了战国中期终于形成了一股名辩思潮，出现了一批以名辩为专业的“辩士”或“辩者”。就现存资料看，其中可分为三派，即惠施派、公孙龙派和墨家后学派。他们对名学各有贡献也各有缺点，而以墨家后学贡献最大而缺点最少。名家的贡献在于：第一，他们敢于向旧观念挑战，猛力冲击旧观念，同时也为建立新观念提供了科学上和逻辑上的依据；第二，名辩思潮的兴起，推动了语言学的发展，提高了学术争鸣的质量，使语言和争鸣沿着科学和理性的轨道前进；第三，启发了人们的智慧，拓展了人们的思路，提高了人们的思维能力，扫除了蒙昧主义的影响。不足之处在于：他们都没有摆脱或没有完全摆脱唯心主义和形而上学的羁绊。

名辩学派在战国诸子中是较为重视万物、讲究实事求是的学派，且能摆脱伦理道德观念的纠缠，这与当时新兴地主阶级朝气蓬勃、积极进取的精神相一致，所以名辩学派曾风靡一时，辩者也曾受到各国诸侯的礼敬。然而，秦始皇统一中国之后，名学便开始跌入低谷，以致中断了两千年之久。这是因为秦汉时期新兴的封建制度已经确立，君主专制的政体已经巩固，儒家的独尊地位已经形成。朝政不容议论，学术不容争鸣。在这种情况下，名辩之学也就无用武之地了。而且名家所提倡的科学精神和理性主义，也为封建统治者所憎恨，害怕他们利用逻辑的力量揭露其虚伪性和欺骗性。因此，两千年来，名辩之学一直遭到压制而几成绝学。这给后世研究名学的学者造成了极大困难。名学著作的散佚、错简、脱漏、讹误的情况十分严重，以致不能成读。

明清之际，实学渐兴，继之，考据学又兴起。在这种背景下，名家著作才开始受到一些人的注意。经过他们一番辑佚、整理、校勘、疏释的功夫，方使名家著作大意粗通。鸦片战争以后，中国门户大开，西方文化随着商品的流入而源源不断地涌了进来，严重地冲击着一向被奉为正统的儒家学说，使它丧失了往日的权威。逮及辛亥革命，随着封建制度的结束和清王朝统治的垮台，种种禁锢一时崩解，被窒息了两千年的思想界顿时活跃起来，再度出现了争鸣的局面。在这种背景下，名家著作又得到了众多学者的青睐。他们一方面继承考据学的传统，努力恢复名家著作的原貌，同时更着力于其中蕴奥的抉发和义理的推阐，取得了不少成绩。然而，名家著作毕竟“受伤”太重，要完全恢复其原貌，固非易事，而要阐发其义蕴，评说其功过，更属大难。

杨俊光同志的近著《惠施公孙龙评传》可以说是肩负了继往开来的任务。一方面，总结了前人研究的一切优秀成果；另一方面又为后人继续研究开拓了新的境界，奠定了坚实的基础。俊光同志的这部著作是他多年研究惠施、公孙龙两家名学的心血结晶，其中包含着许多丰硕成果，举其荦荦大者，约有三端：

其一，关于搜集整理考辨资料方面。关于惠施、公孙龙的资料实在太少，他们的生卒年代、籍贯乡里、生平事迹，都是模糊不清的。关于他们的著作流传情况、真伪程度，也是很难把握的。但是，俊光同志不辞辛苦，从浩如烟海的载籍中，爬梳剔抉、阐幽发微，然后综合排比，考校会证，误者纠之，信者存之，为他的著作打下了坚实的基础。例如：古籍中曾记有公孙龙骑白马过关一事，关吏根据法令禁止白马过关，于是又歧出两种不同的说法：一说他交纳了马税才得过关的；一说他以“马白非马之说”折服了司关小吏而得过关的。有人疑为捏造，有人信以为真。俊光同志考校了各种记载，断然否定了“过关”一事，认为“实则并不可信”，“都只是在做小说而已”。又如《公孙龙子》的真伪、存佚问题。《汉书·艺文志》记有“《公孙龙子》十四篇”，《四库全书总目提要》说：“至宋时八篇已亡。”关于这个问题共有四种不同意见：(1)《公孙龙子》一书是后人伪作的；(2)《隋书·经籍志》所录的《守白论》即《公孙龙子》；(3)《公孙龙子》只有六篇，并无残缺；(4)现存《公孙龙子》六篇是《公孙龙子》十四篇的残真本。俊光同志从版本流传的过程和思想内容的分析两方面对前三种意见详加驳议，而对后一种意见作了充分的论证，认为今存《公孙龙子》六篇，除《迹府》一篇为公孙龙门人所辑而外，其余五篇“基本可信为公孙龙子本人的作品”。对《四库全书总目提要》的说法也提出了异议，认为“八篇之亡，更可上溯到南北朝时期”。并且根据古人著作体例有“内书”、“外书”、“杂篇”之称，对已佚的八篇内容作了推测：“或可假定所佚八篇主要地也就是所谓‘外书’、‘杂篇’之类。”从上举二例看，可知俊光同志对史料的辨析何等严肃认真！

其二，关于文字校勘、训释方面。汉字形体曾发生过几次变革，从战国时代算起，就发生过由大篆到小篆，由小篆到隶书，由隶书到正楷的变革。每变革一次，都给古籍的传抄带来困难，“形近而讹”的现象在在皆是。即使在同一字体流行的时代，也会因书写材料的更新和印刷技术的改进而造成脱简、错简、脱字、乙倒等等错误。再加上名家著作长期遭到冷落，无人过问，这种情况就更加严重。虽然明清以来，许多学者都作了文字复原工作，但阙遗之处并未完全解决。俊光同志在广泛吸取前人成果的基础上也作出了自己的新贡献。例如：关于惠施“历物十事”的排列次序问题，俊光同志怀疑今本的排列次序有误，系由古本上下两重书写旁行改为直行相连加上一次错简而造成的。于是，他根据“十事”之间的逻辑关系作了重新安排。这样，不但显豁了惠施思想的体系，也突出了惠施思想的核心。又如“泛爱万物”的“爱”，俊光同志根据训诂学原理，旁征博引，把它训为“爱好”、“喜爱”之“爱”。这样一来，“泛爱万物”这句话就与惠施的思想体系密合无间了，同时也划清了与儒家的“泛爱众”和墨家的“兼爱”的界限。再如《公孙龙子·迹府》中曾两次提到“守白”一词（即“为守白之论”“以守白辩”），有人据此认为公孙龙是主张“不离”的，而与公孙龙诘难的客方却是主张“离白”的，派别完全对换了一个位置。俊光同志认为这不符合公孙龙的思想体系。他征引了桓谭《新论》、《庄子·秋水》、《淮南子·齐俗》、《史记·平原君虞卿列传》、《论衡·案书》乃至《汉书·艺文志》颜师古注记载的有关文字，均为“坚白”连言，便把“守白”校改为“坚白”。这就与《公孙龙子》全书一致起来了。从以上三例可以看出，俊光同志的治学态度可谓字字关心，一丝不苟！

其三，关于评价惠施、公孙龙学说方面。这是一个歧说纷纭的问题。俊光同志始终坚持以马克思主义的立场、观点、方法为指导，以充分占有的材料为依据，把惠施、公孙龙放在特定的历史条件下，进行实事求是的论证，力求得出一个比较公允的结论。对于惠施，俊光同志认为他是“卓然独立、自成一家的学者"，是"古代中国辩证论的卓越代表"，而且"还是'名家'学派的开山"。关于惠施学说，俊光同志特别强调其中的"同异思想"，认为"惠施的同异思想，是中国哲学史、逻辑史上一颗闪光的明珠"。对于公孙龙，俊光同志肯定他是"名家学派的巨擘"。关于公孙龙学说，俊光同志则认为总体上"属于唯心主义和形而上学"，但在某些方面却"为人类哲学思想的发展作出了独特的贡献"。特别是"在逻辑科学方面，他（指公孙龙——引者）获得了前无古人的成就"。这些评价是否完全恰当，姑置勿论；但这些结论都是俊光同志经过审慎研究之后所得出的一家之言，是非常可贵的。

据我所知，俊光同志对"名家"之学发生兴趣，还是在大学读书时代，至今已有三十余年了。三十年来的风风雨雨，他不能不受到许多影响，但是，无论在何种境况中，他都坚持不懈，孜孜以求，锲而不舍，体现了一个真正学者的风格。他在这方面辛勤劳动的成果，集中地包含在两部著作中，一部是《公孙龙子蠡测》（1986 年 12 月齐鲁书社出版），得到了学术界的好评，被列为"可以留传后世"的"学术专著"① 之一。另一部是《惠学锥指》（1984 年初完稿，即将由南京大学出版社出版）。现在这部《惠施公孙龙评传》就是在这两部著作的基础上不断充实提高而写成的，相信对学术界会有更大的贡献。

俊光同志书稿既成，嘱我为序，我感其为学之精审，用力之勤奋，欣然受命，因书数言以应盛意。

洪家义

1990 年 10 月 15 日于南京大学

---

① 赵炳南：《文兴齐鲁　功在学林——齐鲁书社十年掠影》；见《出版工作》1989 年第 7 期。

惠　施　评　传

第一章　年代、乡里与出身

惠施，姓惠[①]，名施；是先秦“名家”（《史记·太史公自序》引司马谈《论六家之要指》、《汉书·艺文志》）或称“辩者”（《庄子·天地·天下》）的主要代表。《史记》没有为惠施立传，甚至全书都没有出现他的名字。《汉书》中虽略有反映亦只出现过两次短短的十三个字：“惠施”（《古今人表》，列为第六等“中下”），“《惠子》一篇”（《艺文志》；班固自注：“名施，与庄子并时”）。因此，他的生卒年与乡里籍贯颇有异说，社会出身并无直接记载；史书所载活动，多数亦难判定其绝对年代。

---

① “惠”亦写作“慧”。《韩非子·说林上》即称“慧子”，（清）卢文弨谓“慧”字与“惠同”（《群书拾补·韩非子》）。《说文解字》段玉裁注：“经传或假‘惠’为‘慧’”，“‘慧’，古多假‘惠’为之。”是二字古已通用。

一、年代、乡里略考

(一) 年　　代

胡适曾据《吕氏春秋·爱类》断定:“齐梁会于徐州,相推为王,乃是惠施的政策。徐州之会在纪元前三三四年。据此看来,惠施的时代大约在前三八〇年与前三〇〇年之间。”① 具体年代虽出入不大(下详),但论证则嫌粗疏。

所谓齐梁于徐州“相推为王”,是否确有其事,前人已有疑之者。如(清)梁玉绳认为徐州之会是“惠王因改元称王会诸侯”② 而不是相推为王。《史记》之《魏世家》、《田敬仲完世家》只分别言“与诸侯会徐州,相王”、“与魏襄(据《古本竹书纪年》,当作“惠”)王会徐州,诸侯相王也”;《六国年表》魏、齐部分亦只分别说“与诸侯会徐州以相王”、“与魏会徐州,诸侯相王”。既未明言两国相王;更为重要的是,竟也没有提到惠施。而且,齐之称王,实早在徐州会前的“击魏,大败之桂陵”(《田敬仲完世家》)之时,据《史记·孙子吴起列传》《索隐》引《古本竹书纪年》和《赵世家》系魏惠王十七年(公元前353年);完全不需要等到徐州之会由魏尊其为王。魏之称王,据《史记·秦本纪》,当秦惠文王四年,即徐州相会之年,但并非由于齐的承认。

再看《吕览》原文,亦只说匡章反对惠施的“王齐王”即尊奉齐王为王的主张,而没有指明说的就是所谓徐州相王之事。

---

① 《中国哲学史大纲》,商务印书馆1920年版,第227页。

② 《史记志疑》,中华书局(北京)1981年版,第422页。

其实，《吕览》所指，根本不是徐州之会；而是魏惠王二十八年(公元前342年)① 发生的另一件事：魏在马陵之战中大败于齐以后，惠施向魏王建议“变服折节而朝齐”，即改变王服贬抑自己屈节而朝见齐王；魏王即“使人报于齐，愿臣畜而朝”，派人告知齐国自己愿意称臣朝见而“朝齐侯再三”（《战国策·魏二》)。这是臣事对方，而不是互认为王。正因为这样，才引起了匡章的反对。如果真是齐魏互认对方为王，在魏大败于齐的历史条件下，就完全不会有人出来反对了。

徐州之会，也不一定与马陵之战有什么直接的关系，即不会是这次战争的善后。因为，从时间上看，按照当时争战频繁的历史情况，马陵一战的善后是不可能拖延到八年以后的徐州之会的。从上引《魏策》“朝齐侯再三”以及《田敬仲完世家》的齐“击魏，大败之马陵……其后三晋之王皆因田婴朝齐王于博望，盟而去”，即在战后不久魏、赵、韩之君都经由齐相田婴在博望朝见齐王并立誓缔约，可见这次战争的遗留问题，在徐州会前早已解决。

总之，《爱类》篇所说的“王齐王”，与徐州之会未必有关。因此，据徐州之会定惠施生活年代，实属疏漏。同时，在《庄子》、《战国策》等书中，亦时有记及惠施行事者。据之，完全可以将惠施年代确定得更为精细些；仅凭《吕览》和《史记》为说，亦嫌粗疏。

到了钱穆，则进了一步。他据魏齐马陵之战与魏相田需死(《魏世家》：“哀王……九年……魏相田需死”；“哀王”，据《魏世家·集解·索隐》引《世本》，当作“襄王”；魏襄王九

① 《魏世家》本文作“三十年”，据《索隐》引《古本竹书纪年》改正。

年当公元前 310 年）后楚人关于魏相可能人选的推测[①]中不及惠施，定惠施"至魏当在惠王二十七八年马陵败后，或即在徐州会前一二年"[②]；"惠施寿盖六十左右，其生当在烈王（杨注：当公元前 375—369 年）之世。"[③]

此后，各家对惠施的生年，基本上都定为公元前 370 年。至于卒年，则有公元前 300 年、310 年、318 年三说，相距亦不远。然则犹有可辨者。

惠施的生年，从现有资料看，应该还要略为早些。看《战国策·魏二》关于惠王与惠施就马陵之战的对话的记载："齐、魏战于马陵，齐大胜魏，杀太子申，覆十万之军。魏王召惠施而告之曰"，就完全是战争正在进行或战事甫毕时的口气，同时也表明当时惠施与惠王已不是初次相见了。

因此，惠施在魏国的政治活动，肯定早于马陵之战。至于早到什么时候，还需细为探索。有一段材料，历来少有人及之：

> "魏莹与田侯（牟）[④] 约，田侯（牟）背之。魏莹怒，将使人刺之。……季子闻而耻之，曰：'……今兵

---

① 《战国策·魏二》："田需死。昭鱼谓苏代曰：'田需死，吾恐张仪、薛公、犀首之有一人相魏者。'"（语亦见《魏世家》，文有小异）钱穆曰："昭鱼之言，不及惠施，以惠施在魏地位而言，犹高于三人，则疑其时已先卒也。然则惠施卒年，殆在魏襄五年使赵之后，魏襄九年田需卒前也。"（《惠施公孙龙》，商务印书馆 1931 年版，第 9 页）

② 钱穆：《惠施公孙龙》，第 8 页。

③ 钱穆：《先秦诸子系年》，中华书局（北京）1985 年版第 380 页。

④ 据（唐）陆德明《经典释文》所据本、案语及（清）俞樾（《庄子人名考》）说校删。

不起七年矣。……’……惠子闻之，而见戴晋人。戴晋人……曰：‘通达（杨注：有道路可以到达，即人迹所及的范围）之中有魏，于魏中有梁，于梁中有王，……’”

——《庄子·则阳》

这说的是魏惠王（名莹）与齐君（姓田）立盟后齐君背约，惠王非常愤怒以至想派人去刺杀齐君，季子、惠施（引见戴晋人）等人劝阻之事。（唐）成玄英《疏》谓“背之”者为“威王”，而其背之之“盟在齐威二十六年，魏惠八年”，年代舛乱，不足为据。但据原文还可以判明此事发生的年代。

首先，文中戴晋人语有“于魏中有梁，于梁中有王”，可知此事发生在魏迁都大梁以后。魏自安邑迁都大梁之年，颇有异说。据方诗铭、王修龄《古本竹书纪年辑证》的考证，当从《水经·渠水注》、《汉书·高帝纪》注引《古本竹书纪年》，为魏惠王六年，即公元前364年（参见第110—111页）。因此，最早不过此年。

其次，文中对齐君称侯而不称王，显见事在齐国称王之前。齐称王于公元前353年。因此，最晚不过此年。

第三，文中季子语有“今兵不起七年矣”。考《魏世家》载，惠王十一年到十五年无战事（据《古本竹书纪年》，《魏世家》年代有误，当为十到十四年，下同），连前后各一年（后一年亦无大战，仅“侵宋黄池，宋复取之”一事），正好七年。据此，事当发生于惠王十五六年（公元前355或354年）。

公元前354年，正是魏“围赵邯郸”（《魏世家》；年代据《赵世家》及《孙子吴起列传·索隐》引《古本竹书纪年》改正）之战开始的时候。第二年，魏“拔邯郸。赵请救于齐，齐使田忌、孙膑救赵，败魏桂陵。”（同上）因此，所谓“田侯背之”，很可能就是指齐君在对赵战争问题上与之异趋。其“背之”之“约”，当与《田敬仲完世家》所记“与魏王会田于郊”一事有关。其年，《世家》误为威王二十四年；据《六国年表》换算，当魏惠王十六年，又据《古本竹书纪年》推算，应为十五年，即公元前355年①，离开发生矛盾时仅一年。真是才订约即闹翻了。

上所说，还有一个旁证。《吕氏春秋·不屈》云：“惠子之治魏……围邯郸三年而弗能取”。所谓“围邯郸三年而弗能取”，即系指惠王十六年围邯郸，至十九年“归赵邯郸”（《魏世家》；年据《赵世家》及《纪年》推算）之事，显然亦认为邯郸之战与惠施有关。

这样，如果惠施见戴晋人于魏惠王之年为公元前354年，是年惠施在25—30岁之间，则其生年当在公元前380年前后。钱穆曾经反对《吕氏春秋》“以魏惠十七年围赵邯郸为惠施相魏后事”，其说云：“惠子为相，年事当逾三十，下至周赧王元年，齐破燕，惠子为魏使赵，凡四十年，惠子之寿当跻八十，未必再为魏效奔走，可疑一也。且据原篇叙惠施见白圭事，则惠施用事当在白圭之后，《六国年表》惠王二十七年丹封，余疑丹即白圭，若然，则其时白圭正当路，惠施不应先十年便已为相，可疑二也。谓恐天下笑之而令周太史更著其名，无此情理，可疑三也。惠子墨徒，常主偃兵，马陵之后，

① 据《田敬仲完世家·索隐》引《古本竹书纪年》：“梁惠王十三年——杨按：新校点本据金陵书局《史记集解索隐正义合刻本》作十二年，实误，此据《百衲本》、武英殿本等——当齐桓公十八年，后威王始见”，实当齐威王二年。

劝王折节而朝齐，且曰王固先属恨于赵云云，（见《魏策》详上引）见伐赵非出惠子，可疑四也。……若依吕氏书，惠施在魏，为政治上之活动者三十年，魏既迭经败衄，而惠王与相终始，尊信之不稍衰，……可疑五也。”① 历述数疑，实不成疑。如据我所推定生年，下至为魏使赵，年仅六十又五；使臣的年龄，原也不可一概而论，作为特例，《战国策·魏四》魏国有一个唐且，“年九十余”还“西说秦”而完成了使命。丹即为白圭，亦无妨惠施之同时用事，因用事亦不必为相（实在说来，《吕览》亦没有说惠施已为相）。说据《吕氏春秋》“叙惠施见白圭事，则惠施用事当在白圭之后”，或“据此似惠施初游梁，白圭已达。”② 更误。白圭年代，即钱赋以高寿（《系年》定为公元前375—290年），还是略后于惠施。观《吕览》原文③，对圭称名，对施称子，圭对施亦称子，还有如“白圭新与惠子相见”、“惠子说之以强”云云，均显示两人地位实以施为主、圭为次；施之于圭，自比为“父母之教子”，亦可见其为圭之前辈或先已在位者。因此，白圭仕魏，实在惠施之后。说惠施主“偃兵”系“墨徒”亦并无根据（下详，此不赘）；“马陵之后，劝王折节”，亦不足证马陵战前即有如此主张。

---

① 钱穆：《惠施公孙龙》，第7—8页。

② 钱穆：《先秦诸子系年》，第251页。

③ 原文曰：“白圭新与惠子相见也。惠子说之以强，白圭无以应。惠子出。白圭告人曰：‘人有新取妇者，妇至宜安矜烟视媚行。竖子操蕉（据俞樾《诸子平议》说，字当作“焦”，下同）火而钜；新妇曰：“蕉火大钜。”入于门，门中有敛（据蒋维乔等《吕氏春秋汇校》引《诸子品节》当作“欲”）陷；新妇曰：“塞之，将伤人之足。”此非不便之家氏也，然而有大甚者。今惠子之遇我尚新，其说我有大甚者。’惠子闻之曰：‘不然。诗曰：“恺悌君子，民之父母。”恺者大也，悌者长也。君子之德，长且大者，则为民父母。父母之教子也，岂待久哉，何事比我于新妇乎？”

至此，作为主体的（1）（2）（4）三疑，均已释然。第（3）疑无关宏旨；第（5）疑则仅属钱氏据常理作的推测，实不足为疑。

至于惠施卒年，应以钱穆说为是。公元前 318 年之说，失之过早。材料除钱已举“齐破燕，……魏……令……惠施之赵，请伐齐而存燕。”（《战国策·赵三》；据《六国年表》当燕王哙七年，即公元前 314 年）还有：“田需贵于魏王，惠子曰：‘子必善左右。’”（《战国策·魏二》；语又见《韩非子·说林上》，“田需”作“陈轸”）据《魏世家》，惠王后元“十三年，张仪相魏。……十六年，襄（当作惠）王卒，子哀（当作襄）王立。张仪复归秦。”据《史记·张仪传》，张仪居魏至齐“败魏于观津”之年，据《魏世家》，是年已是哀（当作襄）王二年，即公元前 317 年了。《秦本纪》亦云：惠文王更元八年（公元前 317 年）“张仪复相秦”。以后，据《史记·犀首传》：“犀首……相魏。张仪去。”还有一个犀首为魏相的时间。这样，田需相魏最早亦在襄王二年（公元前 317 年）以后了。就是说，公元前 318 年，惠施还没有死。在这以后的前 317 年、前 314 年，他还在活动。

卒于公元前 300 年一说，似失之过迟了。顾实之所以持此说[①]，是把张仪开始相魏的时间，从惠王后元十三年拉后了十二年（襄王九年），但不知何所据？马叙伦谓：“惠施以梁襄王十三年失相之楚。（《楚策》及《六国年表》襄王十三年，今表内为哀王十三年。）当赵武灵王之二十年，施未必即死。假令死于十年内”[②]，则定其卒年为公元前 296 年前后，失之

① 顾实：《庄子天下篇讲疏》，商务印书馆 1931 年版第 136—137 页。

② 马叙伦：《庄子天下篇述义》，龙门联合书局 1958 年版第 92 页。

更晚。据《古本竹书纪年》及《世本》，《六国年表》所谓“襄王”的年代，当是“惠王后元”，而无哀王。马却把“年表”的“襄王”移后，又不知所据为何？

(二) 乡　里

今天的研究者，一般都认为惠施是宋人。只有郭湛波表示怀疑[①]，冯友兰则有保留地说“相传为宋人”[②]，“据传说他是宋人”[③]。这种怀疑是对的。从历史上看，认为是宋人的，只有两个人。一个是东汉的高诱（《吕氏春秋·淫辞》注；但对同书在前的《听言》篇的注，却只说：“惠子，惠施，仕魏。”而未明确说是何处人）；一个是成玄英（《庄子·逍遥游·秋水》疏）。但是，在他们以前的班固，却未说及惠施乡里，只说：“名施，与庄子并时。”观同篇中对于其他人物，如同为“名家”的邓析、公孙龙、毛公等，却都是明注其为“郑人”和“赵人”的。可见，对惠施的乡里籍贯，并不是知而不注，盖其时或已不能确知其详了。早于高诱的许慎，其注《淮南子·齐俗》，亦仅云：“惠子，名施，仕为梁相。”而不及其乡里。在同篇中，对于庄子，则又是明确地注为“蒙人”的。更以后，成玄英以前的晋人司马彪，亦只注云：“姓惠名施，为梁相。”（《经典释文》引）（明）归有光亦只说是“战国时人”（《诸子汇函》卷十三《惠子》），而同书对许多作家，又都是明注国别甚至具体地名的。（清）马国翰则认为是“魏人”（《玉函山房辑佚

---

① 郭湛波：《先秦辩学史》，中华书局1932年版第39页。

② 冯友兰：《中国哲学史》，中华书局1961年第一版第243页。

③ 冯友兰：《中国哲学史新编》，人民出版社1962年第1版第313页。

书·惠子》)，嵇文甫《名家起于三晋说》[1] 从之。

考诸书所记惠施活动，几乎全在魏（详后）；虽曾一度入宋，但为时极短，实不足为宋人之证。

宋人说者众口一辞，认为惠施后来的活动虽在魏，但出生于宋地。于是，我们在上文讨论的惠施政治活动开始年代的问题，就变成了从宋入魏的问题了。

说惠施早年居宋，所据大概是《庄子》书中记载的惠施和庄子的接触。

其实，庄子虽系宋人，且长期居宋，但并非没有离开过宋国。据《庄子》书，他到过魏国，与魏王有过问对：

> "庄子衣大布而补之，正緳系履而过魏王。魏王曰：'何先生之惫邪?'庄子曰：'贫也，非惫也。士有道德不能行，惫也。衣弊履穿，贫也，非惫也。此所谓非遭时也。'"
>
> ——《山木》

他也去过惠施曾经两三次进入的楚国：

> "庄子之楚，见空髑髅，髐然有形，撽以马捶，因而问之。"
>
> ——《至乐》

如是，则庄书中所记庄惠交往的一部分，难道就一定不能发

① 载《新中华》1947年11月1日复刊第5卷第21期。

生在魏楚二国吗？

同样，惠施确也在暮年曾一度入宋，卒前也可能又一次到过宋国，甚至在宋定居。因此，庄书中所见的庄惠交往，即使是可能发生在宋国（不明地点）的那些，也不能证明惠施早年居宋。如《至乐》篇的“庄子妻死，惠子吊之”，从惠施吊唁时说的“与人居，长子老身”云云，即你跟人家共同生活、养儿育女直到衰老看，显见其为两人晚年之事无疑。至于《德充符》篇的“人故无情”之辩，《秋水》篇“知鱼之乐”、《徐无鬼》篇“天下非有公是”、《寓言》篇“孔子勤志服知”之辩（下详），从问题性质和双方语气看，也不像发生在早年。而且，从根本上说，庄子要比惠施年少，如上文所述惠施年二十五已在魏活动，那末所谓惠施早年居宋时，庄周还未成年，何能谈辩。庄惠会面，始于何时，不可确考。但是，观《太平御览》引《庄子》云：“惠子始与庄子相见而问乎[①]。庄子曰：‘今日自以为见凤凰而徒遭燕雀耳。’”（卷四六四）所谓原来“以为见凤凰”，当是指惠施已有盛名，显然亦不在早年。《秋水》篇庄子往见惠施，惠施恐彼夺其相位而致穷“搜于国中，三日三夜”这样的事，说明这时他对庄子的为人（淡于利禄）还是一无所知。如果是这样，那末可能这就是他们的第一次相会，因而惠施早年也就不一定在宋居住过。《淮南子·齐俗》载：“惠子从车百乘以过孟诸，庄子见之”，许慎注：“孟诸，宋泽。”此为唯一比较明确的庄惠宋地之遇，但既云“从车百乘”，亦已非早年明甚；或者就是从魏由楚入宋那一次，亦未可知。

---

① “乎”，马叙伦《庄子佚文》（稿本，又见《庄子义证》附录二）、王叔岷《庄子校释》（《附·庄子逸文》）改作“焉”。实不必改字，“乎”“焉”本可互训，“乎”犹“焉”也；说详《古书虚字集释》卷四。

那一次由魏适楚，楚王原来准备留他居楚，后因冯郝之谏而"奉惠子纳之宋"，资助惠施而把他送到了宋国。这里，值得特别注意的是：冯郝已经说到了"宋王之贤惠子"，即惠施与宋国的关系；如果惠施确系宋人，亦应连类而及，可是没有。

其实，高诱对古人籍贯的说法，原就不可尽信。其注《吕氏春秋·应言》的"公孙龙"云："龙，魏人也。"于史籍亦无据，可能只是据《庄子·秋水》篇所记"公孙龙问于魏牟"云云即与魏之公子牟交往而为言。因此，其定惠施为宋人，亦可能是仅据宋人庄子书中所记庄惠交往的材料而作的推测了。

因此，如无别的证据，还是以"魏人"说为近似。

近年来，何清谷同志又有一说："庄周说惠施死了就无法质疑问难。可见惠施死前已离开魏廷，回到宋国，所以才有和庄周再度论学的机会。庄周既能给惠施送葬，还凭吊过惠施之墓，说明惠施可能葬在他的家乡宋国的土地上。"① 亦不可不一为之辨。何之所据，是《庄子·徐无鬼》篇的记载："庄子送葬，过惠子之墓"，从而发出了"自夫子之死也，吾无以为质矣，吾无与言之矣"，即惠施死后再没有对手、没有可以谈论的人了的感叹。其实，《庄子》原文既没有说是"给惠施送葬"，也没有说是特意"凭吊"；而且，才"送葬"，亦不能即"凭吊"。这些，均无关宏旨。就主题而言，此时庄子亦不一定在宋地。虽文中提及"宋元君"，但只是举例，与同时提及"郢人"一样。即或庄子确在宋地，惠施卒前亦不一定居宋。因为，只要活着，不管天南地北，都决不会"无法质

① 何清谷：《惠施行年考》，载《中国古代史论丛》（福建人民出版社）1981年第1辑，第374—375页。

疑问难”的。说到安葬，即使确实葬在宋国，宋国亦不一定即为他的“家乡”。略后的大师赵人荀况，就没有葬在家乡，而是葬在楚之兰陵（《史记·孟子荀卿列传》），即为一证。

二、出身推测

关于惠施的社会出身，没有直接的材料可供确考，只有两条或可据以推测的材料：

“梁相死，惠子欲之梁，渡河而遽堕水中，船人救之。船人曰：‘子欲何之而遽也?’曰：‘梁无相，吾欲往相之。’船人曰：‘子居船楫之间而困，无我则子死矣。子何能相梁乎?’惠子曰：（子）[1]居艘楫之间，则吾不如子。至于安国家全社稷，子之比我，蒙蒙如未视之狗耳。’”

——《说苑·杂言》

“匡章谓惠子于魏王之前曰：‘（蝗）[螣][2] 螟，农夫得而杀之，奚故？为其害稼也。今公行多者数百乘，步者数百人；少者数十乘，步者数十人。此无耕而食者，其害稼亦甚矣。’……惠子曰：‘今之城者，或者操大筑乎城上，或负畚而赴乎城下，或操表（掇）[椽][3] 以善睎望。若施者其操表（掇）[椽] 者

---

① 据《北堂书钞》卷四十九、《艺文类聚》卷九十四等引文校删。

② 据许维遹《吕氏春秋集释》引“王念孙校本”校改。《诗·小雅·大田》毛传：“食心曰螟，食叶曰螣。”

③ 据许维遹引孙锵鸣《吕氏春秋高注补正》说校改，下同。

也。使工女化而为丝，不能治丝；使大匠化而为木，不能治木；使圣人化而为农夫，不能治农夫。施而治农夫者也。公何事比施于螣螟乎?'”

——《吕氏春秋·不屈》

第一条，惠施听说梁相国死了欲赴梁为相，渡河堕水。从受到船夫的批评看，他可能还是未入仕的平民百姓，充其量亦只是初入仕途。看他对船夫所说:“在船上，我不如你。讲到安定和保全国家，你与我比起来，只是一只还未开眼的小狗[①]罢了。”对船夫是鄙视的。

第二条，匡章在惠王面前攻击惠施“无耕而食”，好比是“害稼”而“农夫得而杀之”的“螣螟”，惠施答辩说:“现在修筑城墙的人，有的拿着大杵在城上捣土，有的背着畚箕在城下往来运土，有的拿着标杆仔细观察方位斜正。像我惠施就差不多是拿标杆的人了。让织丝的女工变成丝，就不能织丝了；让巧匠变成木材，就不能加工木材了；让圣人变成农夫，就不能治理农夫了。我就是治理农夫的人啊。你为什么要把我比作蝗虫呢?”即以筑城的活动为例，说明自己正如不是拿着大杵在城上捣土、背着畚箕在城下往来运土那样的普通工人而是拿着标杆观察方位斜正的指导者一样，在社会里也不是普通的农夫而是管理农夫的人，是以管理农夫为职司的人。

由此，大致可以推定：惠施出身于对劳动者极度鄙视、又以“治农夫”为己任的“士”阶层。他是由“士”上升的一个

① 《艺文类聚》作“狗子”，即小狗。

封建官吏。陈伯达认为惠施是“下层社会的代表者”[①]，是没有根据的。

近年来，何清谷同志根据惠施在辞魏惠王传国时自称“施布衣也”（《吕氏春秋·不屈》）一语，认为“惠施是平民出身”，“是由平民而上升为知识分子”即“士”[②]的。其实不然。“布衣”，在春秋以前虽系庶民的代称（时庶民只能穿布衣），而庶民也就是农业劳动者；但是，到了战国时期，已经成为一般士人的通称（“庶民”也已经成为一般无官职者的通称）了。所以，说“布衣”就等于说“士人”，《庄子》、《韩非子》、《战国策》等书屡见“布衣之士”之称（《让王》；《奸劫弑臣》；《赵二》；《荀子·富国》还有“布衣紃屦”即布衣草鞋之称），即可为证。“布衣”或“士”，不是在位者，但又不是劳动者。如“年少时，为郡小吏”，“从荀卿学帝王之术”的李斯，也自称“布衣”（《史记·李斯列传》）；秦王与之“亢礼”、“同衣服饮食”的尉缭，亦自称“布衣”（《史记·秦始皇本纪》）；皆可为证。同时，它又只是士之未仕者的意思，并不表示士的社会出身。由平民上升者固可称为“布衣”，贵族破产者如孔子亦可称为“布衣”（《史记·孔子世家》）。《不屈》篇惠施之对，“王固万乘之主也，……施布衣也”的“布衣”，还是与“王”对比着讲的；此实为当时习惯，如《吕氏春秋·行论》亦云：“人主之行与布衣异”。因此，它既不表示惠施“上升”为士以前的身份，亦不表示其为“士人”出身，而只是一般地表示自己之非“王者”而已。

---

① 陈伯达：《惠施及其他辩者的哲学思想》；《理论与现实》第 1 卷第 2 期，1939 年 8 月 15 日。

② 何清谷：《惠施行年考》，同前引书第 367 页。

金德建同志也主张“惠施的出身”“属于劳动人民”。其根据是，《吕氏春秋·不屈》篇的“‘施而治农夫者也’的‘治农夫’”就“是懂得农夫手里的操作耕种”，“说明原来懂得‘农夫手里操作耕种’的生产劳动”①。

他论证说：“‘治’是做的意思”；“使工女化而为丝，不能治丝”，就“是：叫女工匠改行织丝绸，不一定能‘做织丝绸的事’”，“使大匠化而为木，不能治木”，就“是：叫大匠改行做一般木工，不一定能‘做好普通木器’”，“使圣人化而为农夫，不能治农夫”，就“是：叫圣人改行做农夫，不一定能‘做农夫手里耕种的事’”；“所以同样，‘施而治农夫者也’的‘治农夫’”就应作他那样的解释②。

这里，有一系列的问题。

首先，“治”字，虽是进行某种工作的意思，与“做”的含义相近；但并不相同。“做”字后起（《说文》所不收），大致说来，至宋代才出现。古代人关于“做”的概念，在制造、充当的意义上，不讲“治”，而讲“为”、讲“作”，如“王使人为冠”（《战国策·齐四》），“始作俑者，其无后乎！”（《孟子·梁惠王上》）“农之子常为农”（《管子·小匡》）；在做工、干活、做农活的意义上，亦不讲“治”，而讲“事”、讲“务”，如“事农”（《管子·治国》）、“务农”（《商君书·壹言》）。因为“农”字亦可作动词用，所以前面亦可不再加动词，如“民壹则朴，朴则农”（同上）；而只加副词和助动词，如“疾农”、“必农”、“益农”、“欲农”（《商君书·垦令》）。如果一定要解作“做”，把“治农夫者也”的“治农夫”解作当农民或干农活，这个句子就应该

①② 金德建：《惠施三论》，载上海《社会科学》1981年第5期。

是动词"治"作谓语的叙述句，这样，就不能再用"者"字和"也"字了。而且，"农夫"也决不能等于"农活"（"操作耕种"），"做""操作耕种"也不成话。至于把"治"字强作"懂得"解，就更加毫无道理了。从当时的实际情况看，惠施又正是一个"无耕而食"的官僚，根本不在从事农业生产，因而总也不至于闭着眼睛瞎说自己是农民！

"治"字，是对某种已存对象进行处理、加工、整理、管理、治理的意思，如"治水"、"治天下"、"治人"（《孟子·告子下·滕文公上》）、"治埴木"（《庄子·马蹄》）。在原文，正像把木材加工成器物、把蚕丝加工成绸缎一样，说的是将农民教化为驯民，因而还是治理、统治的意思。整个句子，是一个判断句。"治农夫"后面加上"者"字，构成了一个名词性词组（治理农夫的人）作谓语；"也"字就是表判断的语气词。意思是：我惠施就是治理农夫的人。怎能解作惠施就是农夫。

其次，如果"治"字的意思是"做"、"做"或"懂得""农夫手里的操作耕种"，那么，"为农夫，不能治农夫"，就是自相矛盾的话了。既已成了农夫，为什么不能……呢？于是，就把"使××化而为××，不能治××"的"化而为"释为"改行"，又把"不能"硬改成"不一定"。

但是，"工女"原来就是指的纺织女工，如："农夫释耒，工女下机。"（《史记·郦食其传》）哪里还要等到"改行"以后才开始去"织丝绸"？"大匠"即使去做"一般木工"，还是做"木工"，亦算不得"改行"。这里，为了自圆其说，又任意加上了"一般"（木工）和"普通"（木器），亦非原文所固有。还有，"木"字亦决不能作"木工"解。"圣人化而为农夫"，则已不只是改行了。在古代统治阶级看来，圣人与农夫是完全不同的两种人格。

其实，“化而为”的意思是变成了××，说的不是一个事物的某种状态变化，而是一物变为另一物，如：“鱼……化而为鸟”（《庄子·逍遥游》）。一个事物的某种状态变化称变，如“变法”；改行则称为“变业”（《韩非子·解老》）。而且，如果这里所指真是“改行”，那末光说“使××为×”即可，“化”字就是多余的了。

实际上，“使工女”数句的意思，应该是：能够治丝、治木、治农夫的工女、大匠和圣人，如果分别变成了丝、木和农夫，就不能治丝、木和农夫了。据此正可证：这位“治农夫者”惠施，当然也就是圣人之徒，而根本不是什么劳动人民。

最后，认为这句话是在“说明”惠施“原来懂得……”，亦不确。惠翟之所争，明显地是当下的事情，即惠施在当下是否“害稼”的“螣螟”，还是封建统治者认为社会不可或缺的“治农夫者”？如果惠施仅仅证明自己过去是农夫，是无论如何也摆脱不了翟翦对他的指责的。

还有，金以惠施为劳动者，据说又是因为《荀子·儒效》篇把惠施“放在和君子对立的地位”，而在“《论语》、《孟子》中把‘君子’和‘小人’对称，有不少是指阶级地位不同而说的。”[①] 既然“指阶级地位不同”的用例只有“不少”而还不是全部（即还有“不少”甚至许多是就道德、学问而说的，例多不举），又怎可据以得出如上的结论？

---

① 金德建：《惠施三论》。

第二章 生平事迹

一、历史的舞台——战国中期的魏、宋二国

惠施活动的时期，是公元前 4 世纪下半叶，即战国中期；大部分时间在魏国活动，晚年则在宋国居住过。

我国的春秋战国之际，是从奴隶制到封建制的过渡时期。自春秋后期到战国前期，新兴地主阶级已经在各主要诸侯国相继夺得了政权，并进行了大规模的、系统的封建化改革——变法，历史也已经进入了封建社会。

魏国，是各国中新兴地主阶级取得政权极早并第一个有力而持续地进行变法的国家。魏与赵、韩，合称三晋，都是由同一个晋国分裂而成。早在春秋后期，晋国执政的六卿——魏氏、赵氏、韩氏、智氏、范氏、中行氏①，就已经是

① 据《史记·晋世家》："昭公六年（公元前 526 年）卒。六卿强，公室卑。"（《魏世家》、《十二诸侯年表》亦云）又云："出公十七年（公元前 458 年），知伯与赵、韩、魏共分范、中行地以为邑。"则六卿的轮流执政，当在公元前 526—458 年间。

从奴隶主贵族中分化出来的新兴地主阶级的代表；他们的执政，表明晋国的政权已属封建性质，新兴地主阶级已经取得了政权[①]。到了文侯（公元前445—前396年在位）、武侯（公元前395—前370年在位）时期，更是率先实行了李悝（公元前455—前395年）变法，又任用了吴起（公元前440—前381年）、西门豹等法家人物。变法以后，魏国日益强盛，成了继越国之后、七雄中最先出现的强国。到了惠王（公元前369—前319年在位）时，更加强盛，在一段时间内还称霸天下。公元前353年拔邯郸，公元前344年主持“逢泽之遇”“驱十二诸侯以朝天子”（《战国策·秦四·秦五》）[②]，无疑是魏国的极盛期。

终战国之世不衰的礼贤下士之风，亦始于魏。《吕氏春秋》记载：“魏文侯师卜子夏，友田子方，礼段干木”（《察贤》）；“过段干木之闾而轼之”（《期贤》），“见段干木，立倦而不敢息”（《下贤》），“请相之，段干木不肯受。则君乃致禄百万，而时往(馆)[问][③]之。”（《期贤》）就是说：文侯以卜子夏为老师，把田子方当作朋友看待；而对于段干木则非常讲究礼节以表示敬意。乘车经过段干木住处的巷口，一定手扶车前横木表

① 此据杨宽《战国史》（上海人民出版社1980年第2版）说：从1972年山东临沂银雀山汉墓出土的《孙子兵法·吴问》篇“孙武对答吴王阖闾的话中，可以看到六卿不同程度地对田亩制和税制进行了改革，破坏了奴隶制的井田制，确立了封建所有土地制度，因此六卿的政权已属封建性质，六卿已经代表新兴地主阶级取得了政权。后来的‘三家分晋’，只是新兴地主阶级内部兼并斗争的结果。”（第5页）

② “遇”，姚宏注：“会”。对于这个“逢泽之会”，文献记载互有不同。《史记》（《周本纪》系于显王二十五年，《秦本纪》、《六国年表》并系于孝公二十年）谓主盟者为秦。《战国策·秦四·秦五·齐五》谓主盟者为魏。现定主盟者从《战国策》，年从《周本纪》。

③ 据《新序·杂事五》校改。

示敬意。去见段干木，站得疲倦了也不敢休息。请段干木担任相国，段干木不接受，就给他丰厚的俸禄，并且经常到他家里探望。还发表了一套礼贤的理论："段干木光乎德，寡人光乎地；段干木富乎义，寡人富乎财"（《期贤》）；"地不如德，财不如义。寡人当事之者也。"（《新序·杂事五》）就是说：段干木富有德行、道义，自己则仅富有土地、财物；土地不如德行，财物不如道义，所以应当事奉段干木。文侯子武侯魏击亦然。史载其为太子时与田子方之间的一次对话：

> "田子方之魏，魏太子从车百乘而迎之郊。太子再拜谒田子方，田子方不下车，太子不说曰：'敢问何如则可以骄人矣。'田子方曰：'吾闻以天下骄人而亡者有矣。由此观之则贫贱可以骄人矣。夫志不得则授履而适秦楚耳，安往而不得贫贱乎?'于是太子再拜而后退。"
>
> ——《韩诗外传》卷九

先已对田子方敬礼备至，继受其轻慢，闻其"贫贱可以骄人"之论，态度更加恭敬。《说苑·尊贤》篇更载太子以田子方之语告文侯，文侯叹为"贤人之言"，还大不满足于自己"未见以智骄我者"，即正求之而不得。惠王又竟与其祖、父一样，"卑礼厚币以招贤者"。惠王后期，"淳于髡、孟轲皆至梁。"（《魏世家》）在这两位学人中，对于主张"仁义而已矣，何必曰利"（《孟子·梁惠王上》）、"述唐、虞、三代之德"（《孟子荀卿列传》）的倾向保守的孟轲，"惠王不果所言，则见以为迂远而阔于事情。"（同上）即不满意他所说的，被以为拘泥固执而不切实际事务。对于“博闻强记，学无所主”的淳于髡，“见，壹语连三日三夜无倦。惠王欲以卿相位待之”（同上）。于此亦可见惠王更是比较开明、倾向新异的。就是这样一个惠王治下的这个时期的魏国，为惠施的活动提供了广阔的天地。

宋国，是周公平定了武王分封“以续殷祀”的纣子武庚作乱以后、命纣之庶兄微子启“代殷后，奉其先祀”（《宋微子世家》）所封之国，即微子统“殷之余民”（同上）所居之商旧都周围地区，是当时较周文化先进的殷文化[①]保存较多的国家。因此，后来的封建化进程亦可能开始得早些。

《吕氏春秋·召类》篇载：

> “士尹池为荆使于宋，司城子罕觞之。南家之墙，犨于前而不直；……士尹池问其故。司城子罕曰：‘南家，工人也，为鞔者也。吾将徙之。其父曰：“吾恃为鞔以食三世矣。今徙之，是宋国之求鞔者不知吾处也。吾将不食。顾相国之忧吾不食也。”为是故，吾弗徙也。’”

这说的是宋相子罕住宅南邻鞋匠家之墙挡于子罕堂前而使不能望见正面之远方，子罕为顾及该工人的生计而没有令其搬迁。于此，已可见当时手工业工人的社会地位与国相的顾恤民生。春秋战国间宋有二子罕。此子罕《吕览》原文载孔子对他的评论，并云相平公（公元前575—532年在位）、元公（公元前531—517年在位）、景公（公元前516—451年在位），《汉

① 此采郭沫若说：“周人和殷人比起来是后进的民族，他的文化大体上袭取殷人。”（《奴隶制时代》，第26页）

书·古今人表》亦列子罕于平公、元公之间，又与向戌（公元前546年主“弭兵之会”）同时，则为前子罕，时当公元前六世纪中叶。又据《宋世家》记载，景公于公元前480年“荧惑守心”、君主即将遭祸殃[①]、司星子韦建议将祸“移于相”、“移于民”、“移于岁”时说：“相，吾之股肱。”“君者待民。”“岁饥民困，吾谁为君！”[②] 可见，这先后相接的一相一君，已决非荒淫无度的奴隶主贵族了。

以后，公元前340年，“宋剔成肝废其君璧而自立”[③]（《史记·宋世家》索隐引王劭引《古本竹书纪年》），“璧”《宋世家》误作“辟公辟兵”，实即《索隐》引《古本竹书纪年》之“桓侯璧兵”。“剔成肝”《宋世家》又误为“辟公”之子，实即是后之司城子罕，即《韩非子·二柄·外储说右下》“劫”“弑”“宋君”的“子罕”、《内储说下》“杀宋君而夺其政”的“皇喜”、《说疑》篇“取宋”的“司城子罕”。《韩非子·忠孝》篇所称“戴氏夺子氏于宋”，即指此事。苏时学认为：“戴其氏，而喜其名，子罕乃其字也。”（《爻山笔话》卷三）杨宽认为这“戴氏夺取了宋国的政权”也即是“新兴地主阶级的取得政权”[④]。

更后，公元前338年，“剔成弟偃……立为宋君。”公元

---

① 按古代占星术，把天上的星宿分别指配地上的区域而使之互相对应，称某星宿为某某州、国的分野；认为火星（荧惑）运行到达心宿（宋国的分野），宋国就要发生祸殃。据《论衡·变虚篇》引“传书曰”子韦语：“祸当君”。

② 《论衡·变虚篇》引“传书曰”作：“宰相，所使治国家也；而移死焉，不祥。”“民死，寡人将谁为也？宁独死耳。”“民饥必死；为人君而欲杀其民以自活也，其谁以我为君者乎？是寡人命固尽也，子毋复言！”

③ “剔成肝”、“璧”，或写作“易城盱”、“辟”，此据清武英殿本。

④ 杨宽：《战国史》第150、139页。

前328年，即“君偃十一年，自立为王”(《宋世家》)。这一位宋王，竟能“东败齐，取五城；南败楚，取地三百里；西败魏军，乃与齐、魏为敌国。”又“盛血以韦囊，县而射之，命曰‘射天’。”(《宋世家》)《战国策·宋策》亦记载宋有“康王”：“灭滕、伐薛，取淮北之地，……射天笞地，斩社稷而焚灭之，曰：‘威服天（下）[地][1] 鬼神。……为无颜之冠[2]以示勇，剖伛之背，锲朝涉之胫”；康王也就是君偃[3]。他的所作所为，切开驼子的背，砍断早晨不畏寒冷涉水人的小腿，当然残暴而或出于毁疵[4]；用箭射天（以悬挂的盛满血的熟牛皮口袋为代表），用鞭打地，捣毁土谷神位并把它烧掉，这样以自己的威力镇服天地鬼神，则还颇有无神论的味道；戴着没有前沿的帽子以表示勇敢，也可能有类于赵武灵王的“胡服骑射”。因此，说他是一位政治上的改革家，或无大误。这位君王，在位五十三年[5]。惠施暮年居宋，正当这位宋王前期。惠施离魏至楚，冯郝谏楚王“举惠子而纳之于宋”语中，有“宋王之贤惠子也，天下莫不闻也。”(《战国策·楚三》)鲍本“宋王”二字下注曰：“君偃”，亦为一证。正是这位宋王，又为惠施提供了潜心研究学术的优厚条件。

---

① 据《贾谊新书·春秋》、《新序·杂事四》校改。

② 鲍注：“冠不覆额。”张国铨说：“疑类武弁之服”(《新序校注》)。

③ 高诱注：“康王，辟公之子，剔成之弟。”《宋世家》《索隐》也说：“《战国策》、《吕氏春秋》皆以偃谥曰康王也。”

④ 据钱穆考证，君偃又就是徐偃王：“宋称徐者，战国时宋都盖迁彭城。”(《先秦诸子系年》，第319页)《韩非子·五蠹》、《淮南子·人间》就都说他“行仁义”、“为义”。

⑤ 自剔成至君偃的年代，《史记》多误，本文所据系钱穆《先秦诸子系年》“考辨”之69、91、99三条并“通表”之第三。

二、烜赫大半生的政治生涯

在政治舞台上，据我们前面的考证，自公元前354年引见戴晋人谏止惠王行刺齐君开始，惠施就已经在惠王左右活动，并得到了惠王的信任。

以后，更是一直在魏王左右、魏国政坛活动，参与魏国军、政、外交的重要决策。

魏惠王二十八年（公元前342年），在马陵之战中魏大败于齐，十万之军覆灭，太子被杀，惠王召惠施告以“欲悉起兵而攻”齐。惠施谏阻，认为这样做是失策，当时大败之后，既不能守，更不能战。他还出谋划策，认为要报齐仇，只有假手于楚：屈节朝齐，激起楚怒，更派人挑拨楚齐两国的关系；使养精蓄锐的楚攻伐已被战争拖垮的齐，齐就一定会败于楚①。惠王听之称“善”（《战国策·魏二》）。虽有匡章反对这种“王齐王”（《吕氏春秋·爱类》）的主张，但惠王仍即“使人报于齐，愿臣畜而朝，……朝齐侯再三。”（《战国策·魏二》）其结果，竟不出惠施所料：赵国以为耻，“楚王怒，自将而伐齐，赵应之，大败齐于徐州。”（同上）

惠王后元十一年（公元前324年），惠施又主持魏国的一项重要外交活动，惠王与韩君会齐王于平阿，共服于齐②，

① 惠施说辞曰：“不可。臣闻之，王者得度，而霸者知计。今王所以告臣者，疏于度而远于计。王固先属怨于赵，而后与齐战。今战不胜，国无守战之备，王又欲悉起兵而攻齐，此非臣之所谓也。王若欲报齐乎，则不如因变服折节而朝齐，楚王必怒矣。王游人而合其斗，则楚必伐齐。以休楚而伐罢齐，则必为楚禽矣。是王以楚毁齐也。”（《战国策·魏二》）

② 据《史记·孟尝君列传》及《索隐》引《古本竹书纪年》。

“令太子鸣为质于齐”（《战国策·魏二》），即使太子魏鸣作为人质而居于齐国。

其间，还为魏王制定法律。法律制定出来了，拿给人民看，人民认为好；拿来献给惠王，惠王也认为很好①。

在这一时期，为了巩固自己在魏国的地位以推行其政策，又多次答复了白圭、翟翦、匡章及其他人等的诘责，与之辩论。

（一）与白圭的辩论

除前述“说之以强”之辩，白圭又在魏王前毁惠施之“言”是“烹鸡”多放水“则淡而不可食”、少放水“则焦而不熟”的看起来美好而实在“无所可用”的大鼎，惠施答曰：“不然。使三军饥而居鼎旁，适为之甑，则莫宜之此鼎矣。”（《吕氏春秋·应言》）就是说：假如三军士兵饥饿了而停留在旁边，正要为他们用大甑来蒸饭，就没有比这个大鼎更适合需要的了。意思是：自己的言论正不拘拘于小用而有大用。

（二）与匡章辩

除前述关于“无耕而食”的辩论，匡章又以为惠施止惠王“欲悉起兵而攻”齐、行“变服折节而朝齐”一事，是“王齐王”而有背于惠施“去尊”的主张，发出诘难，引起了惠、匡之间的又一场辩论：

“惠子曰：‘今有人于此，欲必击其爱子之头，

① “惠子为魏惠王为法。为法已成，以示诸民人，民人皆善之。献之惠王，惠王善之。”（《吕氏春秋·淫辞》；又见《淮南子·道应》，文有小异）

石可以代之。（匡章曰）① 公取之代乎？其不与（施）〔也〕②？'〔匡章曰〕③：'取代之。子头所重也，石所轻也。击其所轻以免其所重，岂不可哉！'（匡章）〔惠子〕④曰：'齐王之所以用兵而不休，攻击人而不止者，其故何也？（惠子曰）⑤ 大者可以王，其次可以霸也。今可以王齐王，而寿黔首之命，免民之死，是以石代爱子头也，何为不为？民寒则欲火，暑则欲冰，燥则欲湿，湿则欲燥。寒暑燥湿相反，其于利民一也。利民岂一道哉，当其时而已矣。'"

——《吕氏春秋·爱类》

以用石头来代替爱子的头受打击比喻尊齐王为王而使百姓免于死亡、为百姓谋利益要多方考虑适合他们当时的需要而不能死守着一种办法的思想，不论在当时还是后世，都具有积极的意义：前者，也就是始于周初的所谓"作民父母"（《尚书·洪范》；又见伪古文《泰誓》）和《左传》的"养民如子"（襄公十四年）、"视民如子"（襄公二十五年、昭公三十年）、"民奉其君，爱之如父母"（襄公十四年）以及后世长期封建社会所谓的"爱民如子"的思想。

（三）与魏王论"譬"

有人暗中对魏王说，惠施之"言事""善譬"，如"使无譬，则不能言矣。"次日，魏王即要求惠施"言事则直言"而"无譬"。于是生出了一场关于"譬"的对话：

---

①②③④⑤　据许维遹引孙锵鸣《吕氏春秋高注补正》说校改。

"惠子曰：'今有人于此，而不知弹者，曰："弹之状何若?"应曰："弹之状如弹"，则谕乎?'王曰：'未谕也。'于是更应曰："弹之状如弓，而以竹为弦"，则知乎?'王曰：'可知矣。'惠子曰：'夫说者固以其所知，谕其所不知，而使人知之。今王曰无譬，则不可矣。'王曰：'善。'"

——《说苑·善说》

"弹"，亦称"弹弓"，是发射弹丸的武器；形如发射箭的弓，显著的差别只在用篾（竹片）为弦而不是用丝或麻。惠施的意思是：为了让别人懂得弹的形状，不能简单地说它就像弹；而一定要说，弹的形状像弓而以竹片做弦。这就是用听者所知的弓的形状来让他懂得还没有知道的弹的形状，也就正是"譬"的作用。因此，说话不能无"譬"。其辞锋，可谓锐不可当。惠王听了，又不得不称"善"。

说到惠施的雄辩，还有发生在邹国的一件事：田驷欺骗了邹君，邹君将要派人杀掉他。田驷十分恐惧，求告于惠施。惠施即去见邹君，说："假如有人朝见主君，却闭着一只眼睛，怎么样?"邹君说："我一定要杀掉他?"惠施又说："瞎子两只眼睛都闭着，主君为什么不杀他?"邹君说："他不能不闭眼睛。"惠施说："田驷东骗齐侯，南欺楚王。田驷的欺骗人，已经等于是瞎子的闭着眼睛了。主君为什么还要怨恨他呢?"邹君听了，最后竟没有杀害田驷[①]。这些，读来简直使人

① "田驷欺邹君，邹君将使人杀之。田驷恐，告惠子。惠子见邹君曰：'今有人见君，则眛其一目，奚如?'君曰：'我必杀之。'惠子曰：'瞽，两目眛，君奚为不杀?'君曰：'不能勿眛。'惠子曰：'田驷东欺齐侯，南欺荆王。驷之于欺人，瞽也，君奚怨焉。'邹君乃不杀。"（《韩非子·说林上》）

忍俊不禁。

在这三十余年的长时间里，惠王对惠施信任无比，尊之为“仲父”（《吕氏春秋·不屈·应言》），还一再要让位给他[①]。可谓烜赫。其出行，动不动即“多者数百乘，步者数百人；少者数十乘，步者数十人”（《吕氏春秋·不屈》）。在一次外交活动中，魏王以等量的车乘即相同的礼仪派惠施和犀首分别出使楚国和齐国，将据两国接待的礼遇来判断两国与自己的关系，惠施却事先将这个机密透露给了自己即将出使的楚国，终于换来了楚王“郊迎惠施”[②] 的隆礼，这又是当时已经颇为流行的纵横家风度。

到了魏王后元十三年（公元前322年），情况发生了急遽

① “魏惠王谓惠子曰：‘上世之有国，必贤者也。今寡人实不若先生，愿得传国。’惠子辞。王又固请曰：‘寡人莫有之国于此者也，而传之贤者，民之贪争之心止矣，欲先生之以此听寡人也。’”（《吕氏春秋·不屈》）当时几成风气的让国，只是演戏。如：《战国策·魏二》：“犀首……谓张仪曰：‘请令王让先生以国，王为尧舜矣；而先生弗受，亦许由也。’”让的人要扮演尧、舜的角色，而辞的人则是扮演许由的角色了。燕王哙让国子之，亦不过是弄假成真。《韩非子·外储说右下》：“潘寿谓燕王曰：‘王不如以国让子之。人所以谓尧贤者，以其让天下于许由。许由必不受也。则是尧有让许由之名，而实不失天下也。今王以国让子之，子之必不受也。则是王有让子之之名，而与尧同行也。’”（《燕策》；《史记·燕召公世家》亦云，作鹿毛寿，文亦有小异）虽然，其表示信任，则无疑。

② “魏王令惠施之楚，令犀首之齐。钧二子者，乘数钧，将测交也。（楚王闻之）施因令人先之楚，言曰：‘魏王令犀首之齐，惠施之楚，钧二子者，将测交也。’楚王闻之，因郊迎惠施。”（《战国策·魏二》；校删所据为鲍彪、吴师道说）此事年代不明。鲍彪系于哀王时，哀王实即襄王。吴师道曰：“鲍所次多惠王时事”，则此事亦还不能排除发生于惠王时的可能。黄式三《周季编略》、顾观光《国策纪年》及于鬯《战国策年表》均系于周慎靓王三年，即公元前318年，无据。林春溥《战国纪年》系于周显王三十六年即公元前333年，以为即楚败齐于徐州之年，或是。

变化。纵横家中连横派代表人物曾任秦相的魏人张仪入魏[①]，说惠王“以魏合于秦、韩而攻齐、楚”，惠施则主张“以魏合于齐、楚以案兵”（《战国策·魏一》；语又见《韩非子·内储说上》，文有小异）。张、惠两人发生争论，朝臣都附和张仪而以攻齐、楚为有利，没有人帮惠施说话。惠王已经因全国都说正确而相信攻齐楚有利、听从张仪而否定了惠施的主张，攻齐、楚之计已经大定。惠施还是力谏惠王，说：

> “夫齐、荆之事也诚利，一国尽以为利，是何智者之众也？攻齐荆之事诚不（可）[②]利，一国尽以为利，何愚者之众也？凡谋者，疑也。疑也者，诚疑；以为可者半，以为不可者半。今一国尽以为可，是王亡半也。劫主者固亡其半者也。”[③]
>
> ——《韩非子·内储说上》

争取惠王能够兼听不同意见。但终不能挽回，致己身被逐于魏[④]而适楚。开始楚王接纳了惠施。后来，因有冯郝向楚王

---

① 事据《史记·魏世家》；其年，《世家》误为襄王十三年。

② 据《道藏》本校删。

③ 语译：“如果攻齐、楚这件事确实有利，现在全国都以为有利，为什么聪明的人这么多？如果攻齐、楚这件事不利，全国都以为有利，又为什么愚蠢的人这么多？凡是需要计谋策划的事，是因为其中还有疑虑。如果确实有疑虑，那末就一定是以为可行的人有一半，以为不可行的人也有一半。现在全国都以为可行，是大王失去了认为不可行的那一半人的意见了。被挟持的君主，正是丧失了那个另外的一半啊。”

④ 《吕氏春秋·不屈》篇有“惠子易衣变冠，乘舆而走，几不出乎魏境。”即更换衣帽，乔装打扮，乘车逃跑，几乎没有逃脱，真到了亡命之时。说的可能就是这次离魏去楚。

进谏，认为这样会“恶王之交于张仪”即得罪张仪，楚王也就为了讨好张仪而“奉惠子而纳之宋”（《战国策·楚三》）。

三年以后，惠王后元十六年（公元前319年），惠王卒，张仪去魏归秦[①]，惠施返魏。临近预定的惠王葬期，天下大雪。群臣多谏太子改期不听，不敢继续劝谏而求告犀首；犀首亦表示无可奈何，认为只有惠施或能谏之。惠施果然不负众望，说服了太子：

> “惠公曰：‘昔王季历葬于涡山之尾，栾水啮其墓，见棺之前和。文王曰：‘谆！先君必欲一见群臣百姓也夫！故使栾水见之。’于是出而为之张朝，百姓皆见之，三日而后更葬，此文王之义也。今葬有日矣，而雪甚，……先王必欲少留而抚社稷安黔首也，故使（雨）[②] 雪甚。因弛期而更为日，此文王之义也。若此而不为，意者羞法文王也?’太子曰：‘甚善。敬弛期，更择葬日。’”
>
> ——《吕氏春秋·开春》[③]

① 事据《魏世家》；年据（晋）杜预《春秋经传集释·后序》引《古本竹书纪年》。

② 据《战国策·魏二》并毕沅、陈奇猷（《吕氏春秋校释》）说校删。

③ 语译：“惠施说：‘从前王季历葬在涡山脚下，积水浸蚀了他的坟墓，露出了棺的前端。周文王说：‘啊！先王一定是想看一看臣下百姓吧，所以才让积水把棺木露出来。’于是把棺木挖出，布置朝见行礼之所，百姓都来谒见，三天以后才改葬。这是文王的义。现在安葬的日期已经临近，但雪下得这样大……。先王一定是想稍作停留以便安抚国家和百姓，所以使雪下得这样大。因此而推迟葬期，正是文王的义啊！像目前这样情况还不改日安葬，想是把效法文王当作羞耻了?’太子说：很好。谨奉命缓期，另选安葬的日子。’”

这样一篇巧妙的说辞，真的使太子接受了，答应缓期而另行选择安葬的日子。

略后，魏襄王元年（公元前318年），韩、魏、楚、赵、燕五国共攻秦，不胜①，“魏欲和，使惠施之楚。”（《战国策·楚三》）惠施为之出使楚国。魏襄王五年（公元前314年）②，“齐破燕”，惠施又为魏出使赵国，“请伐齐而存燕。”（《战国策·赵三》）

其时，田需为魏相（公元前317—前310年间），惠施还在魏国而说田需道：

> “子必善左右。今夫杨，横树之则生，倒树之则生，折而树之又生。然使十人树杨，一人拔之，则无生杨矣。故以十人之众，树易生之物，然而不胜一人者，何也？树之难而去之易也。今子虽自树于王，而欲去子者众，则子必危矣。”
>
> ——《战国策·魏二》

意思是：

> “你一定要搞好与魏王左右的关系。比如那杨树，横栽上能活，倒栽上能活，折断了栽上也能活。然而让十个人栽种，一个人去拔，就不会有成活的杨树了。所以，用十个人那样多的力量来种容易成活的杨树，却敌不过一个人，那是什么道理呢？是

---

① 据《魏世家》、《古本竹书纪年》及《世本》。

② 年据《六国年表》。

因为栽种难而拔除容易。现在你虽然得以在魏王面前，可是想要赶走你的人很多，这样你一定要遇到危险了。”

这是于文献可见的惠施在魏的最后活动，所说的则是他自己几十年政治活动的经验总结。

考察惠施在魏的政治活动，前后经历共约四十年。其中，实可分为两个时期。从魏惠王十六年（公元前354年）“见戴晋人”于惠王至惠王后元十三年（公元前322年）“张仪逐惠施于魏”、楚王“奉惠子而纳之宋”（《战国策·楚三》）的三十余年为前期，是惠施主要甚而全力从政的时期，上述与张仪、白圭、匡章关于政治的争论，以及翟翦对惠施所“为法”“不可行”的批评①，就都发生在惠王之世，即可为证。

这一时期，与后来过从甚密，常以谈辩相排遣的庄子的关系，颇为对立。庄之对惠，颇有敌忾：

“《庄子》曰：‘惠子始与庄子相见而问乎。庄子曰：“今日自以为见凤凰而徒遭燕雀耳。”坐者皆笑。’”

——《太平御览》，卷四六六

① 翟翦批评说：“今举大木者，前呼舆謣，后亦应之，此其于举大木者善矣。岂无郑卫之音哉，然不若此其宜也。夫国亦木之大者也。”（《吕氏春秋·淫辞》）又说：“治国以礼，不在文辩。故老子曰：‘法令滋彰，盗贼多有。’此之谓也。”（《淮南子·道应》）意思是：前呼后应的劳动号子声（“舆謣”），虽然并不如“郑卫之音”那样好听，但对于抬大木头时协调动作、勉励用力的需要来说，是最好的了；好听的“郑卫之音”则并不适宜于抬大木头的需要。治国也像抬大木头一样，不宜于用好看的“法”而应该用传统的“礼”。

“惠子相梁，庄子往见之。或谓惠子曰：‘庄子来，欲代子相。’于是惠子恐，搜于国中，三日三夜。庄子往见之曰：‘南方有鸟，其名为鹓鸲，子知之乎？夫鹓鸲，发于南海而飞于北海，非梧桐不止，非练实不食，非醴泉不饮。于是鸱得腐鼠，鹓鸲过之，仰而视之曰：“吓！”今子欲以子之梁国而吓我邪？’”

——《庄子·秋水》

“惠子从车百乘以过孟诸。庄子见之，弃其馀鱼。”

——《淮南子·齐俗》

这里，庄子把惠施比做鸟中燕雀那样无足轻重的人物；又把惠施的梁国相位比作腐烂的死鼠，把惠施比作嗜腐鼠如命、深恐别人包括自命为非竹实不食、非醴泉不饮的凤凰的庄子来夺取的猫头鹰；可谓鄙夷之至。看到惠施出行仪仗的铺张扬厉，生气而至于连自己刚刚钓到的几条鱼也都因视为馀物而丢掉了，可谓深恶痛疾。在惠施方面，亦因为他持入世态度，非常不满于庄子的“无用”（《庄子·外物》）、“大而无用”（《庄子·逍遥游》）之言。

此后的十年左右则为后期，虽还有几次政治活动可见，但实际上已经只是前期的余波。后期的惠施，已经从政治转向学术了。

三、研究哲学、逻辑学和自然现象的晚年

(一)与庄子为友，以谈辩相排遣

魏惠王后元十三年（公元前322年），惠施被张仪排挤而离魏经楚入宋，已经六十岁左右。以后的十余年时间，可能主要就是在宋国从事学术研究，并与庄子为友，经常以谈辩相排遣。

这个时期与庄子的关系，也正由于惠施的离开政治从事学术而有了极大的改变，一扫早期的敌忾而过从甚密：

> “庄子妻死，惠子吊之。庄子则方箕踞鼓盆而歌。惠子曰：‘与人居，长子老身，死不哭亦足矣，又鼓盆而歌，不亦甚乎！”
>
> ——《庄子·至乐》

庄子妻子死了，惠施前去吊唁，庄子却正像簸箕一样非常随便地坐在地上敲着盆儿唱歌，而且并不中止，惠施也直言批评了他。彼此游憩亦甚畅：

> “庄子与惠子游于濠梁之上。庄子曰：‘儵鱼出游从容，是鱼之乐也。’惠子曰：‘子非鱼，安知鱼之乐?’庄子曰：‘子非我，安知我不知鱼之乐?’惠子曰：‘我非子，固不知子矣；子固非鱼也，子之不知鱼之乐，全矣。’庄子曰：‘请循其本。子曰：“汝

安知鱼乐”云者，既已知吾知之而问我。我知之濠上也。’”

——《庄子·秋水》

这里所辩，虽是一个严肃的认识论问题：人不是鱼，能否知鱼的感情？惠施的“你不是鱼，怎么能知道鱼快乐？”固然无据。庄子的“我是在濠上知道的”，更是偷换概念的诡辩，是把惠施的问语“你怎么知道鱼快乐”偷换成了“在哪里知道鱼快乐的？”但是，这个辩论的形式：庄子说“你不是我，怎么知道我不知道鱼的快乐？”惠施又说“我不是你，本来就不知道你；你本来就不是鱼，你不知道鱼的快乐，更无可怀疑。”就完全是一种故为驳诘的游戏文字，又是遨游途中的偶然触发。同时，从根本上说，辩论双方的关系，已毫无敌忾。

还有如下一些辩论：

“惠子谓庄子曰：‘〔至〕[①] 人故无情乎？’庄子曰：‘然。’惠子曰：‘人而无情，何以谓之人？’庄子曰：‘道与之貌，天与之形，恶得不谓之人？’惠子曰：‘既谓之人，恶得无情？’庄子曰：‘是非吾所谓情也。吾所谓无情者，言人之不以好恶内伤其身，常因自然而不益生也。’惠子曰：‘不益生，何以有其身？’庄子曰：‘道与之貌，天与之形，无以好恶内伤其身。今子外乎子之神，劳乎子之精，倚树而吟，

① 据严复说（《严复集》第1116页）校增。

据槁梧而瞑，天选子之形，子以坚白鸣！’”①

——《庄子·德充符》

“庄子曰：‘射者非前期而中，谓之善射，天下皆羿也，可乎？’惠子曰：‘可。’庄子曰：‘天下非有公是也，而各是其所是，天下皆尧也，可乎？’惠子曰‘可。’庄子曰：‘然则儒、墨、杨、（秉）［季］② 四，与夫子为五，果孰是邪？或若鲁遽者邪？……。’③ 惠子曰：‘今夫儒、墨、杨、（秉）［季］，且方与我以辩，相拂以辞，相镇以声，而未始吾非也，则奚若矣？’庄子曰：‘齐人蹢子于宋者，其命阍也不以完，其求钘钟也以束缚，其求唐子也未始出域。有遗类矣夫！楚人寄而蹢阍者；夜半于无人之时而与舟人斗，未始离于岑而足以造于怨也。’”④

——《庄子·徐无鬼》

---

① 语译“惠施对庄子说：‘至人原来是没有情感的吗？’庄子说‘是这样的。’惠施说：‘人如果没有情感，怎么能叫做人呢？’庄子说：‘道赋予了人容貌，自然赋予了人形体，怎么能不叫做人呢？’惠施说：‘既然叫做人，怎么可以没有情感呢？’庄子说：‘你所说的情感并不是我所说的情感。我所说的“无情”，是说人不要让好恶之情伤害自己的本性，而经常顺任自然而不人为地养生。’惠施说：‘不养生，怎么能保有生命？’庄子说：‘道赋予了人容貌，自然赋予了人形体，不要让好恶伤害本性。现在你却使自己的精神向外操劳，靠在树上谈论，伏在几上瞌睡，上天授给你人的形体，你却以“坚白”的题目争鸣！’”（原文的“槁梧”，历来有歧解，译文据成玄英《疏》）

② 据徐仁甫《〈庄子〉辨正》（《中国历史文献研究集刊》第三集，第82页）说校改，徐谓“季”即季真或季梁；下同。

③ 此处删去原文关于鲁遽的一段文字，说的是他在弟子面前夸耀自己，但不得确解，大意在于自是其所是而不悟其非。

④ 语译：“庄子说：‘射箭的人不预先确定目标而随便射中一个东西，就称做善射，天下的人就都成了后羿那样的好射手了，可以这样说吗？’惠

> “庄子谓惠子曰：‘孔子行年六十而六十化，始时所是，卒而非之，未知今之所谓是之非五十九非也。’惠子曰：‘孔子勤志服知也。’庄子曰：‘孔子谢之矣，而未之尝言？孔子曰：“……。”’”
>
> ——《庄子·寓言》⑤

看这三个辩论，两人的思想倾向当然还是很不同的：(1) 对于人有没有感情以及什么是感情的见解不一。惠认为人有感情，人应顺着自己的感情注意养生、向外追求；庄则认为人没有感情，所谓无情就是顺应自然不要让好恶之情损伤自己的本性，不要向外追求。(2) 惠施好辩，庄子则否定，认为包括惠施在内的辩论者都是像鲁遽以及所举齐人、楚人那样违反常理、惹是生非还自以为得计而不悟其非的蠢人，辩论就是一件蠢事。(3) 惠施积极求知，庄则反对。

施说：‘可以。’庄子说：‘天下没有大家公认的正确的原则，而各人都把自己所赞同的认为正确，天下就都是唐尧那样的圣君了，可以这样说吗？’惠施说：‘可以。’庄子说：‘那末儒、墨、杨、季四家，与您先生共五家，到底谁是正确的呢？或者竟都是像鲁遽那样的人吧！……。’惠施说：现在儒、墨、杨、季，正在与我辩论，相互以言语来驳诘、用提高声音来镇服，而从来也不认为自己错，那又怎么办呢？’庄子说：‘齐国有个人把自己的儿子放在宋国看管门户却不给他门锁，得到了乐器钘钟却把它捆绑起来使发不出声音，寻找走失的小孩却不出家门。完全违反了常理。楚国有个人，寄住在人家却怒责看门人，半夜无人的时候刚上船还未离岸就与船夫争斗，都是足以造成仇恨的呀。”

⑤ 语译：“庄子对惠施说：‘孔子活到六十岁而六十年间不断变化，开始认为是对的，后来又认为不对了，不知道现在所谓“是”不就正是五十九岁时的“非”呢！’惠施说：‘孔子能够努力激励自己心志而用心学习广泛的知识。’庄子说：‘孔子早已改变了这种态度，难道他还没有明白说过吗？孔子说：“……。”’”

但是，从另一种角度即谈辩的形式、气氛来看，又几乎是师友之间的相互质疑问难：问者谦恭，答者则犹传道授业解惑之师，循循善诱。即有庄子对惠施的批评，亦只是点拨一下，且点到为止。第三个辩论则更只是平心静气地讨论假托的孔子。总的说来，气氛是谐和、友好、融洽的。

再看庄子对惠施的总体评价：

> “惠子……之知几乎皆其盛者也，故载之末年。……故以坚白之昧终，……终身无成。”
>
> ——《庄子·齐物论》

虽还有糊涂终身、无所成就的不满，但已经肯定他是因为才智的了不起而记载在后世的书里了。甚至还有视为莫逆的：

> “庄子送葬，过惠子之墓，顾谓从者曰：‘郢人垩慢其鼻端若蝇翼，使匠石斫之。匠石运斤成风，听而斫之，尽垩而鼻不伤，郢人立不失容。宋元君闻之，召匠石曰：“尝试为寡人为之。”匠石曰：“臣则尝能斫之。虽然，臣之质死久矣！”自夫子之死也，吾无以为质矣，吾无与言之矣！’”
>
> ——《庄子·徐无鬼》

这里，庄子以姓石的匠人能随意挥动斧头飞快地削净十分镇定、面不改色地与之配合的楚人鼻尖上像苍蝇翅膀那样微薄的石灰而不伤鼻子，却不能为别人这样做的例子，说明惠施是自己唯一的谈辩对手，惠施死了就没有可以谈话的人了。所以，《淮南子·修务》竟说：

“钟子期死而伯牙绝弦破琴，知世莫赏也。惠施死而庄子寝说，言世莫可为语者也。”[1]

惠施死了，庄子竟至于停止谈说；又把它比之为知音者钟子期死而伯牙因世上已无另外的知音而毁掉了他的琴。

（二）学术活动概况

为我们勾勒了晚年惠施学术活动轮廓的，是《庄子·天下》篇[2]对惠施的评论，曰：

“惠施多方，其书五车，其道舛驳，其言也不中。……饰人之心，易人之意，能胜人之口，不能服人之心，辩者之囿也。惠施日以其知与人（之）[3] 辩，特与天下之辩者为怪，……南方有倚人焉曰黄缭，

① 《说苑·谈丛》亦言：“惠施卒而庄子深瞑不言，见世莫可与语也。”“瞑”，通“眠”，闭着眼睛的意思。更是说，闭上眼睛睡大觉了。

② 《天下》篇的作者以至时代，学界见多分歧。大致以张岱年先生的看法为是：“战国后期”“道家者流的著作”（《中国哲学史史料学》，第 71 页）。更重要的是：《天下》篇述惠施的一段（自“惠施多方”至篇末）文字，与全篇不类。据孙道升说，日本镰仓时代高山寺钞本《天下》篇篇末较通行本多出二百余字，其文与“惠施多方”段“不相连属”而恰与其前文“一气相贯”（《庄子天下篇的作者问题》，《正风》半月刊第 1 卷第 16 期）；就是说，“惠施多方”段实为骈枝。对《天下》篇作者问题持论不同的诸家，又多据《北齐书·杜弼传》推证《庄子》古本有《惠施》专篇，且或即是今本“惠施多方”一节，由后人并入《天下》篇中的。那末，即令《天下》篇非道家作品，“惠施多方”一段还完全可能是庄子及门弟子甚至就是庄子本人的作品了。

③ 据俞樾《诸子平议》说校删。

> 问天地所以不坠不陷，风雨雷霆之故。惠施不辞而应，不虑而对，遍为万物说，说而不休，多而无已，犹以为寡，益之以怪。以反人为实，而欲以胜人为名，是以与众不适也。弱于德，强于物，其涂隩矣。由天地之道观惠施之能，其犹一蚊一虻之劳者也。其于物也何庸！……散于万物而不厌，卒以善辩为名。惜乎！惠施之才，骀荡而不得，逐万物而不反；是穷响以声，形与影竞走也。悲夫！”

这里对惠施评论的基调，还是否定的：总论其学曰“其道舛驳，其言也不中”，即他的学问乖戾驳杂，言论不当于道；他的辩、说则是“为怪”、“反人”、“与众不适”，即提出的是一些怪异论题，违背人情而跟大众格格不入；他的“遍为万物说”，也认为是“益之以怪”、“弱于德”、“散于万物”、“逐万物而不反”、“骀荡而不得”、“其涂隩”，是增加了一些奇谈怪论，而且走的是轻视道德的修养、分散精神追逐万物而不能返本归真、放荡而不归于正道的十分迂曲的道路；甚至“与惠施相应”的“辩者”连同黄缭，亦被认为只是“饰人之心，易人之意，能胜人之口，不能服人之心”即蒙蔽别人的心、改变别人的看法、能够胜过别人的口却不能说服别人的心的“倚人”即怪异之人或与惠施一样的“为怪”之人。另一方面，也还肯定了惠施之“才”，肯定其“多方”即学问广博、“强于物”即努力认识外物以及“不辞而应，不虑而对”即不需加意措辞、思虑而能应对的“善辩”。在作了惠施之功只是“一蚊一虻之劳”即对于事物没有什么作用，“是穷响以声，形与影竞走”即用提高声音来消除回响、身体和影子竞走的蠢人这样激烈的否定之后，一个“悲夫”仍然充满着哀伤和惜闵即哀惜其才不得其用之情。

据此，我们可以知道：惠施学问广博；所谓“日以其知与人（之）辩，特与天下之辩者为怪”，即前引文中删略而拟在后面详论的“惠施以此为大观于天下而晓辩者，天下之辩者相与乐之”的“历物之意”十个违反常识的论题和“辩者以此与惠施相应，终身无穷”的同样违反常识的二十个论题，以及今天已经不知其详的、回答黄缭“天地所以不坠不陷，风雨雷霆之故”而至于“遍为万物说”的内容，他悉心研究和反复辩论的，就都是哲学、逻辑学和关于自然物的重要学理。这些，无疑就是晚年惠施的主要学术活动，也正是使他不同于一般策士而成为一代大学者的根本所在。

再看略后时期荀子、韩非对惠施的批评：

> “不法先王，不是礼义，而好治怪说，玩琦辞，甚察而不（惠）［急］①，辩而无用，多事而寡功，不可以为治纲纪；然而其持之有故，其言之成理，足以欺惑愚众。是惠施、邓析也。”
>
> ——《荀子·非十二子》
>
> “山渊平，天地比②，齐秦袭，入乎耳，出乎口，钩有须，卵有毛，是说之难持者也，而惠施、邓析能之。然而君子不贵者，非礼义之中也。”
>
> ——《荀子·不苟》

---

① 据王念孙《读书杂志》说校改。

② 此即惠施“历物之意”十论题之一，后详。

“惠子蔽于辞而不知实。……由辞谓之道尽论矣。”

——《荀子·解蔽》

“言有纤察微难（而）① 非务也，故（李）［季］②、惠、宋、墨皆画（策）［荚］③ 也。”

——《韩非子·外储说左上》

荀子说的是不效法或不研究“先王”、“礼义”等等而搞那些“不急”、“无用”的“辞”、“论”、“察”、“辩”。韩非更将其比为三年画成、放在专门筑就的二丈高墙的孔洞上、迎着始出平射的日光才可见“尽成龙蛇禽兽车马，万物之状备具”的荚膜，认为功夫确实微妙难能而它的实际用途却与并无花纹的漆荚一样。这些，都与《天下》篇所勾勒晚年惠施的学术面貌正相符合；荀、韩所批评的，都是惠施晚年的学术。这是因为，到了荀子的时代，惠施在前期活动中所发表的那些政治方面的见解，已经不再成为问题，因而人们也已经没有兴趣再去谈论它了。当然，在庄子或其后学看来，惠施前后两期的言行，仍然都可以概括为“弱于德，强于物，其涂隩”、“骀荡而不得，逐万物而不反”，因而又有《天下》篇这样的评论。

于上可见：晚年庄子、《荀》、《韩》所批评，显与惠施同时的白圭、匡章、翟翦等人不同，不及政治而仅限于研究

① 据王先慎引王先谦说校删。
② 据顾广圻《韩非子识误》说校改。
③ 《储说》各篇原文有“经”有“说”，此句系“经”文。在“说”中此字五见，均作“荚”，故据陈奇猷《韩非子集释》、梁启雄《韩子浅释》校从之。陈云：画荚用“豆荚、榆荚之……薄膜”制作，类于“今幻灯之底片”。

自然与辨析名词概念；白圭等则仅涉政治活动或政策性见解而不及“历物”之类命题。由此可以推测，惠施的政治学术活动，有一个发展、转变的过程。其前期，主要从事政治活动，发表了一些有关政治的言论，还无暇作“历物”的研究。后期则离开了政治活动的舞台而主要从事“历物”的研究。这种转变，也符合当时一般士人的思想作风。《左传》载鲁大夫叔孙豹之言曰：“大上有立德，其次有立功，其次有立言。”（襄公二十四年）疏云：“立德谓创制垂法，博施济众。”“立功谓拯厄除难，功济于时。”“立言谓言得其要，理足可传。”这些，一直为士人所服膺；他们均以立德、立功为上，不遂而后才求其次——立言。战国士人更是竭力追逐富贵尊荣，以所谓“说人主”“出其金玉锦绣，取卿相之尊”（《战国策·秦一》载苏秦语）为最高目标。作为这个时代一个士人的惠施，亦当无例外。

综观惠施一生，既有烜赫的政治活动，又有深邃的学术研究；与政界人物颇多论争，与学人亦反复辩难。但是，他留给历史的，主要的毕竟不是政绩而是学术。所谓“以善辩为名”亦非仅前述政治方面的辩论，而还别有所在。

第三章　哲学思想——“历物”十事（上）

惠施的著作，《汉书·艺文志》著录“《惠子》一篇”；《隋》《唐》以下各《志》均不著录，说明亡佚已久。（明）归有光《诸子汇函》中辑录有《惠子》，（清）马国翰《玉函山房辑佚书》中亦有《惠子》一卷。两书辑存的多属行事，就今存各种古籍比照来看，亦不全；中间略有言论，亦无关学说宏旨。

古籍记载其学说较详的，有《庄子·天下》和《荀子·不苟》。其中，又以《庄子·天下》为比较完整和确实，其文曰：

> “惠施……历物之意曰：‘至大无外，谓之大一；至小无内，谓之小一。无厚，不可积也，其大千里。天与地卑，山与泽平。日方中方睨，物方生方死。大同而与小同异，此之谓小同异；万物毕同毕异，此之谓大同异。南方无穷而有穷。今日适越而昔来。连环可解也。我知天下之中央，燕之北、越之南是

也。泛爱万物，天地一体也。’惠施以此为大观于天下而晓辩者，天下之辩者相与乐之。”

看最后两句：惠施把这十个论题认为是天下最洞达透彻的观察（如景物的盛大壮观）而用来晓示辩者，天下的辩者互相以谈论这些为快乐；说明这十个论题就是惠施本人提出的学说①。

这“历物之意”的十个论题，历来被称为“历物十事”。所谓“历物之意”，梁启超说：“‘历’，盖含分析量度之意。‘意’，大概也。”② 意思就是分析事物的要点。马国翰认为“历物”是书的“篇名”，冯友兰推测“十事”“是‘万物说’的十个主要论点”③。这样，“十事”就是惠施研究分析事物的《历物》篇的十个基本论点了④。

---

① 其紧接下文所述的“卵有毛”等二十一事，观其后文“辩者以此与惠施相应，终身无穷”云云，则是其他辩者用来与惠施相应和的论题而不是惠施本人的学说（说详本书附录一）。《荀子·不苟》篇所述有：“山渊平，天地比，齐秦袭，入乎耳，出乎口，钩有须，卵有毛”。“山渊平，天地比”就是“天与地卑，山与泽平”。“卵有毛”是其他辩者之说，把它归给惠施，可能是荀况误以《天下》的二十一事亦属惠施，故不可信。其他“齐秦袭，入耳乎，出乎口，钩有须”无考（有人认为“出乎口”即《天下》二十一事之“山出口”、“钩有须”即二十一事之“丁子有尾”），不能断定其为惠施说。

② 梁启超：《庄子天下篇释义》，载《饮冰室合集》之专集第十八册，中华书局 1936 年版。

③ 冯友兰：《中国哲学史新编》，第 1 版第 320 页。

④ 这个“历”字，从来的解释约可分为两类：（一）“分别历说”（《经典释文》）、“历览”（成玄英《疏》）、“历指”（王先谦：《庄子集解》）、“陈数”（章太炎：《庄子解故》；《章太炎全集〈六〉》第 169 页）、“治”（顾实：《庄子天下篇讲疏》，第 85 页；马叙伦：《庄子天下篇述义》，第 65 页）；（二）“过”（“过物而能貌之”；谭戒甫：《庄子天下篇校释》第 29 页）。此之各义，实均与梁说大同。杨宽则认为：“‘历’指‘宙’而言；

关于这十个论题，因为只有结论而没有论据和论证，历来解家虽为说纷纭，但多半均是猜测。现参稽诸家，略述己见如下。

一、“至大无外，谓之大一；至小无内，谓之小一。”

“至大无外”和“至小无内”的含义：最大的东西，是包括一切、不可穷尽、了无边际、没有别的东西可以在它外面的；而最小的东西，是可以进入没有缝隙的处所、不可分割、没有别的东西可以在它里面的。此外，就再没有别的意思了。

“大一”、“小一”的两个“一”字，历来有各种讲法，好像其中还有许多奥理。其实，这个“一”字原不必有什么奥义，而只是普通的“对象”、“物体”的意思[⑤]。（宋）陈景元（说存（宋）褚伯秀《南华真经义海纂微》卷一〇六）、（宋）林希逸（《南华真经口义》）以至从章太炎（《东方格致》；文成于1893、

‘物’指‘宇’而言。”（《论晚近诸家治墨经之谬》；《制言》第29期，1936年11月16日）亦可备一说。金德建竟由作“过”、“经过或经历于物”解而牵附到“变动而非静止”、“说明自然界事物变化和不断运动”、“不可以把思维和思维着的物质隔开”、“意识仅仅是存在的反映”（《惠施三论》）诸多奥义。其实，即便作“过”、“经过”解，也只是人“经过或经历于物”，“貌”物也只是人对物的描述，又哪里来的如许奥义。

⑤ “一”字可训“身”（《庄子·徐无鬼》“上之质若亡其一”《疏》：“一，身也。”）、训“质”（《说苑·反质》：“一者质也。”），而“质”字又可训“体”（《易·系辞》下“原始要终，以为质也”注：“质，体也。”）。身、质、体等等，就都是“对象”、“物体”的意思。其用法，正与《荀子·解蔽》的“不以夫一害此一”相同。

1894 年间，见《青兰室札记》，文字有小异）开始直到今天的多数研究者，都认为“大一”是宇宙的全体或空间，“小一”则是物质的粒子、数学上的点或即空间的最小单位；亦有人认为二者都是“道”或“气”。凡此种种，都不为有据。

整个论题的意思，当如冯友兰所说：“真正大的东西（“大一”）应该‘无外’，即无限大；真正小的东西（“小一”）应该‘无内’，即无限小。”① 其哲学的意义，则只能是：“从事物最一般的性质——形状大小的差异，所作的一种极限论的概括”②；而不能附加上任何别的意思。既不能说“这实际上是把宋尹学派所讲的‘道’的物质性方面的意义无形中取消了，而代之为一种纯粹抽象的逻辑的概念，这样，就转向了唯心主义。”③也说不上是在“肯定世界除了充满物质性的混沌的‘气’，再无任何离物而独立存在的精神性东西”④。至于说它还包含着什么“大小齐一而平等”、“惠施去尊说之第一原理”⑤，则是离题更远了。本论题中还包含着的意思，至多也只如林希逸所说：“于一之中又分大小，便是同中之异、异中之同也。”（《南华真经口义》）就是这样的意思，亦只是隐含着，要到第（5）事（此按今本次序，但今序有误，下详）才阐发出来，并在其他各事中得到举证。

“至大无外”、“至小无内”的思想，其实也不是惠施或名

① 冯友兰：《中国哲学史新编》，第 1 版第 315 页。

②③ 任继愈主编：《中国哲学史》（第一册），人民出版社 1979 年版第 171 页。

④ 王德裕：《论惠施》，《重庆师范学院学报》，1981 年第 4 期。

⑤ 顾实：《庄子天下篇讲疏》，第 87 页。

家的独创；认为只有“名家论至大至小于经验之外”[1]，亦并不正确。观《庄子·秋水》有曰：“世之议者皆曰：‘至精无形，至大不可围。’”“至精无形，至大不可围”与“至小无内”、“至大无外”同义。《庄子》既说“世之议者皆曰”，可见它已不是惠施或名家的独家经营。同书《则阳》篇的“大公调曰：‘……精至于无伦，大至于不可围。’”则又为一例。《文选·七命》注引《庄子》：“偏谓周曰：‘吾知道近乎无内，远乎无外。’”语亦略同。以上，是见于道家书的。再者，儒家中相传为子思所作的《中庸》有曰：“语大，天下莫能载焉；语小，天下莫能破焉。”与惠施之说亦同，年代还早于惠施。此外，历来认为是宋尹著作、近来张岱年先生[2]认为虽非宋尹著作而成于宋尹时期的《管子·心术》上篇亦说：“道在天地之间也，其大无外，其小无内。”就连用语也几乎完全相同了，年代亦略早于惠施。

二、“无厚，不可积也，其大千里。”

此句句读，应从马叙伦说：“无厚二字，乃领不可积也，其大千里两句。”[3]“不可积”和“其大千里”，应是同一个对象（“无厚”）所具有的两种属性，而且是两种并列的属性。把“不可积”和“其大千里”当成就是一回事或“其大千里”是“不可积”的量的发展以及一个推出另一个的关系等等解法，都不

---

① 高亨：《庄子天下篇笺证》，载《文史述林》，中华书局（北京）1980 年版第 508 页。

② 张岱年：《中国哲学史史料学》，三联书店 1982 年版第 48—51 页。

③ 《庄子天下篇述义》，第 67 页；原文标点疑有误，已改正。

确。

“无厚”实际上只是相当于今天数学的“面”的一个抽象概念而已。正如冯友兰所说:“无厚者，薄之至也。薄之至极，至于无厚，如几何学所谓‘面’。无厚者不可有体积。然而有面积，故可‘其大千里’也。”① 岂有他哉!

三、“天与地卑，山与泽平。”

先说“天与地卑”。

“卑”字，自(清)孙诒让(《札迻》卷五)以来，各家都认为是“比”之借字或讹字，并多以《荀子·不苟》篇的“天地比”为证，而训为“接近”、“比连”。其实不然。这个“卑”字，不必有误。《说文》:“卑，贱也。”这里用的，就正是这个本义:低贱、低下。《易·系辞》开宗明义曰:“天尊地卑，乾坤定矣。卑高以陈，贵贱位矣。”孔疏:“天以刚阳而尊，地以柔阴而卑。”“卑谓地体卑下，高谓天体高上。卑高既以陈列，则物之贵贱得其位矣。”这本来是古代流行的观念。

“与”字，历来释者都把它当作普通的并列连词。其实，这个“与”字应训“如”，而“为‘如似’之义”②。

这样，“天与地卑”的意思，就是天像地一样卑下。《荀子》的“天地比”，当然也就是这个“天与地卑”。但是，那个“比”字也不当作“接近”、“比连”解。(唐)杨倞注云:“比谓齐等也。”“齐”、“等”都是同的意思，可通。“比”字原可训“类”，《说文》段注:“比，类也。”用例如:“乃比于不慈不孝。”(《礼

① 冯友兰:《中国哲学史》，第247页。

② 裴学海:《古书虚字集释》，中华书局(北京)1954年版第4页。

记·曲礼上》所以，“天地比”亦即天地相同、相类即一样卑下的意思。

再说“山与泽平”。

“与”字解同。

这个“平”字，应该是“平坦”的意思。《墨子·经上》：“平，同高也。”取义当相同。“泽”字从水，义亦为水：“泽，水之钟也。”（《国语·周语下第三》）而且，“泽”还是止水、停水：“水渟曰泽。”（《玉篇》卷十九；渟，是水积聚不流的意思）水，特别是止水的特征就是平。《说文》：“水，准也。”“准，平也。”段注：“天下莫平于水。”《庄子·德充符》：“平者水停之盛也。”注云：“天下之平，莫盛于停水也。”这也是古代流行的观念。

所以，这个命题的意思应该是：山如水面一样平。《荀子》的“山渊平”，也是这样的意思。“渊”字亦从水，义亦同。《说文》：“渊，回水也。”且亦为止水：“出地而不流者，命曰渊水。”（《管子·度地》）“渊”和“泽”又都可以训“池”（《国语·晋语第八》注、《广雅·释地》）。因此，这个论题所表示的，就不应是历来解者所一致认定的山与泽（渊）高度相等的意思①，而应该是山平坦、泽（渊）平坦、山泽（渊）都平坦的意思。

说天地都是卑下的、山泽都是平坦的，很明显是在反对通常关于天尊地卑、山陂泽平的见解。

至于为什么“天与地卑，山与泽平”，历来解释，多有分歧。

有以相对性观点为说的，认为是由比较的基准、观察者

① 高低一义，已见于“天与地卑”句，下句就不宜重复了。

的位置和观察角度不同使然；或是。至于更有认为是从“道”或“合同异”的观点看而毫无差别的，则不确。这样解释的，就不是惠施的思想而是庄子的思想了；其弊在于以庄解惠。惠施实在不是相对主义或“合同异”论者，说详后文。

此外，还有以发展观点即宇宙的成毁变化为说的，有以几何学观念如任何两点可置于同一平面中或连结两点的直线中点的垂线与两点的距离相等作解的，有以特定的天文学观念如地圆说（上下均有天、有山、有泽）、浑天说（空间即是天）解释的，有据各种特殊情况如高山上的泽或山根、泽沿相比为说的。这些，除了普遍地把“卑”解作“接近”、把“平”解作高度相等外，都可以是一种猜测。

四、“日方中方睨，物方生方死。”

“日方中方睨”。

“睨”是侧，是倾斜。“太阳刚刚运行到正中，即已开始倾斜了。”说的是视觉上所得到的太阳连续运行的景象。也就是说，在太阳的连续运行中，中时即是睨时，睨时即是中时。这样描述的，正好就是运动的矛盾性，就是恩格斯说的：“运动本身就是矛盾；甚至简单的机械的位移之所以能够实现，也只是因为物体在同一瞬间既在一个地方又在另一个地方，既在同一个地方又不在同一个地方。这种矛盾的连续产生和同时解决正好就是运动。”①

“物方生方死。”

① 恩格斯：《反杜林论》；《马克思恩格斯全集》，人民出版社 1971 年版第 20 卷第 132 页。

这是在就生命的基本特征——代谢述说生物体的变化。这种观念，也就是亚里士多德所说的“一个活人又……是一个潜在的死人”① 的意思。站在今天的科学、哲学水平上来看，则就是恩格斯所说的：“生命，蛋白体的存在方式，首先是在于：蛋白体在每一瞬间既是它自身，同时又是别的东西”②；“今天，不把死亡看作生命的重要因素（注：黑格尔《全书》第1部第152—153页）、不了解生命的否定实质上包含在生命自身之中的生理学，已经不被认为是科学的了，因此，生命总是和它的必然结果，即始终作为种子存在于生命中的死亡联系起来考虑的。辩证的生命观无非就是这样。……生就意味着死。”③ 当然，在惠施，都还不过是一种猜测。

五、“大同而与小同异，此之谓小同异；万物毕同毕异，此之谓大同异。”

这两个论题的古注，似乎都是把“大同异”解作了无同异而只认“小同异”才是有同异，皆不确。

近人解释，亦颇多问题。

关于“大同而与小同异，此之谓小同异。”

首先，什么是“大同”和“小同”？

有一种解法，认为“大同”、“小同”分别地是“松与柏”、“松与蔷薇花”④ 或“动物与动物”、“人与人”⑤ 即事物之间

① 亚里士多德：《形而上学》，商务印书馆（北京）1959年版第167—168页。

② 恩格斯：《反杜林论》；《马克思恩格斯全集》，第20卷第89页。

③ 恩格斯：《自然辩证法》；《马克思恩格斯全集》，第20卷第639页。

④ 胡适：《中国哲学史大纲》，第234页。

⑤ 梁启超：《庄子天下篇释义》。

的关系。这样，“大同”与“小同”之间的关系“异”或“小同异”就成了关系的关系，以致非常费解，甚至不可捉摸。另一种是把“大同”、“小同”分别看作“属”、“种”如“禽兽”和“禽”或“兽”的共性[①]，于是就更加成了不同层次的东西，又根本无法去比较其间的同异了。还有一种解法，举为“大同”、“小同”的例子是“马和牛”[②]，这才避免了前两种解法的缺陷；但是，“马和牛”之中何者为大同？又何者为小同？实在又很难区别。

其次，什么是“大同而与小同异”？

“大同而与小同异”应是“大同”和“小同”之间一种相异的关系。胡适、梁启超之释，可能就是为了避免陷入讨论关系的关系的困境而都只是把他们理解的“大同”和“小同”直接地称为“小同异”，没有再说到它们之间的关系，但不合原文。郭沫若则把它解作了关系的关系。任释虽无二弊，但只是因为先已将“大同”与“小同”不符原文地改成了“马和牛”的缘故。

第三，什么是“小同异”？

“小同异”应该是“小同”和“小异”的一种简称，同时包含有“同”和“异”。但是，原文前半句固然只及“大同与小同”之“异”而不及其同，郭沫若亦只随文把“大同”与“小同”“之异”解作“小同异”，均与后文不合。胡、梁之释，则是简单地把“大同”与“小同”直接地称为“小同异”而掩盖了这个问题。任释作“事物之间”的“同异”，但又并不符合原文。

总之，上列各解都未能找到“大同”和“小同”之所确指，甚或陷入了讨论关系的关系的困境；又不能弥缝前句只

① 郭沫若：《名辩思潮的批判》；《十批判书》，科学出版社 1956 年版第 265 页。
② 任继愈主编：《中国哲学史》，第一册第 171 页。

讲“异”而后句讲“同异”之阙失。

由此可以推测，原文或者本来就有讹误。从下题“万物毕同毕异，此之谓大同异”可以看到：第一，题中有“同”有“异”，所以才有所谓“大同异”；第二，论题的主词是“物”而不是物的关系。再从两个论题各自下半句的文字看，其上半句也应该是相对应的。这样，上一题就不应该只讲异而不讲同，也不应该不讲物而讲物的关系①。据此，原文疑本应作：“大［与小］同而（与小同）［有］异，此之谓小同异”；“与小”二字系误植，“有”与“同”为形讹。其意思当是：同一类属而大小不同之物即大物和小物相互比较起来，既有相同处（类属）又有相异处（大小），这种同异是小同异。前后论题的联系，是在从同一类属大物、小物相互间的同异关系进一步推论到不同类属之物（“万物”）相互间的同异关系。再从上一“事”来看（今本“十事”次序有误，本节讨论的第（5）事原应是第（2）事，下详）：“至大无外，谓之大一；至小无内，谓之小一。”说的正好是“大”和“小”也就是大物和小物的定义。这样，从大物和小物的定义开始，讲到大物和小物（同一物类的）同而有异，原也就是十分自然的了。

关于“万物毕同毕异，此之谓大同异。”

这是从共相、自相的关系为说的。因万物各有自相，所以“毕异”；又都有一个共相，所以“毕同”。

所谓“毕同毕异”，说的决不是完全相同和完全相异，即物与物之间处处相同、处处相异。从思想内容看，完全相同与完全相异，就是不可共存的。从文字训释看，“毕”字

---

① 成玄英疏：“物情分别，见有同异，此小同异也。”亦可为一证。

的本义是捕鸟兽的网（《说文》："毕，田网也。"），引申为用网捕取禽兽，又引申为网罗无遗，因训尽、皆、全等等。从句子结构看，这里的这个"毕"字，不在说明后面的同和异，而在总括前面罗列的对象——"万物"；是说万物中间的每物与他物比较都既有同又有异。同样用法的例子如："儒墨毕起"（《庄子·在宥》）。就正是在说：儒也起来，墨也起来；"毕"字所概括的，正是前面罗列的对象。

"大同异"、"小同异"之"大"与"小"，不作范围广、狭讲，亦不作程度深、浅讲。这里的"大"字，应作性质重要讲，用例如《左传》成公十三年："国之大事，在祀与戎。""小"字则反是。"同异"系合言，不能分开作解，说的是事物"同异"的问题。

这整个论题，根据上述校正以后，应是这样的意思：同一类属的大物和小物之间既有同又有异，这是一般的"同异"关系；任何不同事物之间都有同又都有异，这是更为重要的"同异"关系。

六、"南方无穷而有穷。"

第一个问题：惠施的主张，到底是无穷，是有穷，还是无穷又有穷？

多数人认为惠施主张无穷，而只在某种意义上亦承认有穷。也有人认为惠施主张有穷。刘文英则认为："一般人认为，南方或者有穷，或者无穷，二者必居其一。但在惠施看来，南方既是无穷又是有穷，两者并不排斥。"[①] 从原论题文字与

① 《中国古代时空观念的产生和发展》，上海人民出版社 1980 年版第 78 页。

惠施思想的一般倾向看，当以此说为是。

第二个问题：为什么无穷？又为什么有穷？

有主张“南方”所指是浩瀚的宇宙空间的，认为“无穷”所指是整个宇宙，而“有穷”则是地球或地球上的某一区域。有主张南方所指仅限于地球的，则以地圆、南北为相对待的方位或地理知识的增进等等为说。孰是孰非，现在实在难以判定了。

第三个问题，“南方”是否包括东、西、北三方？

多数人都认为“南方”所指不仅南方，而是指着“四方”（《释文》引“司马云”、成玄英《疏》）；唯孙诒让认为“独以南为无穷”（《墨子间诂·经说下》）。从惠施思想基本倾向看，应以前一说为是。

七、“今日适越而昔来。”

这个论题最早的解释：“彼日犹此日”（《释文》引“司马云”），“无昔无今”（成玄英《疏》）；都把它当成了相对主义，不确。实在还是在以庄解惠，且亦嫌浮泛。

更多的人，则把“适”字和“来”字作了错误的甚而相颠倒的理解，从而释此论题为：今天到达越国，是昨天出发的。这样，这个论题就完完全全成了常识之见，还有什么可以争辩的？

《说文》：“适，之也。”用例如：“子适卫。”（《论语·子路》）这是“到……去”的意思，才可以说是“出发”。“来”字之义则异于此，是“至”的意思。《说文》段注：“自天而降之麦，谓之来麰，亦单谓之来。因而凡物之至者皆谓之来。”《庄子·

齐物论》作“今日适越而昔至”，正可为明证。“至，鸟飞从高下至地也。”（《说文》）“来”和“至”的意思才是“到达”；用例如：“责毕收乎？来何疾也!”“孟尝君就国于薛，未至百里，民扶老携幼，迎君道中。”（《战国策·齐四》）因此，这个论题的意思，应该是：今天出发到越国去，昨天就到达了。

至于为什么“今日适越而昔来”，却很难有确解。已有的解释，除了相对主义的无所谓今昔说，如意识先到达或以地圆（时差）① 为说，都可能是正确的。

八、“连环可解也。”

连环原来就是不可解的，或者说在常识上是不可解的②。如果以《吕氏春秋·君守》篇的“解闭”（闭：死结、连环结）比照着看，原来就有“不可解”之“闭”；因此至少也就应该有不可解之连环。

至于惠施根据什么而认为连环是可解的，由于文献不足，很难得其确解。已有的解释有：两环环体并不相贯而可解，以连之之法解之，使其毁坏，以不解解之，在四维空间内解之。毁坏一法，实不能“以此为大观于天下而晓辩者”、使“天下之辩者相与乐之”（《庄子·天下》）；显然与原意不合。

---

① 此说始于章太炎的《东方格致》（《历史论丛》第四辑，齐鲁书社 1983 年版）。至莫绍揆则作了清晰的表述：“只要以超过地球自转的速度而往西行，必将会出现下列现象：在东方 10 时起程，到达西方时却是 9 时”（《逻辑学的兴起》；《百科知识》，1982 年第 7 期）。

② 亦有人如（明）杨慎（《升庵全集》卷六八）、罗根泽（《诸子考索》第 204 页）等认为连环并非必不可解。但是，如果真是这样，惠施就不过是一个会解的人，“连环可解”之说也就完全在常识范围之内而不会引起争辩了。

其他则都可以是可能的解法。看《淮南子·俶真》所称道的，有所谓“辩解连环”；是以辩作解，而不是实际的解开。因此，惠施的解，也可能就是“辩解”了。

九、“我知天下之中央，燕之北、越之南是也。”

“天下之中央”，（明）世德堂本无“下”字[①]，《释文》所摘出为注者亦作“天之中央”；成《疏》亦云：“可为天中者也。”“天下之中央”，即是地面之中央；而“天之中央”当为整个宇宙之中央。二者义本不同，但孰正孰误，已无从判断。据后世各注看，可能是各有所本。

惠施[②]的具体论证，亦无从确知。有以空间无限作解的（可能即认原文为“天之中央”），有以地圆为说的（所据原文当是“天下之中央”）；两说皆可从，意均为任何地方都可以是中央。还有认为燕北、越南即是北极、南极的，则不必是。

十、“泛爱万物，天地一体也。”

历来解者都认为“泛爱万物”与“天地一体”是一个意思，原文是一个论题。其中，有人认为“泛爱万物”是“天地一体”的原因或理由，有人则相反地认为“天地一体”才是原因或理由。

但是，“泛爱万物”的主观意识，是不可能造成“天地一体”

---

① 王叔岷《庄子校释》卷五说：（元）纂图互注本亦然。

② 此既为惠施“历物”十事之一，当为惠施思想无疑。有认为此题之“我”是“燕人”、“越人”而不是惠施，显然不合。

这个客观事实的；同时，“天地一体”的客观事实也不足以促成人对之“泛爱”。从文字上看，“也”这个语气词，确也可以用来表示因果关系：解释原因或推出结果。但是，这还需要一个条件，即句子的两个部分在意义上原来就是明显的因果关系。如：“桓公九合诸侯，不以兵车，管仲之力也。”（《论语·宪问》）否则句中就还需要有一个表因果关系的连词。如：“古之人与民偕乐，故能乐也。”（《孟子·梁惠王上》）这个“故”字，就是不能省去的。“泛爱万物，天地一体也”这个句子，既然它的两个部分在意义上并非必有因果关系，句中又无表示因果关系的连词，所以它所说的也就不一定是因果关系。再从“历物”十事的文例看，前面九事都只有结论，而没有论据或理由。因此，这一事亦不必有论据或理由；而是两个独立的论题，与（1）（3）（4）（5）各事相同。成《疏》释云：“万物与我为一，故泛爱之。二仪与我并生，故同体也。”虽然是在以庄解惠，但连用两个“故”字，可见也认为这是两个并列的意思。

对于“天地”为什么是“一体”，历来有以天地万物都是元素、小一所构成或都出于大一解释的，有用相对主义、古天文学（天地接合或如卵白、卵黄）或“去尊”为说的。其实，这很简单地就是源于“万物毕同”的思想，是从“万物毕同”所得到的宇宙论的结论。张岱年先生说：“一切毕同，莫不有其统一，故可以说是一体。”① 是完全正确的。因为万物都有着相同的方面，是一个相互联系的整体，所以“一体”也就是“统一体”的意思。从万物是毕同又毕异来看，这个

① 张岱年：《中国哲学大纲》，中国社会科学出版社1982年版第154页。

统一体当然又是包含着对立的统一体。

至于“泛爱万物”的“爱”，则并不是通常的“仁爱”、“惠爱”即今语“爱怜”、“爱抚”、“爱惜”之“爱”。“爱”字，除上述各训，还可训“好”，如《诗经·烝民》孔疏云：“爱即好也。”“好”字之义，为“爱好”、“喜好”，如：“敏而好学”（《论语·公冶长》）、“善射以好思”（《荀子·解蔽》）。它的对象就不一定是人或有生命物，而可以是无生命物或事；它的目的，也就完全不在施惠于对方，而只是表示自己的兴趣和意欲了。由《吕氏春秋·爱类》篇所载惠施“以石代爱子头”受“击”之论，可见他并不主张惠爱及于石头之类的“物”。从《庄子·天下》篇看，惠施又正是十分爱好、喜欢研究“物”的；所谓“遍为万物说”，就是普遍地为万物作解说的意思。因此，“泛爱万物”就是普遍地爱好万物即对万物的研究有广泛兴趣的意思；根本不是什么墨子的“兼爱”甚至“极端的兼爱”①，不是惠施的“人生观”② 或“伦理思想”③，而只是一种属于认识论范畴的思想。其宇宙观的根据，则就是“万物”“毕异”。因为万物各有自性，相互不可替代，都为不可或缺，所以才须“泛爱”。

---

① 胡适：《中国哲学史大纲》，第235页。

② 渡边秀方：《中国哲学史概论》，商务印书馆（台湾）1976年版第176页。

③ 李石岑：《中国哲学十讲》，世界书局1935年版第194页。

第四章 哲学思想——“历物”十事（下）

一、体系初探

（一）“十事”次序错乱的校正

“历物”十事，是惠施一个人的思想，还可能就是惠施著作《历物》或《万物说》的十个基本论点。因此，它就应该有一个体系，有自己的核心；从而各个论题的排列也应该有一定的次序和系统，而不会是杂乱无章的堆积。

看这十个论题，有三个是比较特殊的，那就是：

(1)“至大无外，谓之大一；至小无内，谓之小一。”

(5)“大［与小］同而（与小同）［有］异，此之谓小同异；万物毕同毕异，此之谓大同异。”

(10)“泛爱万物，天地一体也。”

这三个论题所讲的“大”、“小”、“同异”和“物”，都是一般性的对象。其他论题所讲，则都系特殊性的对象；即如“物方生方死”的“物”，也只是物的一部分——生物[①]。于是，就产生了一个问题，第（5）题为什么排在现在的位置，即在讲特殊对象的论题之间？

还有第二个问题。在其他七个论题中，就涉及的对象（包括事物、时间、空间等等）看，很明显有两种情况。一种情况是，对象为一个；如第（2）题的“无厚”，第（4）题的“日”和“物”，第（6）题的“南方”，第（8）题的“连环”。另一种情况是，对象为两个；如第（3）题的“天”、“地”和“山”、“泽”，第（7）题的“今”、“昔”，第（9）题的“燕之北”、“越之南”。但它们的排列，却又正好是两两交叉的。这又是为什么？

即使不像我这样提出问题，仅据历来各家对十题的分类，且不论其归属当否，亦看不出有一种以类相从的排列原则[②]。

这种内容交叉舛乱的情况，使我们想起了古籍中的两个

① “物”虽也可以指“万物”（《说文》），但其本义则是生物。《说文》：“牛为大物，……故从牛。”《礼记·乐记》“物以群分”郑注：“物为殖生者也”；孔疏：“若草木之属”。“生”、“死”的本义亦关于生物。《说文》：“生，进也。像草木生出土上。”“死，澌也。人所离（段注：“形体与魂魄相离”）也。从歺人。”

② 仅举后来依从者颇多的胡适（称“略依章太炎《明见》篇”；章、胡所见实并不全同，章说载《国故论衡》）的分类为例来看：（1）（2）（3）（6）（7）（8）（9）题为“第一组，论一切‘空间’的分割区别，都非实有。”（1）（4）（7）题为“第二组，论一切‘时间’的分割区别，都非实有。”（5）题为“第三组，论一切同异都非绝对的。”（《中国哲学史大纲》，第229页）如所论，为什么讲“同异”的列在讲“空间”、“时间”“区别”的之间？又为什么在同是讲“空间”的（3）（6）之间，杂以讲“时间”的（4）和讲“同异”的（5）？而在同是讲“时间”的（4）（7）之间杂以讲“同异”和讲“空间”的（6）？

例子——《墨子·经上下》内容的排列和《后汉书·朱景王杜马刘傅坚马列传》所载三十二功臣的名次。对此，前人已经考定，舛乱是由后代改古本上下两重书写旁行读为直行相连所致。“历物”十事之舛乱，原因当亦在此。如果今本确系由原书两重旁行读误改直行相连而成，其原写式应如下所示：

(1)“至大无外，谓之大一；至小无内，谓之小一。”

(2)“天与地卑，山与泽平。”

(3)“大同而与小同异，此之谓小同异；万物毕同毕异，此之谓大同异。”

(4)“今日适越而昔来。”

(5)“我知天下之中央，燕之北、越之南是也。”(以上属上重文)

(6)“无厚不可积也，其大千里。”

(7)“日方中方睨，物方生方死。”

(8)“南方无穷而有穷。”

(9)“连环可解也。”

(10)“泛爱万物，天地一体也。”(以上属下重文)

另外，“同异”一题，其义既在于从“大〔与小〕同而(与小同)[有]异，此之谓小同异”，即同一物类中大小物体间的同异，推论到不同物类物体间的同异——“大同异”，就应该序于讲“大”、“小”定义的“大一”、“小一”题之后。现在序于“天”“地”“山”“泽”题下，可能是错简所致①。

① 古简长度自二尺四寸至八寸不等，字数则在三十字至八字之间；《庄子》属子书，简长八寸(见《仪礼·聘礼》贾疏并引郑玄《论语序》、引服虔注《左氏》；《汉书·艺文志·六艺略·书》；《论衡·书解》)。古尺八寸，约合今市尺5．5寸左右，每简字数当在八字上下。据以看此处错简，正好是三简之文。

这样的排列，中间七题即连成一气，并且显然分为两组。第一，（3）（4）（5）三题，所论为两个对象（天地、山泽、今昔、燕北越南）可以同一，即对立的统一。第二，（6）（7）（8）（9）四题，所论为不同的概念（不可积和大千里、中和睨、生和死、无穷和有穷、不解和可解）可以是统一的，即可以是同一事物的特征、属性；也就是同一对象（平面、日、生物、南方、连环）本身包含有对立和矛盾的意思。交叉舛乱的问题，也就全部得到了解决。

（二）思想的核心

探讨“十事”思想的核心，还是要从那三个特殊的论题（按我的排列，应是（1）（2）（10）三题）说起。“历物”十事要有统贯自己的核心，不会在这三个论题之外。在这三个论题中，（10）题是最后的结论，在意义上是从属于其他的。所以，历来对十事中心的看法，也就不外乎是（1）题或（2）题的两种。在早期的研究者中间，一般都把（1）题作为中心。其典型的代表，当推胡适①。至于现今，亦还有主此说者：

“这位想象力极其丰富的大思想家又进一步设想

① 他认为：“十事只是‘泛爱万物，天地一体也’一个大主义。前九条是九种辩证，后一条是全篇的断案。”在所谓“九种辩证”中，他把“毕同毕异”以外的八题都归为“论一切‘空间’的分割区别，都非实有”和“论一切‘时间’的分割区别，都非实有”，“毕同毕异”一题只作为“论一切同异都非绝对”的普通的一题。其论空间和时间云：“大一”“是‘宇’的总体”，“小一”“是‘宇’的一部分”；“大一是古往今来的‘久’，小一是极小单位的‘时’。”（《中国哲学史大纲》，第229、230、233页）

自己站在无限大的立场上来观察有限世界，看看有限世界究竟会发生哪些质上的量上的变化。他惊讶地发现：相对于‘至大无外’的无穷大来说，地球上的一切事物，无论在高低、距离、方位、时间等方面，它们之间的量的差异竟然是如此极端地微小以至于完全可以被看作一种无限小量而把它略去不计。”①

但是，在原文则完全没有根据。这一题只具有我们在“各解”中所诂定的意义，而丝毫也没有统贯十事的意思。因此，胡适立论的根据是不充分的。其次，原文也没有否定“小一”而仅仅肯定“大一”的意思，而只是分别对二者下了定义，并无轻重厚薄之意。所以，既能说从“至大无外”来说如何如何，又为什么不能说从“至小无内”来看如何如何呢？要知道，如果从“至小无内”来看，就是锱铢之差都不再是“微小”而是巨大的，因而就是不能“略去”的了。

其实，“大一”、“小一”一题，与后文在意义上并无直接关系。同时，这一题既非惠施之倡说，他也就决不会把自己的思想统属于它。这个论题的作用，只是一个引子：由它经由“小同异”而引出了惠施的倡说——“大同异”。从后文看，所讲的都属“大同异”；“大［与小］同而（与小同）［有］异”的所谓“小同异”，则是被作为已经解决的问题而撇开了的。

因此，“同异”题才是“历物”十事的中心。张岱年先生曾明确地说：“‘万物毕同毕异，此之谓大同异’，实为惠子十事

① 周翰光：《论惠施数学背理的哲学基础》；《中国哲学史研究》，1982年第2期。

之核心。”[①] 同时，自冯友兰旧著《中国哲学史》（第268页）以来，杜国庠[②]、侯外庐等[③]以及现行多种《中国哲学史》专著和教材，都认为惠施属“合同异”派，亦即意味着有关著述家实际上都认“同异”一题为“十事”的中心。此外，就认识论和认识史的角度来说，“同异”关系的意义亦远过于大小关系。

还有人认为“毕同毕异”也就是“大一”、“小一”的推衍，如郭沫若说：“如从本质上说来，万物都是‘大一’的显现，这是‘万物毕同’；万物都是各以不同量的‘小一’积成的，这是‘万物毕异’。”[④] 亦不确。说“万物都是‘大一’的显现”又“都是各以不同量的‘小一’积成的”，在原文已无据。即如是，“显现”亦各有特殊性，“不同量的‘小一’”又都是“小一”，怎么能够一以证同一以证异？

二、“合同异”说驳议

惠施的同异观是怎样的？学术界几乎一致地认为是取消同异的所谓“合同异”。

认为惠施的思想是取消同异，早在《释文》已见端倪[⑤]。至于近世，则更多认为就是相对主义了。

但是，所谓“毕同毕异”，据前述其实只是万物相互比较起来都有相同之处又有相异之处的意思。因此，说它主张

---

① 张岱年：《中国哲学大纲》，第514页。
② 《杜国庠文集》，人民出版社1962年版第533页。
③ 侯外庐等：《中国思想通史》第1卷，人民出版社1957年版第435页。
④ 《名辩思潮的批判》；《十批判书》第265页。
⑤ “至异异所同，至同同所异”，“万物之同异一矣”。

“完全相同”[1]，是并不正确的。即便“毕同”真是“完全相同”，同时还有“毕异”呢？所以，“毕同毕异”的实在含义，当与上半句的“同而（与小同）[有]异”一样，同而又异，异而又同，有同有异。说它主张“相同性质的和不同性质的事物”“可以”“统一起来”、“同异是相对的”[2]，是完全正确的。但它所主张又并不是“抽象地统一”[3]、“绝对同一”[4]，或即因之而认为同异是“非实有的”[5]。十事本身，就已经足以表明惠施是确认同异的实际存在的。他讲同异，始终是“同异”并举。同时，所有不同的概念都是明确的。“至大无外”之“大一”与“至小无内”之“小一”界线分明；其他概念，如“天”、“地”、“山”、“泽”、“卑”、“平”、“今”、“昔”、“南”、“北”、“无厚”、“千里”、“中”、“睨”、“生”、“死”、“无穷”、“有穷”、“连环”等等亦然。它们之所指，也是完全确定的。例如：他不说“天与地尊”或“地与天卑”，而说“天与地卑”，就是并未混淆“天”、“地”、“尊”、“卑”诸概念；在“今”、“昔”和“无穷”、“有穷”之间用了个“而”字，又正是表明了其间的关系是相反的；“燕之北，越之南”的说法，也表示他确认燕、越在方位上有北、南之别；“连环”虽可解，但他并未因而否定其为连环。

再从各书所载惠施其他言论看，亦复如此。典型的材料，莫过于《韩非子·说林上》所引：

---

①②③ 任继愈主编：《中国哲学史》第一册第172页、171页。
④ 章沛主编：《辩证逻辑基础》，湖南人民出版社1982年版第57页。
⑤ 《杜国庠文集》，第533页。

> “慧子曰：‘狂者东走，逐者亦东走。其东走则同，其所以东走之为则异。’故曰：同事之人，不可不审察也。”

这里，惠施已经观察到了发疯的人与追逐的人同样向东奔走而原因却不同这样的现象；韩非正据以作出了普遍性的概括：对于做同样事情的人，一定要审察他们同中的不同。这种细致的观察和包含其中的这个同中察异的要求，充分说明了惠施是十分注意事物之间的相异关系的。

还有其他言论：

> “置猿于柙中，则与豚同。”
>
> ——《韩非子·说林下》载惠施语
>
> “羿执（鞅）［决］① 持扞，操弓关机，越人争为持的。弱子（扞）［扜］②弓，慈母入室闭户。”
>
> ——同上
>
> “民寒则欲火，暑则欲冰，燥则欲湿，湿则欲燥。寒暑燥湿相反，其于利民一也。利民岂一道哉，当其时而已矣。”
>
> ——《吕氏春秋·爱类》载惠施语

这些，“猿于柙中，则与豚同”、善射的羿和普通小孩子因射术不同而分别引出人们信任和恐惧的反应、“寒暑燥湿”所欲不同、“利民”非“一道”而要在“当其时”之论，说明惠施正

①② 据（清）王念孙《读书杂志·余编》载王引之说校改。

是处处注意到了同中之异。

此外，前文已及之“以石代爱子头”受击、筑城的劳动分工、“治农夫”需“圣人”的思想，对梁王令“无譬”的“弹之状如弓，而以竹为弦”之喻，为田驷说邹君时区别常人瞚“一目”与“瞽两目瞚”、渡河堕水对船人之责时强调“居艘楫之间”和“安国家”的不同情况以及一般地认为对疑事应该“以为可者半，以为不可者半”等等重视具体情况的分析，还有如辞魏惠王让国时所说：“王固万乘之主也，以国与人犹尚可。今施布衣也，可以有万乘之国而辞之，此其止贪争之心愈甚也。”(《吕氏春秋·不屈》)也都可以证明惠施完全不是什么取消同异的“合同异”论者。

一般地说，惠施制定过法律，长期执魏国之政，怎么能够是一个主张“合同异”的人?

“历物”十事的绝大部分，表面上好像都是在讲同、讲统一；但角度却并不都一样，有就一个对象讲的，也有就两个对象讲的。就两个对象所讲的，确是不同事物的统一；就一个对象所讲的，则是同一事物本身包含的差异。这两种角度所讲的，实际上又是同一个事实的两个侧面。恩格斯说：“与自身的同一，从一开始起就必须有与一切别的东西的差异作为补充”①。惠施思想的重点，再用恩格斯的话来说，当即是在于指明“同一性自身包含着差异性”、万物“都既和自己同一而又和自己相区别”；它所作出的，也正就是“对同一性内部的差异的考察”②。因此，惠施的所谓同，是有异之同，是同中有异的；而不是有同无异，更不是取消同异。他说“同而有异”、“毕同毕异”而不说“异而有同”、“毕异毕

①② 《自然辩证法》；《马克思恩格斯全集》，第20卷第557、556页。

同”，即可证其重点是落在异的方面。

从方法上看，说惠施思想为“合同异”者的论证也是矛盾的。如既说惠施主张“形色的同异皆为相对”，又说他主张“异质的事物本为合同”①；或者说惠施“得出一个结论，……就全体事物来看，其中没有一样东西是相同的，但也没有一样东西是相异的，归根到底事物是完全相同的。”②等等。“同异皆为相对”与“本为合同”、“没有一样东西”“相同”“相异”与“归根到底”“完全相同”，怎么可以并存呢？另外，即使是“合同异”，应是取消同异，而不是只取消异，因此也总不能主张“完全相同”。

说惠施主张“合同异”，实际上是在以庄解惠。惠、庄思想并不相同，下面另行详述，在此不赘。

再说“合同异”这个术语，实在也与惠施无关；既非惠施所自标，亦未见后代古籍用之以称惠施。古籍称“合同异”之可考见者唯二：

> “公孙龙问于魏牟曰：‘龙少学先王之道，长而明仁义之行；合同异，离坚白……。’”
>
> ——《庄子·秋水》
>
> “《鲁仲连子》云：‘齐辩士田巴，服狙丘，议稷下，毁五帝，罪三王，服五伯，离坚白，合同异，一日服千人。’”
>
> ——《史记·鲁仲连列传·正义》

① 侯外庐等：《中国思想通史》，第1卷第433页。

② 北京大学哲学系中国哲学史教研室主编：《中国哲学史讲授提纲（初稿）》；《新建设》1957年第4期。

《庄子》所说，明白地指的公孙龙，而不是惠施。且“合”字有误，当从《淮南子·齐俗》作“别”，因为公孙龙是明白无疑的“别同异”论者[①]。《鲁仲连子》所说，明确地指的田巴。此人不见于其他史籍。观其下文“有徐劫者，其弟子曰鲁仲连，年十二，……往清田巴”，并以鲁仲连年代[②]考之，与田巴之会当在公元前295年前后。如果考虑到《正义》引文有误，往说田巴的还应该是鲁仲连的弟子徐劫[③]，才符合说田巴语中的“燕人十万，聊城不去”一语。其时，据《资治通鉴》当为秦孝文王元年即公元前250年。总之田巴年代晚于惠施，这时惠施早已亡故。再看鲁仲连或徐劫说田巴的内容：“……国亡在旦夕，先生奈之何？若不能者，……愿先生勿复言。”《太平御览》卷四六四又三八五引《鲁连子》更有田巴的答语曰：“无奈何。”可见田巴完全是一个当时称为“不治而议论”（《史记·田敬仲完世家》语）的空谈家。惠施的政治家风度亦正好明显地与之完全异趋。所以，此之“合同异”，不仅不是惠施的主张，甚至与惠施及其学派完全无关。

与认惠施主张“合同异”相近，还有说他主张无是非论者：

---

① 说详本书《公孙龙评传》第六章。

② 据《史记·鲁仲连列传》，鲁仲连曾为赵却围邯郸之秦军（时在孝成王九年即公元前257年），又于“其后二十余年，燕将攻下聊城”、“齐田单攻聊城”时，“遗燕将”书，以后即“逃隐于海上”。

③ 《鲁仲连子》文本应作“有鲁仲连者，其弟子曰徐劫，年十二”，今本系“鲁仲连”与“徐劫”互误所致。说另详拙作《惠学锥指》。

“不恤是非然不（然）[1]之情，……君子不若惠施邓析。”

——《荀子·儒效》

“不恤是非”就是不顾是非、不讲是非，不就是“合同异”了吗？

惠施的“不恤是非然不”，于史无考。荀子是把他和邓析相提并论的。关于邓析，据《吕氏春秋·离谓》云：“子产治郑，邓析务难之。与民之有狱者约：大狱一衣，小狱襦裤。民之献衣襦裤而学讼者，不可胜数。以非为是，以是为非，是非无度，而可与不可日变；所欲胜因胜，所欲罪因罪。”既然“务难”子产之“治”、教民“学讼”，并达到了“所欲胜因胜，所欲罪因罪”的效果；可见完全不是一个无是非论者，而正是在竭力证明自己的是非。所谓“以非为是，以是为非”，说的只是他的是非标准与别人相反的意思。因此，所谓“是非无度，而可与不可日变”，以及同篇的“可不可无辨”、同书《正名》篇用来指责一般“淫说”的“可不可而然不然，是不是而非不非”，也都不是没有是非，而只是是非标准不同的意思。这种意思，称为“不恤是非”是不确切的，应如《荀子·不苟》篇杨倞注引刘向说，称之为“两可之说”。所谓“两可”的古解，当如鲁胜所说：“是有不是，可有不可，是名两可。”（《晋书·隐逸传》引鲁胜注《墨辩·叙》）即“是”的中间包含“不是”、“可”的中间包含“不可”的肯定事物和思想本身具有相反性质的观点。它绝不同于后世的“模棱两可”或“依阿两可”。

---

① 据王念孙《读书杂志·荀子杂志》载王引之说校删。

如果一定要说惠施不讲是非，则只能是一种以是非同异绝对对立的观点去看惠施思想所得到的错误结论。在这种观点看来，否定了是非同异的绝对对立，也就是否定了是非本身。荀子，就正是从传统的政治观点或常识的是非观点去看惠施的。

最后，还要说一说“泛爱万物，天地一体也”这个“十事”的结论。对这个结论的解释，直接决定于对惠施思想核心的认识。认为核心是“大一”、“小一”题或“合同异”者，都把“泛爱万物”和“天地一体”一样地解作万物无差别的“毕同”或“合同异”的意思。其实不然。“一体”所说固然是同的方面，即“万物毕同”。“泛爱”则相反，其着眼点倒是在异的方面，即“万物”“毕异”。正因为物物各有其异，相互不能替代，“爱”一物并不就是“爱”万物，才需要特别地强调“爱”“万物”。否则，既然“天地一体”、“万物毕同”（解者又都解作万物完全相同），万物失去了各自的个性和个体的价值，一物即可代替万物，“爱”任一物也即是“爱”万物了，又何必再说什么“泛爱万物”？从万物“毕同”又“毕异”来看，“一体”是有异之“一体”，“万物”是有着一体关系的“万物”。这最后一个论题，同样渗透着同中有异，异中有同的深刻思想。

三、历史的评价

（一）古代中国辩证论的卓越代表

黑格尔说：“假如一个人能看出当前即显而易见的差别，譬如，能区别一枝笔与一头骆驼，我们不会说这人有了不起的聪明。同样，另一方面，一个人能比较两个近似的东西，如橡树与槐树，或寺院与教堂，而知其相似，我们也不能说他有很高的比较能力。我们所要求的，是要能看出异中之同和同中之异。”① “历物”十事、“毕同毕异”所说的，就正是“异中之同和同中之异”；即此而论，就已经是难能可贵的了。

不仅如此，“毕同毕异”即“同一性自身包含着差异性”的思想，也就是承认“对象的本质自身中的矛盾”、“对立面的统一、同一”的思想；这正是“辩证法的本质”② 所在。同时，他所反对的，又正是把事物“看作只和它自己同一的东西、看作常住不变的东西”的“旧的、抽象的、形式的同一性观点”③ 即形而上学。

从哲学史上看，“每一个事物和它自身的同一”的形而上学思想，在恩格斯的时代才“被自然科学一点一点地驳倒了，但是在理论中它还继续存在着”；“真实的具体的同一性包含着差异和变化”的辩证法思想，也是在恩格斯的时代才被“自然科学从细节上证明了”④ 的。在这以后，恩格斯甚至还说过：“正是同一和差异的这种不可分离，最初是怎样折磨我们的，尽管我们每前进一步都不能不碰到这个问题。”⑤ 惠施则在恩格斯以前二千多年就猜测（当然仅仅是猜测）到了！这是十分了不起的事。西方埃利亚学派的芝诺（公元前五世纪），以他意在否认运动而作出的运动包含着矛盾的证明，虽然从

---

① 黑格尔：《小逻辑》，商务印书馆（北京）1980 年版第 253 页。

② 《列宁全集》，人民出版社 1959 年版第 38 卷第 278、285 页。

③④ 恩格斯：《自然辩证法》；《马克思恩格斯全集》，第 20 卷第 556、557 页。

⑤ 恩格斯：《致康·施米特》（1891 年 11 月 1 日）；《马克思恩格斯全集》，人民出版社 1972 年版第 38 卷第 202 页。

反面揭示了矛盾客观地存在于运动中的事实，但他对于“矛盾”的本身却是否定的。惠施这位发现了矛盾事实的中国哲学家，虽然时间略晚一个世纪，但对于矛盾的存在则是完全肯定的了。因此，如顾实曾经作出过的评价：“举天下之异者而同之……者，人类莫大之伟业也。”[①] 也就完全不算过分了。

惠施“历物”思想的历史意义，莫大于此。在历代的研究者中，唯有冯友兰、范寿康先生具卓识而确然有见。冯说：“惠施的辩论也着重在说明事物的自身同一中的差别，由此证明事物的自身同一是相对的。”“就十事的内容看，惠施注重的是在论述事物自身同一性中的差别及事物之间的同一性”[②]。范说：“惠子的思想与今日之辩证法亦多符合，凡上所说大体就是‘对立物统一的原理。’”[③] 这都是完全正确的。“人们远在知道什么是辩证法以前，就已经辩证地思考了”[④]。在西方，“古希腊的哲学家都是天生的自发的辩证论者，他们中最博学的人物亚里士多德就已经研究了辩证思维的最主要的形式。”[⑤]人类思维的发展有其共同的规律性，中国亦不例外，惠施就是古代中国辩证论的卓越代表。

但是，冯接着又说：“既然事物自身的同一是相对的，事物之间的差别好像也都不存在了，因此惠施又强调事物之间的同一。”“惠施也没有明确地肯定，事物的相对性中存在

① 顾实：《庄子天下篇讲疏》，第 95 页。
② 冯友兰：《中国哲学史新编》，第 1 版第 314、322 页。
③ 范寿康：《中国哲学史通论》，开明书店 1937 年版第 121 页。
④⑤ 恩格斯：《反杜林论》；《马克思恩格斯全集》，第 20 卷第 155、22 页。

着绝对性。……这样就很容易通向相对主义。”① 惠施“强调事物之间的同一”即是非同异相对的一面是确实的，但对此实在亦不必加以指责。因为正是他发现了（猜测到了）事物关系的这一个方面，其加以强调原为势所必至。其实在《自然辩证法》的有关处，恩格斯所强调的也正是这一个侧面，难道也可以加以指责吗？

惠施思想不可磨灭的历史意义，是他的辩证法思想的因素。但是仍然应该看到，这种思想仅仅是猜测，而且其猜测亦是并不全面的。就前所述，它主要地只是猜测到了“同一性自身包含着差异性”和“对象的本质自身中的矛盾”；对于矛盾双方的关系如相互依存、相互转化等等，就并未正面涉及过。因此，说惠施已经“认为事物的大小、高低、长短、黑白等矛盾，失去一方另一方也就不存在”②、“接触到了对立面的相互转化”③，在原文就并无根据。至于说“他在十事中能一贯地解释各种事象，把辩证法上各个要点阐明”④，也就不无拔高之嫌了。

最后，还应该即使是简单地说说惠施的宇宙观。

对此，历来亦是众说纷纭。有认为是“唯物”⑤ 主义。有认为是“观念论”⑥ 即唯心主义的；其中，郭沫若又认为是

---

① 《中国哲学史新编》，第 1 版第 314、322 页。此文并此意，在第 2 版中已删去，并已认为“惠施讲的是辩证法”（第 156 页）了。

② 《哲学小辞典（儒法斗争史部分）》，上海人民出版社 1974 年版第 25—26 页。

③ 樊洪业：《论惠施》，《文史哲》1977 年第 3 期。

④ 李石岑：《中国哲学十讲》，第 194 页。

⑤ 郭沫若：《惠施的性格与思想》；《沫若文集》，人民文学出版社 1959 年版第 10 卷第 30 页。

⑥ 李石岑：《中国哲学十讲》，第 194 页。

“客观的观念论”[①]，杜国庠则认为是“主观观念论”[②]。也有认为是“主心物二元”[③] 的。还有，郭沫若又认为是“泛神论”[④]。

说法真可谓应有尽有，郭沫若一人前后持说又大不同。但是，所有各说，大都只是仅有结论而并未作出论证，略有论证者亦嫌不足；如樊洪业说“天地一体”、“万物毕同毕异”已经是《反杜林论》“世界的真正的统一性是在于它的物质性”的“萌芽”因而是唯物主义[⑤]，郭沫若据《天下》篇“弱于德，强于物”、“逐万物而不反”的批评而断为“客观的观念论”，则皆不确。

据我们上文的研究，“历物”十事本文包含着十分可贵的辩证法思想，但似乎并未正面涉及宇宙观的问题。从《天下》篇的评论看，亦只能知道惠施“多方”，对“天地所以不坠不陷，风雨雷霆之故”这样的难题能够“不辞而应，不虑而对”，还能“遍为万物说，说而不休”，是一位知识渊博的科学家[⑥]。至于《天下》篇又不满地说惠施的学说“舛驳”、“不中”，认为他“弱于德，强于物”、“散于万物而不厌”、“逐万物而不反”，则反映出惠施异常重视物的研究，具有较明显的唯物主义倾向。能够确知的，仅此而已；其他则只有付之阙如了。

---

① 郭沫若：《名辩思潮的批判》；《十批判书》第 267 页。

② 《杜国庠文集》，第 537 页。

③ 谭戒甫：《庄子天下篇校释》，1935 年版第 33 页。

④ 郭沫若：《先秦天道观之进展》；《青铜时代》，科学出版社 1957 年版第 52 页。

⑤ 樊洪业：《论惠施》，《文史哲》1977 年第 3 期。

⑥ 郝立权曰：“历物之说，湛深妙奥，验之近世科学，语语皆有本原”（《惠施传》；《厦门大学季刊》第 1 卷第 2 号，1926 年 7 月 1 日）。颇确。

(二) 形式逻辑局限的突破和辩证逻辑思维的萌芽

惠施的思想，在中国逻辑史上亦有着不容忽视的地位。

惠施是第一个全面研究了同异关系的思想家；而同异概念的提出和同异关系的研究，可以说即是逻辑学的发端。古代名辩的集大成者后期墨家认为，“辩”（其中包含有相当于“逻辑”的学问）的目的之一就是“明同异之处”（《墨子·小取》）；以研究墨辩著称的晋代学者鲁胜，更是把“别同异”提到了逻辑（他称为“名”，即逻辑科学开始阶段的主要研究对象——概念）研究的首要地位（《墨辩·叙》）。这是因为，同异关系是事物最基本、最普遍的关系；事物“与自身的同一，从一开始起就必须与一切别的东西的差异作为补充”，反之亦然。因此，“别同异”是人类认识的起点和最一般的目的。同时，事物的自身同一（相对静止）是形式逻辑学的客观基础，同一律又是形式逻辑最基本的规律，思维的同异关系是逻辑的基本问题。人的认识，首先是认识对象（及其属性）的同异，进行比较、分类，取同去异，然后才形成概念，构成判断。概念就是“一般”，“是一个抽象”，是“经过比较而抽出来的共同点”①。基于同异关系的类的概念更是判断和推理的客观依据。《墨子·大取》就认为“辞”（判断）必须“以类行”，“立辞”一定要“明于其类”。至于推理，不论是演绎、归纳，还是类比，特别是归纳过程中所运用的比较、分类和判明因果联系的穆勒氏五法，无不基于类的同异关系。

---

① 马克思：《导言（摘自1857—1858年经济学手稿）》；《马克思恩格斯全集》第12卷，人民出版社1962年版，第735页。

惠施同异关系思想在逻辑学上的特异之处，在于他明确地认为异中有同、同中有异。因此，他所讲的就不是抽象的同一性，而是具体的同一性。他不仅没有把形式逻辑的同异分立理解为绝对对立，而且倒是突破了形式逻辑的局限①，从事物客观辩证法的研究走向了辩证逻辑。

“历物”十事，正包含着十分可贵的辩证逻辑的萌芽。“同而有异”和“毕同毕异”的思维，就正是一种辩证的思维。“十事”中其他如“今”与“昔”、“不可积”与“大千里”、“中”与“睨”、“生”与“死”、“无穷”与“有穷”相统一，以及天地同“卑”、山泽同“平”、燕北越南皆为“中央”、连环可“解”等等，说的其实也就是“概念的全面的、普遍的灵活性，达到了对立面同一的灵活性”② 这样的辩证本性；或者也就是“一切概念的毫无例外的相互依赖”、“转化”和“概念之间对立的相对性……概念之间对立面的同一”这样的“辩证法”③。还有，列宁说：“一般说来，辩证法就在于否定第一个论点，用第二个论点

① 中国历史上第一个粗具规模的形式逻辑体系，是惠施以后的墨子后学所创建；这个体系的奠基人则是惠施以前的墨子，墨子本人就已经比较明确地认识并表述了形式逻辑的基本规律——矛盾律和排中律。如《墨子·经说上》云：“或谓之牛，或谓之非牛，是争彼也。是不俱当。不俱当，必或不当。”意思是：“这是牛”和“这是非牛”两个相互矛盾的命题，不可能都正确，而总有一个不正确；说的就是形式逻辑的矛盾律。又如《墨子·经上》云：“彼（原作“攸”，据张惠言《墨子经说解》说校改）不可两不可也。”意思是：一对互相矛盾的命题不可能都假，又就是形式逻辑的排中律。本书于此采杨宽先生说：《经上》、《经说上》为墨子本人著作，《经下》、《经说下》、《大取》、《小取》则为墨子后学所著；见杨著《墨经哲学》并拙著《〈墨经〉研究的一个卓越成果——杨宽先生〈墨经哲学〉读后》（载《南京大学学报》1986 年增刊）。

②③ 《列宁全集》，第 38 卷第 112、210 页。

去代替它（就在于前者转化为后者，在于指出前者和后者之间的联系等等）。后者可以成为前者的宾词”；并且列出了黑格尔所举的“有限是无限，一是多，单一是普遍”这样的例子[①]。据此，我们正也可以说，“十事”中（2）至（9）共八个论题，就都是典型的辩证判断。

不过，对惠施思想的逻辑内容，亦不应估计过高。

三十年代初期，郭湛波曾经认为：“‘大同异’是辩证逻辑的思维”，“‘小同异’是形式逻辑思维”[②]；“西洋逻辑的演绎法，印度因明的三支作法，都是这个‘大同’原则的应用”，“‘小同’……是培根归纳法的应用。”[③]说惠施已经有了自觉的演绎法和归纳法，在原文实无根据；现在也已经没有人赞同了。

六十年代初期，汪奠基又主张，“毕同毕异”一题“是历物的逻辑中心问题。理论上包括惠施对于概念种类的一种看法。从范畴相属的意义来说，本题肯定了共相的大同异，乃统摄个别的小同异，这是承认普遍概念的存在。”[④] 循此，有人甚至认为：“惠施似已认识到了概念的内涵和外延是成反比例的。‘大同而与小同异’，就是说，‘大同’与‘小同’有包含关系及概念内涵上的某些一致性，这是它们的同；但‘大同’与‘小同’又有范围大小的不同及概念内涵上的某些歧异，这是它们的异。”[⑤] 这些，也都是原文所没有而仅是论者自己的推测。

---

① 《列宁全集》，第38卷第244页。

②③ 郭湛波：《先秦辩学史》，第70、72、74页。

④ 汪奠基：《中国逻辑思想史料分析》，中华书局（北京）1961年版第164页。

⑤ 王德裕：《论惠施》；《重庆师范学院学报》1981年第4期。

还有，说惠施“对一些概念”下了“定义”[1] 和“重视用‘譬’”[2]，无疑地都是对的。但是，所有这些是否即如所说是“逻辑上”的“成就”(周文英语)，则似乎还需要作一些具体的考察。

先说定义。对概念下定义，是任何科学所有的事，并不是逻辑科学的特有内容。于今存资料可见的惠施所为下定义的概念，如‘大一’、“小一”、“无厚”等，又都不是逻辑学的术语；因而其所下定义也就不是逻辑学概念的定义，而只是一般的哲学、科学（数学）概念的定义罢了。而且，具体地为一个一个概念下定义，主要地又是属于思维内容方面的事情；因而是各门具体科学的任务，而不是形式逻辑的任务。形式逻辑研究的是从实际思维中抽出来的思维形式，一般地并不涉及思维的内容。所以，就概念的定义来说，形式逻辑的任务只是从形式方面去研究它的共同特征、种类和规则等等问题。对于这些，从现有资料看，惠施就没有进行过研究。因此，惠施的对概念进行定义，似难说是属于逻辑学的成就。

再说用譬。惠施善用之“譬”，似乎也不属逻辑，不是推理；而只是一种解释、说明事理的方法——譬喻。逻辑的推理与譬喻，是显然有别的。前者是认识的方法，即由已知推及未知的方法；而在后者，其用来相比的两物，就都是设譬者自己所早已知道的。以惠施所设“弹之状如弓而以竹为弦”这个譬喻为例，其中的弹和弓就都是他设譬时所已知；文中所谓“说者固以其所知谕其所不知”的两个“其”字，所指都不是说者自己而是听者，即下文“而使人知之”的“人”。全句的

---

① 周文英：《中国逻辑思想史稿》，人民出版社 1979 年版第 3 页。

② 周云之等：《中国历史上的逻辑家》，人民出版社 1982 年版第 18 页。

意思是：解释的人原来就是在用听的人所知道的东西（弓之状）来说明他所不知道的东西（弹之状），从而使他知道。因此，它完全不是由已知推及未知的逻辑推理。退一步说，即便是推理，也仅仅是一种实际的应用。但是，应用不就是推理。正如恩格斯所说的：“人们远在知道什么是辩证法以前，就已经辩证地思考了，正像人们远在散文这一个名词出现以前，就已经在用散文讲话一样。”① 既然这里还没有关于推理的逻辑理论，所以有关内容仍然不能算是逻辑学。

从今存资料看，惠施除研究了作为逻辑科学基础的同异问题而外，并未研究过任何具体的逻辑问题。

（三）“诡辩”说商榷

有一种颇为流行的看法，认为惠施的思想是诡辩，或至少有诡辩的因素、倾向而为后世诡辩思想之所从出。如侯外庐等说：“惠施为诡辩主义的有力开创者。”② 冯友兰则认为是“在某些问题也带有一些诡辩的倾向”，“为诡辩开了后门”③。就是持相反观点者，亦不能完全否定其为诡辩或与诡辩的关系。如章太炎，既说“历物”十事“无一诡辨”，“惠施尚少诡辨”；又说其“近诡辨一派”④。又如郭沫若说：“惠施，他

① 恩格斯：《反杜林论》；《马克思恩格斯全集》，第20卷第155页。

② 侯外庐等：《中国思想通史》，第1卷第424页。

③ 冯友兰：《中国哲学史新编》，第1版第309、312页。这个意思，第2版中已经删除。

④ 章太炎：《诸子略说》，章氏国学讲习会1935年版第57、50页。早年，章释惠施的“历物”为“算物”即“算术”，因而认为“名家立说，不尽析言破辞，语可征实，与晋人谈玄迥异。”（《膏兰室札记》，《章太炎全集》第1卷第243、248页）不十余年，即认惠施“其术反同诡辩”（《国学讲习会略说·论诸子学》，1906年日本秀光社印刷，第89页）。

的学说也不尽全是诡辩。”[①] 胡韫玉说：“惠施学说不能纯然谓之诡辨”[②]。像梁启超那样说“惠施实能见极名理，与……诡辩殊科”[③] 而彻底否定其为诡辩者，寥寥无几。

侯外庐等同志论定惠施思想为诡辩的理由，一则曰：“因其丧失了名辩思潮的积极内容，而蜕变成概念游戏的‘诡辩’。”二则曰：“因其全部论题的基本精神，在于以主观相对主义的世界观作前提，而导出抹煞事物性质的客观存在性，泯灭事物质量的具体差别性，忽视事物性质的相对安定性及一定条件下肯定要素的支配意义等等诡辩主义的断案或结论。”[④] “概念游戏”、“相对主义”的指责，据我们前面的研究，实在并无根据。

侯著认惠施思想为诡辩的理由之三，是《庄子·天下》篇对惠施的评论。它引了该篇“惠施多方，……是以与众不适也”段的主要评论文字，但并未作出具体的分析即下了结论（第424 页）。因此，就需要我们来具体地分析一下《天下》篇对惠施的有关评论。《天下》篇的作者对惠施是不满意的，如侯所引文中就说他“其道舛驳，其言也不中”、“与天下之辩者为怪”、“遍为万物说，……益之以怪”、“以反人为实而欲以胜人为名”等等。其中，所谓的“道”和“言”，成《疏》释为“道理殊杂而不纯，言辞虽辩而无当”，甚是；可见所指的都是惠施思想的具体内容。所谓“为怪”，从“遍为万物说……益之

① 郭沫若：《先秦天道观之进展》；《青铜时代》，第 52 页。

② 胡怀琛：《惠施诡辩新解·跋》；载胡韫玉辑《朴学斋丛书》第一集第 5 册，1940 年安吴胡氏排印本。

③ 梁启超：《庄子天下篇释义》。

④ 侯外庐等：《中国思想通史》，第 1 卷第 419—420、435 页。

以怪”、“以反人为实”以及后文的“弱于德，强于物”、“散于万物而不厌”、“逐万物而不反”等等来看，指的也是惠施思想的内容。因此，《天下》篇作者的不满，主要在惠施辩说的内容，而不在其辩说的方式。就是说，主要是不满于他的哲学思想，而不是他的逻辑方法。因此，这种批评也就完全不能成为惠施思想为诡辩的证明。《天下》文中又说惠施“日以其知与人（之）辩”、“惠施之口谈，自以为最贤”、“不辞而应，不虑而对”、“卒以善辩为名”等等，处处离不开一个“辩”字；并多次说到惠施与辩者为伍，且甚为相得。就是说，惠施也是一个辩者。但是，这也与诡辩无关（将在《公孙龙评传》中详述，此不赘）。

到此，还应该说说战国末期大师荀况对惠施的有关看法。荀子是反对惠施的。《成相》云：“慎墨季惠，百家之说诚不详。”王念孙曰：“祥详古字通。不详，不善也。”（《读书杂志·荀子杂志》）但是，他所反对的，也不是惠施辩说的形式，而是辩说的思想内容：“不法先王，不是礼义，而好治怪说，玩琦辞，甚察而不（惠）［急］[①]，辩而无用”（《非十二子》）；“山渊平，天地比……非礼义之中也。”（《不苟》）这里说的，就是不效法或不研究“先王”、“礼义”等等而搞那些“不急”、“无用”的察辩的意思。对于惠施辩说的技巧或方式，他倒是表示肯定的：“其持之有故，其言之成理”（《非十二子》）；“是说之难持者也，而惠施……能之。”（《不苟》）有时竟还自叹不如：“君子之所谓辩者，非能遍辩人之所辩之谓也……君子不若惠施”（《儒效》）。因此，荀子的反对，也与惠施思想是否诡

① 据王念孙《读书杂志·荀子杂志》说校改。

辩的问题无涉。

从汉代开始，惠施即被称为“名家”。因此，我们亦应看看汉人对包括惠施在内的名家的评论：

> “名家使人（俭）[检][①] 而善失真；然其正名实，不可不察也。……名家苛察缴绕，使人不得反其意，专决于名而失人情，故曰‘使人（俭）[检] 而善失真’。若夫控名责实，参伍不失，此不可不察也。”
>
> ——《史记·太史公自序》引司马谈《论六家之要指》

此谓名家有其蔽亦有其长。其蔽是：“检”、“苛察缴绕”、“专决于名”，即过分重名，过事讲求，受其检束、限制，以致烦苛纠缠而违反实际情况；但所有这些都并无诡辩之嫌。其长则在“正名实”而“参伍不失”，即曲尽其错综比较之能事；这倒正好可以用来正诡辩之失。

> “名家者流，盖出于礼官。古者名位不同，礼亦异数。孔子曰：‘必也正名乎！名不正则言不顺，言不顺则事不成。’此其所长也。及警者为之，则苟钩（釽）[鋠][②] 析乱而已。”
>
> ——《汉书·艺文志》

《汉书·艺文志》系班固据刘向《别录》、刘歆《七略》写成；据《史记·太史公自序》《索隐》引刘向《别录》文，此段评论

---

① 据（明）凌稚隆《史记评林》引（明）董份说校改。

② 据新校点本据李慈铭说校改。

原即《别录》中文。此文论名家之长亦在“正名”。论其蔽，为研取、分析得支离破碎和混杂不清，亦非诡辩所特具之病；又并非属名家本身而是其中的警讦者所有。由此还可知，警者乃名家之末流，当为刘向、班固所不屑顾。因此，其所著录《惠子》之作者惠施应非警者，亦当无疑。

特别值得注意的是：崇道的司马谈和尊儒的刘向、班固都没有视名家为异端，崇道者肯定其与其他各家一样都是“务为治者”，尊儒者则认为其与各家一样的是“《六经》之支与流裔”、“皆股肱之材”，又都一样地引了《易·系辞下》的“天下同归而殊涂，一致而百虑”为说。实不为偶然。

第五章 政治思想与阶级属性

一、政治思想

（一）“去尊”、“利民”和“为法”

今天有据可查的惠施政治思想，仅有“去尊”、“利民”（《吕氏春秋·爱类》）、“为法”（同上，《淫辞》）数端。

“去尊”说的具体内容，现已无可查考。梁启超认为就是“主张绝对的平等论”[①]，钱穆以“天地一体”为说[②]。郭沫若又前后为说不同，既云：“‘去尊’译成现代的话当是无政府主义”[③]；又云：“与其说是‘去尊’，要王长者与人民平等，倒反

① 梁启超：《庄子天下篇释义》。

② 钱穆：《惠施公孙龙》，第 24 页。

③ 郭沫若：《先秦天道观之进展》；《青铜时代》，第 52 页。

而是晓示人民无须乎与王长者争衡，从某种观点上说来，原是和王长者平等的。他这是积极地或许有意识地企图泯却下层的斗志。”① 詹子庆说：“在实施过程中，他又打出‘寿黔首之命，免民之灭（当作“死”——杨注）’的旗号，要魏君奠（当作“尊”——杨注）齐为王。因此，我们认为惠施的‘去尊’学说，与其说是‘去尊’，不如说是去‘独尊’，奉‘共尊’”②。所有这些说法，其实都只是推测。“公之学去尊”一语，虽出于匡章对惠施“王齐王”主张的指责（《吕氏春秋·爱类》），但匡章认为它与“王齐王”是矛盾的，因而尊齐为王就不可能是“去尊”说的“实施”。同时，惠施虽然认为二者并不矛盾，但也并未说尊齐为王就是在实施“去尊”。所以，二者实在并无关系。“去尊”与“天地一体”，也可能毫无关系。

关于“利民”，据《吕氏春秋·爱类》记载，其内容是：“免民之死”，“当其时”而适其“欲”；其“道”则不“一”。至于有人认为“利民”即“兼爱”，也就是“十事”中的“泛爱万物”，亦无据。惠施的“泛爱”，决不是通常意义的“爱利”之“爱”，已详前述。同时，“泛爱”的对象也不是“民”或人，而是物；“十事”中亦无讲人的，所讲都是物。因此，“泛爱”与“利民”亦完全无关。

关于“为法”，现在能够知道的是：“民人”、惠王皆对惠施所为的法称“善”；反对者翟翦虽然认为不可“行”却不能否定其为“善”，反对的理由亦只是抽象的不“宜”和一般地反对法治的“治国有礼”等空话。

---

① 郭沫若：《名辩思潮的批判》；《十批判书》，第 272 页。

② 詹子庆：《评惠施治魏》；《中国古代历史人物论集》，东北师大学报编辑部 1980 年版第 130 页。

为法，当然要执法。于此，《韩非子·说林下》篇两次引用了惠施的话并从中引申出了“势”和“必”作为他的法治的根据，或可资参证。

就现存史料言，惠施的政治思想仅如上述；就是说，没有多少独特的、完整的、系统的东西。实际情况可能也就是这样。从他与同时人张仪、白圭、匡章之间有关政治的争论看，也几乎并不涉及什么别的严格意义的政治思想。造成惠施一度离开魏国政坛的与张仪的分歧，除了是否应该依附于秦而“攻齐楚”这一点而外，亦未见在其他政治原则问题上有所表现。另一个策士、政客公孙衍，甚至并不反对而还推崇他。魏惠王葬期遇大雪，太子不纳群臣改期之谏，群臣以告公孙衍，衍曰：“吾未有以言之，是其唯惠公乎！请告惠公。”（《吕氏春秋·开春论》）就明显地是自认不如。至于略后各家对惠施的批评，矛头所指就更不在他的政治思想了。惠施独树一帜之处，原也不在政治思想，而在研究自然、分析名词概念等方面；所以他不以政治思想而以“名”名家。

（二）“兼爱”、“寝兵”、“合纵”、“不法先王，不是礼义”说商榷

学者间有认为惠施在政治方面主张“兼爱非攻”[①]、“兼爱寝兵”[②] 的；有人则说他是“‘合纵政策’的实际组织者”[③]；还有说他主张“不法先王，不是礼义”，因而是“和法家一类的”[④]。

① 冯友兰：《中国哲学史》，第 243 页。

② 钱穆：《先秦诸子系年》，第 342 页。

③ 侯外庐等：《中国思想通史》，第 423 页。

④ 冯友兰：《中国哲学史新编》，第 1 版第 323 页。

所有这些论断，其实都没有根据；而且，“非攻”、“寝兵”说与“合纵”说还是直接对立的。

所谓“兼爱”，所指是他的“泛爱万物”。但是，我们在前文已经证明，此所谓“泛爱”只是普遍地喜欢研究的意思。因此，这里并没有政治思想，更没有主张“兼爱”的意思。在今存全部惠施遗说中，亦并未发现有“兼爱”的思想。

所谓“非攻”和“寝兵”，貌似的资料仅有两条。一条是：

> “张仪欲以秦韩与魏之势伐齐、荆，而惠施欲以齐、荆偃兵。”（《韩非子·内储说上》；《战国策·魏一》作：“张仪欲以魏合于秦、韩而攻齐、楚。惠施欲以魏合于齐、楚以案兵。”）

这里的所谓“偃兵”和“案兵”，所说其实只是不发动一场具体的即与秦、韩共伐齐、楚的战争，没有说停止一切战争或不义的战争；所以只是一时的策略，而不是一般性的政策。就其只是屯兵不动而不是偃武修文而言，宜如《国策》作“案兵”而不宜称为“偃兵”。真正主张“偃兵”的，是公孙龙。如：“赵惠王谓公孙龙曰：‘寡人事偃兵十余年而不成，兵不可偃乎？’公孙龙对曰：‘偃兵之意，兼爱天下之心也。’”（《吕氏春秋·审应览》）“公孙龙说燕昭王以偃兵。……曰：‘……今大王曰：“我甚取偃兵。”诸侯之士在大王之本朝者，尽善用兵者也。臣是以知大王之弗为也。’”（同上，《应言》）所说就与惠施不同，是偃武修文的意思。

第二条是前已提及的在魏大败于齐的马陵之战以后，惠施以惠王“欲悉起兵而攻齐”为“不可”。此亦非“非攻”，而只是认为在当时大败而“无守战之备”的情况下攻齐绝不可能达到“报齐”的目的罢了。看他同时还提出以“变服折节而朝齐”激楚使“伐齐”即挑起楚、齐之战的“以楚毁齐”的“报齐”计谋，又哪里有半点“非攻”、“寝兵”的意味？

至于“合纵”，亦非惠施的主张。“合纵”是山东六国联合抗秦的意思，而惠施则既无攻秦的主张，又无六国联合的思想。如：公元前318年，“五国伐秦。魏欲和”，惠施还为之而使楚（《战国策·楚三》）。还有，前所述挑楚使“伐齐”、出使赵国“请伐齐”等等，亦显然有违于合纵之原则。

“不法先王，不是礼义”，固然是荀子对惠施的批评；但是否即法家那样的反对先王和礼义，还需要作具体的分析。法家代表商鞅说：“前世不同教，何古之法？……治世不一道，便国不必法古。”（《商君书·更法》）又说：“六虱：曰礼、乐；曰诗、书；曰修善、曰孝悌；曰诚信、曰贞廉；曰仁义；曰非兵、曰羞战。国有十二者，上无使农战，必贫至削。”（同上，《靳令》）韩非说：“圣人不期修古，不法常可，论世之事，因为之备。……今欲以先王之政，治当世之民，皆守株之类也。”（《韩非子·五蠹》）又说：“言先王之仁义，无益于治。”（同上，《显学》）“礼为情貌者也，文为质饰者也。夫君子取情而去貌，好质而恶饰。夫持貌而论情者，其情恶也；须饰而论质者，其质衰也。……礼繁者实心衰也。”（同上，《解老》）可见，法家明确地认为，“古”、“先王”、“礼乐”、“诗书”、“仁义”等等都是应该否定的东西。惠施则不尽然。今天，我们丝毫也找不到他正面反对“先王”、“仁义”等等的言论；相反，在说魏惠王太子推迟惠王葬期时，他还极力宣扬“文王之义”，以图使太子因欲“法文王”而纳其谏（《吕氏春秋·

开春论》)。再从字面上看，“法”是“效法”，“是”是“以为正确”；“不以为正确”亦只是“不效法”的意思。荀子又说：“儒者，法先王，隆礼义”(《荀子·儒效》)。可见，“不是”的反面是“隆”，“隆”是尊崇的意思，因此“不隆”也就只是不尊崇的意思。总之，惠施的“不法”和“不是”，实际上只是不效法、不重视或不研究、不多谈论“先王”“礼义”而另搞一套天地万物自然研究的意思；与针锋相对地反对还完全不是一回事，至少是他没有提出与“先王”、“礼义”针锋相对的政治思想。

(三) 治魏成败

有一种说法，认为惠施是“一个以诡辩为名的空谈家，他的理论一接触实际，必然碰壁，其结果使霸业已经动摇的魏国，势力更加削弱，以至一蹶而不振。”① 甚至说：“张仪代替惠施当上魏相，证明了惠施政策的失败”②。实在说来，也并不公允。这完全是在仅以成败论事。

《吕氏春秋·不屈》篇确曾说过：“惠子之治魏为本，其治不治。当惠王之时，五十战而二十败，所杀者不可胜数，大将爱子有禽者也。……围邯郸三年而弗能取，士民罢潞，国家空虚，天下之兵四至。众庶诽谤，诸侯不誉，谢于翟翦而更听其谋，社稷乃存。名宝散出，土地四削，魏国从此衰矣。”魏国由盛到衰的转折发生在惠施之时，当然无庸置辩，但不能即得出惠施“其治不治”、“空谈”“碰壁”、“政策”“失败”的结论。魏的极盛期是公元前353年（拔邯郸）到公元前

①② 詹子庆：《评惠施治魏》；《中国古代历史人物论集》，第121、134页。

344 年（主“逢泽之遇”），惠施恰正好始终活动于魏王左右。知此，则魏之强盛，安见必非惠施之功？其后，如马陵败后“以楚毁齐”之谋划，亦十分正确。据此，则魏虽日弱而仍得以存在，又安见其中必无惠施之功？“谢于翟翦而更听其谋”，于他书无考。即有，既无补于事，亦可见魏之衰亡为历史的必然趋势，非惠施之所能挽回。考之当时山东各国，又何国不然？总之，惠施治魏虽不甚成功，但魏之衰亡不必即由惠施之过。

魏之衰亡这个历史事实的另一面，也就是秦之强盛。因此，为了更加全面地认识魏国衰亡的原因，也需要分析一下秦国强盛的原因。秦国不断强盛以至最后灭亡六国、统一天下的原因，并非单一的某个政治家一时政策的优胜，而是多方面的。如在历史上变法即铲除旧势力比六国更为彻底，因而统治阶级内部矛盾较少，顺利地推行正确的政策也就有了一个更为合宜的社会基础。还有，地理位置的优越，即所谓“秦地半天下，……被山带河，四塞以为固”（《战国策·楚一》），也是一个重要的原因。魏国的情况就相反：“魏地方不至千里，……地四平，诸侯四通，条达辐凑，无有名山大川之阻。从郑至梁，不过百里；从陈至梁，二百余里。马驰人趋，不待倦而至梁。”（《战国策·魏一》）对于秦国的各种有利条件，荀况曾作过全面的描述：

> “其固塞险，形势便，山林川谷美，天材之利多，是形胜也。入境，观其风俗，其百姓朴，其声乐不流污，其服不挑，甚畏有司而顺，古之民也。及都邑官府，其百吏肃然，莫不恭俭敦敬忠信而不楛，

古之吏也。入其国，观其士大夫，出于其门，入于公门，出于公门，归于其家，无有私事也，不比周，不朋党，倜然莫不明通而公也，古之士大夫也。观其朝廷，其［朝］[1] 闲，听决百事不留，恬然如无治者，古之朝也。故四世有胜，非幸也，数也。”

——《荀子·强国》

韩非也说：

“治强易为谋，弱乱难为计。故用于秦者十变而谋稀失，用于燕者一变而计稀得。非用于秦者必智，用于燕者必愚也，盖治乱之资异也。”

——《韩非子·五蠹》

荀子所缕述，即是韩非所说的“治乱之资”；而所谓“数”，也就是历史发展的必然性。因此，如果运用韩非式的语言，我们也可以说：强秦易为谋，弱魏难为计；非商鞅必智，而惠施必愚也，盖治乱之资异也。

还有一个问题，就是指责惠施的思想无用。

《吕氏春秋·应言》篇记载白圭批评惠施之言是“无所可用”的大鼎，荀子批评惠施“蔽于辞而不知实”（《荀子·解蔽》），韩非批评惠子的学术是三年画成而实际用途并不增加的荚膜，詹子庆据翟翦批评惠施所制定的法“善而不可行”推测“原因大概是不切实际”[2]。所有这些指责，亦很难成立。

---

① 据梁启雄《荀子简释》（云：“据久保爱据宋本补。”）校补。

② 詹子庆：《评惠施治魏》；《中国古代历史人物论集》，第128页。

其实，惠施是十分强调和注意思想学说的实用价值的。他的答白圭之难——不宜于此却宜于彼，符合其一贯的思想。而且，一般地说，他还非常不满于“无用”之言；与庄子之间的分歧，对庄子的不满，亦与此有关。看他批评的庄子的“无用”：如可“实五石”而“以盛水浆，其坚不能自举”、“剖之以为瓢，则瓠落无所容”的“大瓠”（《庄子·逍遥游》），“其大本臃肿而不中绳墨，其小枝卷曲而不中规矩”因而“立之涂，匠人不顾”的“大树”（同上）；他的所谓“用”，还完全是世俗的、功利的。庄子就不同了。他两答惠施之难云：“今子有五石之瓠，何不虑以为大樽，而浮乎江湖”；“今子有大树，患其无用。何不树之于无何有之乡，广漠之野，彷徨乎无为其侧，逍遥乎寝卧其下；不夭斤斧，物无害者，无所可用，安所困苦哉。”（同上）其所谓用完全是出世的、虚幻的。甚至公然答惠施曰：“知无用而始可与言用矣。”“无用之为用也亦明矣。”（《外物》）推崇“无用”，认为“无用”即是“用”。最后，还从对人无用才能对己有“大用”（《庄子·人间世》）、树“木以不材得终其天年”（《庄子·山木》）的角度，得出了“神人无功、圣人无名”（《庄子·逍遥游》）即反对立功、立名的消极无为的结论。对于庄子的这种思想，惠施就是坚决反对的。还有，《韩非子·外储说左上》记载：“墨子为木鸢”，“能使木鸢飞”，“弟子”盛称其“巧”而墨子则自认其“为鸢，三年成，蜚一日而败”，“不如为车輗者”“用咫尺之木，不费一朝之事，而引三十石之任，致远力多，久于岁数”之巧①；“惠施闻之”，

① 《墨子·鲁问》谓“削竹木以为鹊，成而飞之，三日不下”者为“公输子”，而《淮南子·齐俗》则谓“鲁班墨子”皆能“以木为鸢而飞之，三日不集”；或两人均有此绝技。

十分赞赏，称墨子之“巧为輗，拙为鸢”为“大巧”。这亦充分显示了惠施的重实用。

荀子的批评，所指主要地不是惠施的政治思想。没有材料说明荀子认为惠施的政治见解为无用。荀子批评的是惠施的研究自然和辨析名词概念，认为这些对现实社会的治理无用。

韩非的批评，则是出于其“令者，言最贵者也；法者，事最适者也。言无二贵，（法）[事][1] 不两适”（《韩非子·问辩》）、“无书简之文，以法为教；无先王之语，以吏为师”（《韩非子·五蠹》）的极端法治主义，以及片面要求“动作者归之于功，为勇者尽之于军”即只要人民“执耒”而耕、“被甲”而战、“尽死力以从其上”（同上）的狭隘功利观点。从连“藏商、管之法”和“孙、吴之书”的“言耕”“言战”者都在反对之列（同上）来看，他是在一般地反对“修文学，习言谈”（同上），主要地也不在认为惠施的思想包括政治思想无用。

至于翟翦反对惠施所为法，据《淮南子》记载，是因为翟翦主张“治国有礼”，所以亦不足以证惠施的“不切实际”，已如前述。

二、阶级属性推测

关于惠施思想的阶级属性，历来亦有不同看法。

一种意见认为，惠施思想“本质上反映六国‘治农夫者’阶级在没落前夕丧失变革世界的信心，因而在概念游戏里露出其反动的虚无理论”[2]；“惠施的主张和推行的政策，背离了

---

① 据上下文文义校改。
② 侯外庐等：《中国思想通史》，第438页。

历史发展的进程”①。另一种意见认为，“惠施是代表新兴地主阶级利益的思想家”②，“惠施的政治思想及其措施是顺应历史潮流的”③。两者正相反对。

孰是孰非？先看惠施思想的本身。

“去尊”说的具体内容，虽已无可详考；但即就字面而言，“含有去掉特权和要求平等的意义”④ 的推测，应该是正确的。显然，在当时的历史条件下，这种思想的矛头所指也只能是奴隶制等级制度的残余。“利民”、“为法”以及得到惠王赞成人民拥护的法律，也无疑地有利于加速奴隶转变为佃农即奴隶制向封建制过渡或继续消灭奴隶制残余的历史进程。同样，反对把事物看作只和它自己同一的东西、看作常住不变的东西的同一性自身包含着差异性的基本哲学思想，“应用到社会政治方面，就会导出以下的结论：既然事物的性质不是不可改变的，那末社会制度也不是不可改变的。这在客观上有打击把旧制度神圣化和绝对化的作用。”⑤因此，完全可以认为，惠施的这些思想都是符合当时社会发展的趋势和历史前进的潮流的，惠施也应该是当时新兴地主阶级的思想代表。

再看历史的情况。惠施当时的魏国，已经是一个封建制的国家，惠王则是封建的君主。因此，得到惠王如此重用的惠施，当然不会是奴隶主阶级的代表而只能是新兴地主阶级的代表。

---

① 詹子庆：《评惠施治魏》，《中国古代历史人物论集》，第126页。

② 冯友兰：《中国哲学史新编》，第1册第1版第323页。

③ 王德裕：《论惠施》，《重庆师范学院学报》1981年第4期。

④ 冯友兰：《中国哲学史新编》，第1册第1版第324页。

⑤ 任继愈主编：《中国哲学史》，第1册第174页。

还有一种看法，“先秦名家是一种市民哲学，是市民思想的反映，是从商业都市中孕育出来的。”[①] 嵇氏论证说：(1)“商业发展，都市繁荣，有闻见广博头脑复杂的大批市民”；名家就是“以‘舍本而事末’的市民为基础的”。(2)名家学说是一种“抽象性的学说，乃是都市的产物”；因为只有“在都市中，在商品经济条件下”，才与在农村自然经济条件下不同，“一尺布不是一尺布，一斗米也不是一斗米，它们个别间性质的差异全不存在，而都只代表着若干数量的货币……货币就是一切，货币把一切商品都抽象化了”，才能“孕育出抽象性的学说”[②]。

说包括惠施在内的“名家”学说是“抽象性的”，诚是；抽象性学说是“货币就是一切，货币把一切商品都抽象化”了的商品经济一定发展的产物，亦确。历史的情况也正是这样。惠施以及略后的名家又一代表人物公孙龙活动的战国中、后期，随着农业和手工业生产的进一步发展，社会分工更形细密，商品经济的成分日益增长，城市成批涌现，商业繁荣，人口激增。大梁、邯郸就都是非常繁荣的商业城市。观史籍记载，即有：“古者，……城虽大，无过三百丈者；人虽众，无过三千家者。……今千丈之城，万家之邑相望也”（《战国策·赵三》；赵惠文王三十年即公元前269年赵奢语）；说的是城市在很快地扩大和加多，人口也在急剧地增长。又有：“周人之俗，治产业，力工商，逐什二以为务。”（苏秦之兄弟嫂妹妻妾语；《史记·苏秦列传》）这说的是从业工商之已成

---

① 嵇文甫：《嵇文甫文集上》，河南人民出版社1985年版第323页。亦见《名家起于三晋说》（《新中华》复刊第5卷第21期，1947年11月1日），文略有小异。

② 《嵇文甫文集上》，第323、328页。

风气。更有："景王二十一年（公元前 524 年）……铸大钱"（《国语·周语下》），说明春秋后期已经有了金属铸币。到了战国中后期，黄金也已成了最为贵重的货币，封建统治者动辄使用黄金千百斤之巨的记载，屡见于有关各书。近几十年来的考古发现也证明，"春秋晚期"已经出现"在经济生活上起一定作用的城市"，"战国时期"则"建有规整垣墙和街道的城市""大量兴起"[①]，"到战国中期"，"都城的规模空前扩大"[②]，"面积多达 10 余平方公里"[③]。营建于这个时期的燕下都遗址，"东西长 8 公里，南北宽约 4 公里"；略前的邯郸遗址"东西宽约 3 公里，南北最长 4．8 公里"，魏都安邑"周长 15．5 公里"[④]。同样，"春秋、战国之际还处在使用金属铸币的较早阶段。铸币的广泛流通是在封建所有制确立的战国中期。"[⑤] 具抽象性的名家学说确是当时商品经济影响的产物。

但是，说"名家"就"是一种市民哲学，是市民思想的反映"，则不确。因为，不论是惠施，还是公孙龙，其思想、言论中并无丝毫维护市民或商人利益的成分。

在中国长期封建社会里，直至近代资本主义萌芽出现以前，就一直没有形成市民或商人这样的阶级；从经商获利的人，一般都是转向土地投资，即所谓"以末致财，用本守之"（《史记·货殖列传》）而最后转化为封建地主的。就如侯外庐

---

① 中国科学院考古研究所：《新中国的考古收获》，文物出版社 1961 年版第 68 页；又云："1956 年在武安午汲的赵城内还探出宽约 6 米的连贯东西门的大街，以及和大街垂直的若干小街。"

② 同上书，第 69 页。

③④ 中国社会科学院考古研究所：《新中国的考古发现和研究》，文物出版社 1984 年版第 271、273、275、276 页。

⑤ 《新中国的考古收获》，第 67 页。

等举以为“策士……代表着古代商人阶级的利益”[①]、“战国的纵横家就是代表了当时商人阶级的政派”[②] 之证的阳翟巨贾吕不韦，“后来说秦成功，果然封为文信侯，食河南洛阳十万户，……就他‘食户’而论，他已经具备了封建主的条件。”[③] 就是说，最后还是成了封建地主。

比较明确地为商人利益说话的，最早要数南宋的陈亮（1143—1194）和叶适（1150—1223）。陈亮以“不重征税，而大商无巨万之藏”为当时“国势日以困竭”[④] 的一个重要原因，认为在古代原来就是“农商一事”，“商藉农而立，农赖商而行，求以相补，而非求以相病”[⑤] 即相互依赖而存在的。叶适亦以为古人主张“皆以国家之力扶持商贾，流通货币”从而提出了“四民交致其用而后治化兴，抑末厚本，非正论也”[⑥] 的思想。但是，这已经是名家学派产生和活动十五六个世纪以后的事了。

---

① 侯外庐等：《中国思想通史》，第1卷第637页。
② 侯外庐：《中国古代社会史论》，人民出版社1955年版第262页。
③ 侯外庐等：《中国思想通史》，第1卷第638页。
④⑤ 陈亮：《陈亮集》，中华书局（北京）1987年版第6、140页。
⑥ 叶适：《习学纪言序目》，中华书局（北京）1977年版第273页。

第六章 卓然独立、自成一家的学者

《汉书·艺文志》列惠施于“名家”；但后世则说法不一，有认为是墨家的，有认为是道家，亦有认为属法家的。

一、“名家”的开山

“名家”之称，起于汉代，最先见于司马谈的《论六家之要指》。在先秦著作中，则称“辩者”。

名家之所以称为名家，因为它是专门研究名词概念的。《说文》：“名，自命也，从口、夕。夕者冥也，冥不相见，故以口自名。”陈柱释云：“引而申之，天下万物，其始无名，无所别识，亦如人处幽暗也；……名定而万物以分，循名以责实，而万物乃藉以不乱”[①]。因此，“名”就是事物的名称、

① 陈柱：《诸子概论》，商务印书馆 1930 年《万有文库》本第 122 页。

概念，实就是名所指称的实际事物。

名称和事物，原来是一致的，甚至是两两对应的。后来，由于社会的剧烈变革，许多事物的名称和它所指称的实际就发生了矛盾。一方面，旧名的含义还没有改变，实际事物却发生了变化，旧名就不符合新实了。例如，“王”原是周天子的专称，后来各国诸侯也称王了。另一方面，出现了新的事物，还没有得到公认的新名。这样，社会上就普遍出现了“名实之相怨”（《管子·宙合》)、“名实乱”（《荀子·正名》)、“名实之散乱”（《公孙龙子·迹府》）的情况。名实问题也就成了政治斗争、思想斗争中的一个重要问题。于是，不同阶级的代言人，都从自己阶级的实际利益出发，来解决名实的矛盾。先秦的各家各派，从孔子开始提出“正名”起，几乎都参加了这场论争。

孔子的所谓“为政”之“先”的“正名”:“名不正则言不顺，言不顺则事不成，事不成则礼乐不兴，礼乐不兴则刑罚不中，刑罚不中则民无所错手足。故君子名之必可言也，言之必可行也。君子于其言，无所苟而已矣。”（《论语·子路》）以及它的具体内容:“君君、臣臣、父父、子子”（《论语·颜渊》)、“觚不觚，觚哉！觚哉!”（《论语·雍也》）所涉及的主要还是政治社会伦理的问题或旧制度存废问题的争论。虽然也可从此窥见他认名为第一性、实为第二性的唯心主义哲学思想，但主要地还不是哲学或逻辑学的问题；当时思维的发展还没有达到这个程度。

这种名实之争的进行，随着时间的推移，就很自然地发展到了哲学上概念与存在关系的问题以及名词概念本身（逻辑学）的研究。这个过程，从春秋一直延续到战国，大致到公孙龙才得以完成。惠施则正是处在这个过渡的转折处。从他开始，名实问题的社会政治方面的意义已经退居极其次要的地位；他所着重研究的，完全是名词概念即思想自身，是哲学、逻辑学和自然科学的内容，而与其他各家迥异。荀子对惠施的批评，所谓"惠子蔽于辞而不知实，……由辞谓之，道尽论矣。"（《荀子·解蔽》）说的正是惠施撇开了事实而专门研究概念、光从概念看问题而使道只局限在辩论的意思。

观《庄子》的"儒、墨、杨、（秉）［季］四，与夫子为五"之说，以及《荀子》所历述的各家之蔽："墨子蔽于用而不知文，宋子蔽于欲而不知得，慎子蔽于法而不知贤，申子蔽于势而不知知，惠子蔽于辞而不知实，庄子蔽于天而不知人。"（《解蔽》）亦可知惠施并不属诸各家，而是卓然独立、自成一家的学者。

"名家"的作家与著作，据东汉班固（32—92）依据西汉刘向（公元前77—前6）、刘歆（？—23）的《别录》和《七略》而撰写的《汉书·艺文志》著录，共有"七家，三十六篇"：

"《邓析》二篇。
《尹文子》一篇。
《公孙龙子》十四篇。
《成公生》五篇。
《惠子》一篇。
《黄公》四篇。
《毛公》九篇。"

这些著作，大多早佚。到了《隋书·经籍志》，就只著录《邓析子》、《尹文子》两种了；《公孙龙子》则略后又复见于唐人王某的《拟公孙龙子论》(《文苑英华》卷七五八）及《唐书》以下公私书目。此三书，今天皆存。唯其中的《邓析子》和《尹文子》，学界早已比较一致地认为是伪书，原书已经不存而是由后来魏晋或陈隋间人抄袭他书依托而成。甚或认为：据可靠古籍记载的邓析、尹文学说，二人根本不属名家；《汉书·艺文志》所载原书亦只是出于战国末年人编辑不知主名的先秦名家言时所依托[①]。

这样，惠施还是“名家”学派的开山。

对此，胡适曾经这样说过：“古代本没有什么‘名家’。无论那一家的哲学，都有一种为学的方法。这个方法，便是这一家的名学（逻辑）……不过墨家的后进如公孙龙之流，在这一方面，研究的比别家稍为高深一些罢了。不料到了汉代，学者如司马谈、刘向、刘歆、班固之流，只晓得周秦诸子的一点皮毛糟粕，却不明诸子的哲学方法。于是凡有他们不能懂的学说，都称为‘名家’。”[②] 亦不可不一为之辨。

“名家”，本是后人所给的称谓。惠施、公孙龙等人并未自称为名家，也不一定结成如儒、墨那样的派系。在这个意义上，可称“没有”。但是，如惠施、公孙龙之流却又是非儒、非墨、非道、非法……的思想家，这是一种历史的存在。且如惠施对名词概念即思想本身的研究，特别是公孙龙的逻辑研究，都已经“不仅以辩论名实为治学之手段，而实以为彼宗最终之目的”[③]；因而都不仅仅是“比别家稍为高深一些”

① 详见本书附录三。

② 此说实发自张采田。张曰：“名家之学，百家莫不兼治之。”并举出《荀子·正名》、《墨子·经·说·取》、韩非的“形名参同”、《吕氏春秋·正名》为儒、墨、法、杂家之名学。见其所著《史微·原名》。

③ 梁启超：《司马谈论六家要指书后》；《饮冰室合集》之专集第十八册。

了[①]。在这个意义上说，应该是有“名家”。当然，古人所作出的分类和命名未必尽当，但总不能说“没有”。至于说汉代学者不甚懂得其学说，亦有可能；但终不是因为不懂而是因为看到了确有其他各派所不具的特点，才称之为“名家”的。

二、异说商榷

（一）不属墨家

认为属墨家之说，始自鲁胜。他在所注《墨辩》《叙》里说：“墨子著书，作《辩经》以立名本。惠施、公孙龙祖述其学”（《晋书·隐逸传》）。以后，汪中（《墨子序》）、张惠言（《墨子经说解》）、陈澧（《东塾读书记》卷十二）、孙诒让（《与梁卓如论墨子书》）、邓云昭（《墨经正文解义·别墨考》）、胡适[②]、梁启超[③]、郝立权[④]、王琯[⑤]、钱穆[⑥]、张泽民[⑦]、陈伯达[⑧]

① 王琯还详为之论曰：“当时诸子之言正名，有兼有专。兼者为管子韩非……荀子……墨子……尸子……在其学说全部，只占一域；或为所标主义之一种基念；或以论旨旁衍，与名相通。……虽曾论名，而不为专家。后之史官仍就其学术宗旨之大者正者，属于何派，谓为法家，或儒家、墨家、杂家，以明其宗，而昭其实，初不谓之名家也。专者为施龙诸子，其学说全部，特重于名。贯彻初终，成一家之言。”（《公孙龙子悬解·读孙龙子叙录》）惟“诸子之言正名”一语，不如说“诸子之言名”（名词概念）为确。

② 《惠施公孙龙之哲学》；《东方杂志》第15卷第5、6号，1918年5—6月。

③ 《墨经校释》，商务印书馆1922年版之《读墨经余记》部分；《墨子学案》，中华书局1941年版之《墨者及墨学别派》部分；《庄子天下篇释义》。

④ 《惠施传》；《厦门大学季刊》第1卷第2号，1926年7月1日。

⑤ 《公孙龙子悬解》，中华书局1928年版。

⑥ 《墨辩探源》；《东方杂志》第21卷第8号，1924年4月25日；又《惠施公孙龙》。

⑦ 《别墨问题之探讨》；《光华大学半月刊》第2卷第5期，1933年12月10日。

⑧ 《惠施及其他辩者的哲学思想》；《理论与现实》，第1卷第2期，1939年8月15日。

等皆从之。其言曰：“惠施主张泛爱万物……狠合墨家兼爱……之说”，“是‘别墨’”（胡适）。又有曰：“墨家之爱无差等，惠施亦曰‘天地一体’，故主平等而去尊。”“主兼爱因及非攻寝兵，又墨惠之所同也。”[①] 对此，自鲁胜以来，几无异说。唯章士钊独具卓识，在其所著《名墨訾应论》里，力排众议，认为惠施之“学不出于墨”[②]；但是，他亦未能针对别说，详加阐论。以后，方授楚亦有“惠施不独非‘别墨’，并不得为‘墨’，实在墨家学派以外”[③] 之说，惟其论证，实亦并不明晰周详。

其实，“泛爱万物”、“天地一体”不是墨家的“兼爱”；惠施也并不主张“非攻寝兵”，而且还正有背于墨家的“非攻”。凡此，皆已见前述。惠施虽主“利民”，但“利民”也不必就是“兼爱”。而且，“利民”、“爱民”是当时一般的潮流，实非一家一派所专主。如《韩非子》即说：“今学者皆道书策之颂语，不察当世之实事，曰：‘上不爱民，赋敛常重，则用不足而下恐上，故天下大乱。’此以为足其财用以加爱焉，虽轻刑罚可以治也。”（《六反》）又说：“世之学术者说人主，不曰‘乘威严之势以困奸邪之臣’，而皆曰‘仁义惠爱而已矣’。”（《奸劫弑臣》）可见，“仁爱”、“仁义惠爱”等等已是“世之学术者”所“皆曰”“皆道”的套语了。

至于“去尊”，虽具体内容不明，但与墨家思想却正异其趣。墨家主“尚同”，云：“上之所是，必皆是之；所非，必皆非之。……上同而不下比者，此上之所赏而下之所誉也。”（《墨子·尚同上》）一切是非，都要与在“上”者相同。《墨子·经上》

① 钱穆：《惠施公孙龙》，第 24 页。

② 章士钊：《逻辑指要》，三联书店 1961 年版第 253 页。

③ 方授楚：《墨学源流》，中华书局 1940 年版上卷第 154 页。

亦云：“君，臣、萌（通“氓”，即“民”）通约也。”《说》：“君，以若（训“顺”，顺从）名者也。”这是说：君可以约束臣和民，臣和民都要受君的约束；君是以顺从命名的，既立了君，就要顺从君。墨家所主，是一种与“去尊”相为水火的绝对君权至上论。

还有，墨家主“节用”，云“古者圣王制为节用之法曰：‘……凡足以奉给民用［则止］[①]，诸加费不加民利（则止）［者，圣王弗为］[②]。”（《墨子·节用中》）惠施则出行动不动“多者数百乘，步者数百人；少者数十乘，步者数十人。”（《吕氏春秋·不屈》）亦与墨大异其趣。

因此，惠施实不属墨家。

（二）不属道家

属道家之说，渡边秀方[③]、吕思勉[④]、钱基博[⑤]、郭沫若[⑥]、杜国庠[⑦]等主之。其言曰：“杨朱本是老聃的弟子”，“惠施……本是杨朱的嫡派。”“惠施之学‘去尊’，也和孟子责备杨朱的学说‘无君’相一致。”[⑧] 又有曰：“从‘至大无外，谓之大一，至小无内，谓之小一’看来，可知他是属于道家一流”；“‘泛爱万物，天地一体也’的思想，……和庄子的‘天地与吾并生，

①② 据（清）毕沅说校改。

③ 渡边秀方：《中国哲学史概论》，第 176 页。

④ 吕思勉：《经子解题》，商务印书馆万有文库 1929 年版第 110 页。

⑤ 钱基博：《读庄子天下篇疏记》，商务印书馆 1933 年版第 4 页。

⑥ 郭沫若：《先秦天道观之进展》。

⑦ 《杜国庠文集》。

⑧ 郭沫若：《青铜时代》，第 51、52 页。

而万物与吾为一'是同类的"[①]；"'万物毕同毕异'和庄的'自其异者视之，肝胆楚越也；自其同者视之，万物皆一也'""很接近的"[②]。

其实，说"去尊"即"无君"，于史籍实无征。"去尊"说的具体含义虽不明，但综观惠施一生，事惠王几十年，不受传国，就绝不像主张"无君"的样子。"大一""小一"之说，就其本义言，只是对最大、最小下了两个定义，并未涉及"道"的问题；据此推出其属道家，亦不确。

至于与庄子同派之说，实由承袭历代以庄解惠之弊而生，因而需要详加辨析。

先来看看惠、庄各自的思想。

惠施"历物"十事，既认为事物之间有相同之处又有相异之处，即并不否认同异关系的客观存在；又主张同中有异（有异之同）和异中有同（有同之异），即肯定了事物自身包含着否定因素又并不否认事物质的相对稳定和相互区别。庄子则不然。《德充符》篇有曰："自其异者视之，肝胆楚越也。自其同者视之，万物皆一也。"认为如果说异，紧密相连的肝胆即有楚、越一般远的距离；如果说同，则万物就全是一个样。这种说同即都同、说异就全异的思想，并不是对客观存在的同异关系的肯定；而是取消和否定，或者也就是同书《则阳》篇所说的"合异以为同，散同以为异"了。抹煞差别的思想，更是充斥于《庄子》书中。如："天下莫大于秋豪之末，而大山为小；莫寿于殇子，而彭祖为夭。"（《齐物论》）"以差观之，

① 《杜国庠文集》，第64—65、65页。此论吕思勉《经子解题》（第112页）已发之。

② 《杜国庠文集》，第534页。

因其所大而大之，则万物莫不大；因其所小而小之，则万物莫不小。……以功观之，因其所有而有之，则万物莫不有；因其所无而无之，则万物莫不无。……以趣观之，因其所然而然之，则万物莫不然；因其所非而非之，则万物莫不非。”（《秋水》）“是非之不可为分，细大之不可为倪。”（同上）认为大小、寿夭、有无、是非都没有确定的分际。从他的“道”的观点来看，万物竟全没有差别：“以道观之，物无贵贱”（《秋水》）；“类与不类，相与为类”（《齐物论》）；“死生存亡”为“一体”（《大宗师》）；“莛与楹，厉与西施，恢恑憰怪，道通为一。其分也，成也；其成也，毁也。凡物无成与毁，复通为一。”（《齐物论》）因此，他认为考“察同异”只是“畏影恶迹而去之走”即害怕自己的影子、讨厌自己的脚印而奔跑着避开它，以致“举足愈数而迹愈多，走愈疾而影不离身，自以为尚迟，疾走不休，绝力而死”（《渔父》），即跑得越快而脚印越多、影子更是寸步不离、自己还以为太慢而快走不停直到精疲力尽而死去这样的蠢事。

惠施的“泛爱万物，天地一体”与庄子的“天地与我并生，而万物与我为一”（《齐物论》）也并不相同。“天地一体”固然是就“万物毕同”而言的；因为万物都有着相同之处，所以构成了一个相互联系的整体、统一体。但是，“泛爱万物”是普遍地喜好研究的意思，其着眼点则在“万物”“毕异”。所以，这里同样渗透着同中有异、异中有同的深刻思想；“万物”固然是有着一体关系的“万物”，但这个“一体”却是包含着对立的即有异之“一体”。与庄子式的万物无差别的“毕同”或神秘主义的“我”和天地万物合为一体完全无涉。

惠施“历物”十事中的“今日适越而昔来”，庄子更是正面反对的。他认为，这是“未成乎心而有是非”，“是以无有为有。”（《齐物论》）就是说，这是不可能有的事。[①]

再看庄子的志趣和风格，亦与惠施大异。

惠施博学好知，庄子则反是。对于常识的所谓知，庄子全都表示怀疑。如：“未知有无之果孰有孰无也。”（同上）“庸讵知吾所谓天之非人乎？所谓人之非天乎？”（《大宗师》）“予恶乎知说生之非惑邪？予恶乎知恶死之非弱丧而不知归者邪？……予恶乎知夫死者不悔其始之蕲生乎？”（《齐物论》）就是说，常识对于有无、天人、生死的知，都不可靠。一般的结论是：“庸讵知吾所谓知之非不知邪？庸讵知吾所谓不知之非知邪？”（同上）知与不知竟然是没有区别的。这样，他就认为追求知识是一件徒劳无益的事：“吾生也有涯，而知也无涯。以有涯随无涯，殆已。”（《养生主》）这是在直接反对求知。有时，他是把取消知识当作“知识”：“古之人其知有所至矣，恶乎至？有以为未始有物者，至矣，尽矣，不可以加矣。其次以为有物矣，而未始有封也。其次以为有封

---

① 杨荣国说：“这条法则（即“今日适越而昔来”——杨俊光注）的意思，庄周慎到一派人曾这样说过：‘未成乎心而有是非，是今日适越而昔至也。’”“当思去越国时，心已先到了越国，好像是非已先成乎心一般。”（《中国古代思想史》，第 260 页）认为《齐物论》是在解释惠施的论题，实不确。庄子之对于是非，既正面反对，认为“是非之彰”即“道之所以亏”（《齐物论》）；又认为是非仅仅生于一心而没有客观的根据，即郭注所谓“未成乎心，是非何由生哉”，成疏所谓“是非彼我，生自妄心。”因此，所谓“未成乎心而有是非”的评论，即是认为：“今日适越而昔至”这样的“是非”，不仅“生自妄心”，而且还“未成乎心”。真可谓是加倍的否定了，怎么可以把它说成是庄子的主张！把“未成乎心而有是非”解作“好像是非已先成乎心一般”，是完全解到相反的方面去了。

焉，而未始有是非也。是非之彰也，道之所以亏也。”（《齐物论》）最高的知识是认为没有物，认为有物而没有区别和有区别而没有是非的知识，已经都是次了一等，是非的产生则更是道的亏损了。这种取消了是非、区别乃至物本身的“知识”，当然只能是真正的知识的否定。或者，他又把人生看作梦境。从自已做过“为胡蝶”之梦这一事实，竟然可以推测现实的庄周就是“胡蝶之梦”境（同上）；甚至认为人生就是一场“有大觉而后”才能醒悟的“大梦”，以致说人生是大梦的高谈阔论本身“亦梦也”（同上）。这样，所有的知识当然也就都成了梦呓，只是在“梦之中又占其梦”（同上）了！否定的彻底，正与惠施的态度针锋相对。

惠施善辩、好辩，庄子又不然。辩为求胜，因而就需要有一个确定胜负的标准；庄子却认为这样的标准是永远找不到的。他说：

> “既使我与若辩矣。若胜我，我不若胜；若果是也，我果非也邪？我胜若，若不吾胜；我果是也，而果非也邪？其或是也，其或非也邪？其俱是也，其俱非也邪？我与若不能相知也，则人固受其黮暗，吾谁使正之？使同乎若者正之，既与若同矣，恶能正之？使同乎我者正之，既同乎我矣，恶能正之？使异乎我与若者正之，既异乎我与若矣，恶能正之？使同乎我与若者正之，既同乎我与若矣，恶能正之？然则我与若与人俱不能相知也，而待彼也邪？”
>
> ——《齐物论》

既然找不到一个区分是非的标准，于是言说也就等于没有言说，等于小鸟刚出卵时有声无义的鸣声了："言者有言，其所言者，特未定也。果有言邪？其未尝有言邪？其以为异于鷇音。亦有辩乎？其无辩乎？"（同上）他一再否定辩说，认为是"惑"（《胠箧》），是"囿于物"（《徐无鬼》），是"胥易技系，劳形怵心"（《天地》），是"多骈旁枝之道，非天下之至正"（《骈拇》）。在他看来，辩说是一种迷惑和局限；或只是一种更相易夺、系缚己身、疲劳形体、怵惕心虑的技艺，是如足大拇指与第二指骈生、手大拇指旁又枝生一指这样的累赘。因此，他又说："古之行身者，不以辩饰知。"（《缮性》）反对之激烈，与惠的态度又恰如水火。

惠施用世，庄子则出世。庄子与统治者不合作，终生未仕。《秋水》篇记载，楚王派了两名大夫往聘庄子，庄子正在濮水垂钓，"持竿不顾，曰：'吾闻楚有神龟，死已三千岁矣，王巾笥而藏之庙堂之上。此龟者，宁其死为留骨而贵乎？宁其生而曳尾于涂中乎？'二大夫曰：'宁生而曳尾涂中。'庄子曰：'往矣！吾将曳尾于涂中。'"（《列御寇》篇亦有类此记载）对于治理天下的功业，极尽其轻蔑之能事。《让王》篇曰："道之真以治身，其绪余以为国家，其土苴以治天下。由此观之，帝王之功，圣人之余事也，非所以完身养生也。"用来治理天下的，只是"道"的糟粕。《应帝王》篇载天根向无名人"请问为天下"，"无名人曰：'去！汝鄙人也，何问之不豫也。……'又复问。无名人曰：'汝游心于淡，合气于漠，顺物自然而无容私焉，而天下治焉。'"无名人认为"为天下"是"鄙人"之问，先不屑回答，最后勉强的回答亦只是以不治为"治"而已。或者，竟是直接地反对"治"天下："闻在宥天下，不闻治天下也。”（《在宥》）所谓“在宥”，就是以宽宥为心而让天下自在、不加统驭和治理的意思。

至于惠、庄之间的个人关系，早期颇为对立，庄子对惠施还颇有敌忾；后期虽过从甚密、游憩甚畅，且常以谈辩相排遣，也还不是如有些论者所认为那样志同道合的朋友，实际上思想的倾向则甚异。

总之，惠施和庄子，就思想、志趣、风格和私交各方面看，都不是同派，当无疑义。因此，惠施不属道家。

（三）不属法家

属于法家，原来并无有关的明确说法；仅冯友兰的《中国哲学史新编》认为：“惠施的在政治方面的措施和思想是和法家一类的。”[①] 后来，在所谓的文化大“革命”中，开始有了这样的说法：“名家从墨家分化出来，归于法家。”[②] 在一段时间里，“名家是法家的同盟军”的标签，更是到处可见。这些，虽还略带含混，还没有取消“名家”名义；但毕竟已经认为“归于法家”了。究其根据，不外如下数端：(1) 荀子批评过惠施“不法先王，不是礼义”；（2）讲“势”、讲“必”；（3）曾经制订过法律。但是，所有这些，都只是表面的现象，均不足为证。

“不法先王，不是礼义”，只是相对于其着重研究自然物而言的不重视的意思，不是法家那样的反对，已见前述。

说惠施讲“势”和“必”，冯友兰的根据是《韩非子》中的两段话：

---

① 《中国哲学史新编》，第1册第1版第323页。

② 《哲学小辞典（儒法斗争史部分）》，第26页。

"惠子曰：'置猿于柙中，则与豚同。'故势不便，非所以逞能也。"

——《说林下》

"惠子曰：'羿执（鞅）[决]持扞，操弓关机，越人争为持的。弱子（扞）[扜]弓，慈母入室闭户。'故曰：可必，则越人不疑羿；不可必，则慈母逃弱子。"

——同上

那是不恰当地把"故"和"故曰"以下的话都当成惠施所说了。其实，从《说林》全篇体例看，都只是韩非自己作出的引申；"故曰"以下即或是引文，亦不必引自惠施。同时，即使真的讲"势"，强调"必"，也不必就是在"以此说明信赏必罚的重要"①，至多也只能认为与此或有关系。

至于治国以法，则是那个时代学人的普遍主张、历史的潮流，不独法家为然。孔子确曾说过："道之以政，齐之以刑，民免而无耻。道之以德，齐之以礼，有耻且格。"（《论语·为政》）主张礼治，反对法治。但是，自春秋时代郑国的子产于公元前536年"铸刑书"（《左传》昭公六年）、晋国的赵鞅、荀寅于公元前513年"铸刑鼎"（《左传》昭公二十九年）以来，法治已是不可阻挡的潮流；除了儒家的正统派——孟轲主张"徒法不能以自行"（《孟子·离娄上》）而反对法治以外，各家都主之。如：《墨子》书已多"法令"（《辞过》、《旗帜》）、"刑法"（《尚贤中》、《尚贤下》）连言，且有曰："古者圣王为五刑（请）②以治其民，譬若丝缕之有纪，罔罟之有纲，所〔以〕③连收天

① 冯友兰：《中国哲学史新编》，第1册第1版第323页。

②③ 据俞樾《诸子平议》说校改。

下之百姓不尚同其上者也。”（《尚同上》）儒家的荀子亦曰：“由士以上则必以礼乐节之，众庶百姓则必以法数制之。”（《荀子·富国》）杂家的《吕氏春秋》亦云：“法也者，众之所同也，贤不肖之所以（其）[共][①] 力也。”（《处方》）“（必）[②] 同法令，所以一心也；智者不得巧，愚者不得拙，所以一（众）[智][③] 也；勇者不得先，惧者不得后，所以一力也。故一则治，异则乱；一则安，异则危。”（《不二》）历史的运动在为法治开辟道路，以至往往而有法家（为法者）身死而所为法继续实施的情况：在郑国，“驷颛杀邓析而用其《竹刑》。”（《左传》定公九年）在秦国，“商君死”而“秦法未败也。”（《韩非子·定法》）

反过来看，法家的思想却正与惠施大不同。

惠施主“利民”；法家则反是，“严而少恩”（《史记·太史公自序》载司马谈《论六家之要指》）。韩非还高唱：“仁义惠爱”“不足用”，“严刑重罚可以治国”（《韩非子·奸劫弑臣》）；“明主知之，故不养恩爱之心而增威严之势。”（《韩非子·六反》）他甚至还为反对向人民“布施”找出了“理由”：“侈而堕者贫，而力而俭者富。今上征敛于富人以布施于贫家，是夺力俭而与侈堕也，而欲索民之疾作而节用，不可得也。”（《韩非子·显学》）法家主张的实质，就是心安理得地让人民挣扎于贫困的深渊，又理直气壮地加之以政治的高压。

惠施倡“去尊”；法家又反是，主张“尊主卑臣”（《论六家之要指》）。韩非还认为：“立名号所以为尊”（《韩非子·诡使》）；“势重者，人主之渊”，“人主失其势重于臣”即“不可

① 据毕沅说校改。
② 据《太平御览》卷三三八引文校删。
③ 据陶鸿庆《读诸子札记》说校改。

复收”（《韩非子·内储说下》）。因而他主张：“臣事君，子事父，妻事夫。三者顺则天下治，三者逆则天下乱，此天下之常道也。”“人主虽不肖，臣不敢侵也。”（《韩非子·忠孝》）“主而诛臣，焉有过？”（《韩非子·外储说左下》）法家之所持，是一种君权至上的极端尊君主义。

惠施重学，而法家则又反是。如韩非，就从狭隘的功利观点出发，片面强调耕战：用法、术、势来驱使人民“执耒”而耕、“被甲”而战，“动作者归之于功，为勇者尽之于军”，“尽死力以从其上”；连思想的宣传都不要，“藏商、管之法”和“孙、吴之书”的“言耕”“言战”者即对耕战思想老祖宗商、管、孙、吴的宣传都在被反对之列（《韩非子·五蠹》）。以至极端地主张：“无书简之文，以法为教；无先王之语，以吏为师”。因此，他竭力反对“修文学、习言谈”（同上）；甚至一般地反对研究学问：“且居学之士，国无事不用力，有难不被甲，……人主奚得于居学之士哉？”（《韩非子·外储说左上》）在他看来，“为学”、“好辩”竟是国家“可亡”的征兆（《韩非子·亡征》）。对于名家之学，更认为是与法不两立的。“坚白无厚之词章，而宪令之法息。”（《韩非子·问辩》）对于惠施，他还指名道姓地批评：“言有纤察微难（而）非务也”（《韩非子·外储说左上》）。法家所奉行的，又是一种弃绝知识、毁灭文化的愚民主义。

因此，惠施既不属法家，亦非法家的同盟军。

第七章 惠施思想的历史命运以及在中国古代思想史上的地位

一、昙花一现

惠施的思想，在历史上只是昙花一现。

同时略后的庄子和公孙龙，对于惠施阐发了异中之同和同中之异的“毕同毕异”的思想，相继各执一端而均流于片面。庄子夸大了同的方面，并加以绝对化，以至取消是非，抹煞同异，“不谴是非”（《天下》），“道通为一”（《齐物论》）；即主张万物齐一，所有彼我、是非、成毁、多少、大小、古今、生死、梦觉等等全无区别，陷入了相对主义。公孙龙则反是，夸大了异的方面，亦加以绝对化，以至见异而不见同，执着于一种极端的别异观点，认为一切都是相异的。如：在《白马论》，光讲白马与马之异，而未有一言正面说明其同；在《通变论》，对于羊牛马鸡、青白黄碧，也是只知其“唯异”、“类之不同”和“反对”而不知其他；到了《坚白论》，更是认为“坚、白、石”实际上是一切事物之间都“相与离”，因而是“离也者天下，故独而正。”这种绝对主义思想，对于庄子的相对主义是起到了纠偏补弊的作用；但它没有注意到：“每个事物（现象、过程等等）是和其他的每个事物联系着的”，“每一概念都处在和其余一切概念的一定关系中、一定联系中”，“从一定观点看来，在一定条件之下，普遍是个别，个别是普遍。”① 用恩格斯的话来说，这也就是把事物“看作只和它自己同一的东西”、认为“一个事物不能同时是它自身又是别的”、不懂得“真实的具体的同一性包含着差异和变化”的“旧形而上学意义下的同一律”②。

更后的墨子后学和荀子，综合了庄子和公孙龙，避免了他们各自的片面性，承认有同有异，提出要“明同异之处”（《墨子·小取》）和“辨同异”（《荀子·正名》）。但是，他们基本上没有继承而是抛弃了惠施辩证法思想的精华，仍然停留于同异分立的“别同异”的观点。《经说下》曰：“所谓，非同也，则异也。”《正名》云：“同则同之，异则异之。”认为相同的事物就是相同的，没有差异；而不同的事物又仅仅是不同的，没有同一性。

秦汉以后，惠施学说仍无传人。甚至在与之相近的思辨哲学——魏晋玄学中，也竟至于“无一言入玄”，“其妙处不传”（《世说新语·文学》）；其代表人物郭象，可能是由于受到《天下》篇评论的影响，还对之加以否定：“无经国体致，真所谓无用之谈也。”（《庄子·天下》注）一直到一千三百多年以后的

① 《列宁全集》，第38卷第239、210、188页。

② 恩格斯：《自然辩证法》；《马克思恩格斯全集》，第20卷第556、557页。

张载，才由不同的途径得到了实质上与惠施相同的辩证法思想："造化所成，无一物相肖者，以是知万物虽多，其实一物"(《正蒙·太和》)；"一物两体，气也。"(《正蒙·参两》)朱熹则更加明确地认为不仅有此物与彼物外在的对立，还有同一物之中的、内在的对立："然就一言之，一中又自有对。且如眼前一物，便有背有面，有上有下，有内有外，二又各自为对。虽说'无独必有对'，然独中又自有对。"(《语类》，卷九五）甚至还指出对立的二者，各自又包含着对立："统言阴阳只是两端，而阴中自分阴阳，阳中亦有阴阳。"（《语类》，卷九四）但是，即使在历史的发展已经重新达到了惠施一样认识的时代，而且还是当时辩证法大家的王夫之，亦可能因为受到以庄解惠传统的影响而否定地评论说："惠施之说，亦与庄子两行之说相近。然其两行也，无本而但循其末，以才辨之有余，毂转而屡迁；人之所然者可不然之，人之所不然者可然之，物之无者可使有，有者可使无。……诃庄子之为大瓢而无用，乃不自知其于物尤无庸也。此则道术之所不出，而不容不辩之，以使勿惑天下者也。今其书既亡，其言无本之可循，故多不可解。"(《庄子解》)

二、一颗闪光的明珠

惠施在中国哲学史和逻辑史上的卓越贡献，是他关于同异问题的独特研究。

惠施以前的中国古代思想家，也有已经注意到了事物的同异关系的。如：西周幽王时的太史伯提出了"和"与"同"的概念："以它平它谓之和"，"同"则是"以同裨同"的"刬同"

(《国语·郑语》)。春秋时齐国的晏婴继之，曰："和如羹焉。水火醯醢盐梅以烹鱼肉，燀之以薪，宰夫和之，齐之以味，济其不及，以洩其过。……若以水济水，谁能食之？若琴瑟之专一，谁能听之？同之不可也如是。"(《左传》昭公二十年)这些，都包含着对立物相统一的思想。特别是晏婴："君所谓可，而有否焉；臣献其否，以成其可。君所谓否，而有可焉，臣献其可，以去其否。"(同上)还指出了君主所肯定的中间包含着错误成分和君主所否定的中间包含着正确成分的情况的存在，比史伯的思想又有所前进。孔子亦继承了这种思想："君子和而不同，小人同而不和。"(《论语·子路》)只是没有新的发挥。但是，所有这些，直接地说的都是政治伦理方面的问题，而不是哲学或逻辑学的同异问题。即就其所包含的哲学和逻辑思想而言，"和"的概念所涉及的主要地亦只是不同的事物可以统一、强调有异之同、具体的同、异之作用问题。史伯所论及王者不应抛弃的"高明昭显"(明智有德)、"角犀丰盈"(额有犀文、面颊丰满的贤明之相)是不同的人，先王用以造成万物的"土与金木水火"是不同的物(元素)；"声一无听，物一无文，味一无果，物一不讲"这个批评所持的正面主张(五声和谐才好听、五色协调才好看、五味调和才好吃、有不同的物类才能比较)所涉及的也都是不同的事物；晏婴所举"水火醯醢盐梅"和"鱼肉"也都是不同的物，它们的统一则由于人("宰夫")为。

到了墨子，对"同"和"异"进行了比较细致的分类(《墨子·经上·经说上》)，并在一定程度上达到了对立面统一的认识："同异交得"(《经上》)。但是，《经上》所讲的也仅仅是一个事物的不同方面或它与不同事物的关系①构成的对立统一，而还不是同一事物内部的矛盾。因此，还是远逊于惠施。看墨子在事物同异关系的基础上，提出了“类”的概念：“义不杀少而杀众，不可谓知类。”（《墨子·公输》）认为“杀少”和“杀众”同是杀，为一类；既主张不杀少，更应该主张不杀众。在批驳好战者以禹征有苗、汤武伐桀纣来证明攻伐之利时，亦说：“子未察吾言之类，未明其故者也。彼非所谓攻，谓诛也。”（《墨子·非攻下》）认为诛有罪是义战，攻无罪为不义之战，是不同类的东西；应该加以区别，不能混为一谈。可见墨子的“类”的概念包含的，只是一种强调同异区别的同异分立观点。而且，他还片面主同，在政治上提出“尚同”：“上之所是，必皆是之；所非，必皆非之。”（《墨子·尚同上》）正与史伯、晏婴、孔子相反。

在《老子》书，更概括地提出了对立统一的观点：“有无相生，难易相成，长短相较，高下相倾，音声相和，前后相随。”（第二章）“祸兮福之所倚，福兮祸之所伏。”（第五八章）“曲则全，枉则直，洼则盈，敝则新，少则得，多则惑。”

---

① 《经上》的“同异交得放有无”一语，由于《说》文讹误过多，历来解法纷纭，而又多不能尽通。张岱年先生所释甚是，云：“其主旨大概是说同一事物可有相异的二性质；而两相异的性质，可以同属于一事物。如有无，无此即有彼，亦有亦无。甲可较乙为多而较丙为少，亦多亦少。离此地而适彼地，亦去亦就。女子为其母之女，又为其子之母，亦长亦少。对兄为弟，对弟为兄，兄弟俱于一人。身在此处，心游他地，亦存亦亡。其余之例意当同此。要之同中有异异中有同，于同可得异，于异可得同，同异实有其统一。”（《中国哲学大纲》，第156页）其对《说》文的具体解释，正如沈有鼎先生所概括的：“有无、多少、去就、子母、长少、是非、存亡、贵贱这些相反的属性可以同时具备于一个对象，这乃是就两个不同的方面说的。”（《墨经的逻辑学》，第77页。）

（第二二章）但是，这里讲的也仅仅是不同事物的相互依存（有无、难易、长短、高下、音声、前后、祸福）或相互转化（曲全、枉直、洼盈、敝新、少得、多惑），即不同事物之间发生的对立统一关系。

惠施同异关系研究的特异之处是：已经越出了传统政治伦理的范围，不再是政治伦理的附庸，而是开辟了自己独立的哲学和逻辑学的领域；其思想的实质，也已经不再局限于不同的、对立物的同一，而是达到了同一性自身的差别即同一个统一事物内部对立的认识。在人类认识发展的历史上，从“没有把自己同自然界区分开来”的“本能的人，即野蛮人”到能够“区分开来”的“自觉的人”①，即从混沌一团的意识到区别同异的认识，再到异中之同和同中之异的认识，也正是列宁所说的“哲学上的‘圆圈’”②，即认识发展的巨大飞跃。

惠施的同异思想，是中国哲学史、逻辑史上一颗闪光的明珠。它历来所受到的待遇，是不公正的。今天，应该在深入研究的基础上，还它的本来面目；并予以批判地继承，以丰富马克思主义的、当代的哲学和逻辑学。

---

①②　《列宁全集》，第 38 卷第 90、411 页。

公孙龙评传

第一章　生　平

公孙龙，姓公孙，名龙；是战国时称为“辩者”汉代称为“名家”学派中的又一个重要代表人物。可是，司马迁的《史记》没有为他专门立传，只在《孟子荀卿列传》、《平原君虞卿列传》中略一及之；致使今天对于他的生平事迹无法详细知道。

一、年代与乡里

根据《公孙龙子》(《迹府》①)、《战国策》(《赵三》)、《吕氏春秋》(《审应览》、《淫辞》、《应言》)、《史记》(《平原君虞卿列传》)、刘向《别录》(《史记·平原君虞卿列传》《集解》引)、《汉书》(《艺文志》自注)、《列子》(《仲尼》)② 等书的记载，公

① 《迹府》成书，决不会迟至公孙龙及门弟子以后，年代当在《吕氏春秋》成书前后，即秦统一六国前夕。说详拙作《〈公孙龙子〉蠡测》(齐鲁书社 1986 年版）之《〈迹府〉考略》。

② 《列子》虽伪书，但其所据当有所本。

孙龙与燕昭王、赵惠文王、平原君、孔穿、魏牟、邹衍、虞卿同时。学术界推定其生卒年为公元前 320—250 年[①]，大致无误。

查今存记载有关内容诸书，有年代可考者，当以《列子·仲尼》的一则为最早：

> “中山公子牟者，魏国之贤公子也；好与贤人游，不恤国事，而悦赵人公孙龙。乐正子舆之徒笑之。……乐正子舆曰：‘……龙之诳魏王曰……’”

说的是公孙龙曾在魏国并魏之别封中山活动，深得中山公子魏牟的好感。这里的中山，是魏文侯灭鲜虞族中山国后所封少子魏挚之国，于公元前 296 年亡于赵（《史记·赵世家》）。故龙之游魏、中山，当不晚于此年，即在公元前 296 年以前。魏牟年代，钱穆《先秦诸子系年》据《战国策·赵三》平原君说到牟于应侯时“游于秦”（应侯封于秦昭王四十一年即公元前 266 年，后十一年免相）和“建信君贵于赵时”（平原君已卒，即公元前 251 年以后）“公子魏牟过赵”定为公元前 320—前 245 年，甚是。如此，公孙龙之与魏牟游亦不会早过公元前 300 年前后。《战国策·中山》所载：“主父（即传国后的赵武灵王）欲伐中山，使李疵观之。李疵曰：‘……中山之君，所倾盖与车而朝穷闾隘巷之士者，七十家。’”说的就是中山礼贤下士成风之事。其时，据《赵世家》，武灵王从十九年（公元前 307 年）开始连年发动对中山的战争，起意则在十七年（公元前 309 年）

---

① 胡适《中国哲学史大纲》说：生于公元前 325—前 315 年间，卒于公元前 250 年前后；一直为后来学术界所沿用。

“为野台，以望齐、中山之境”，即立望台(《集解》引徐广说：“野，一作‘望’。”）以瞭望中山虚实一事前后，亦正与魏牟悦公孙龙之年相合。

史料可见的公孙龙最晚的活动，则是平原君卒[1]前几年间与邹衍的辩论（下详）。

据今定公孙龙生卒推断，上述活动当在龙20岁到70岁之间。胡道静先生认为“公孙龙早年适魏，莫年居赵”[2]，是完全正确的。

至于《史记·仲尼弟子列传》所载：“公孙龙，字子石，少孔子五十三岁。”虽然《正义》引“庄子云：坚白之谈也。”即认为也是搞“坚白之谈”的(《孟子荀卿列传》《索隐》甚至认为“为坚白同异之辨”的公孙龙“即仲尼弟子”），实在是时代不相及的另一个公孙龙。因为很明显，幼孔子五十三岁的公孙龙，应生于公元前498年，距与子思玄孙、孔子六世孙孔穿同时的后一公孙龙几乎有二百年，怎么可能是一个人。

公孙龙的国籍，并不十分清楚。能够肯定的，是秦以外的东方“六国”人。

虽然多数史籍认定公孙龙是“赵人”(《汉书·艺文志》自注、许慎《淮南鸿烈间诂·齐俗》、《列子·仲尼》、司马彪《庄子·秋水》注、成玄英《南华真经疏·齐物论·秋水·天下》)，但也有说是“魏人”的（高诱《吕氏春秋·应言》注）。还有，公孙龙又是“周君”之御者(《金楼子·杂记下》；《艺文类聚》六十六又一百引《庄子》、《太平御览》四百五十七又八百三十二引《庄子》、又三百九十引《说苑》以及《新序·杂事》均作“梁

① 据《平原君虞卿列传》、《六国年表》：平原君卒于赵孝成王十五年（公元前251年）；《赵世家》作十四年，疑误。

② 胡道静：《公孙龙子考》，商务印书馆1934年版第4页。

君”；《新序》又作公孙袭），那末也可能是周人了。至于另一个实际上已经被混淆的孔子弟子公孙龙，则又说是“楚人”（《史记·仲尼弟子列传》集解引郑玄说），是“卫人”（同上书《正义》引《家语》说），是“赵人”（同上书《正义》引《孟子》说）。更后，清代的《皕宋楼藏书志》既录谢希深序谓《公孙龙子》的作者公孙龙为“赵人”，又谓为“齐人”。真是众说纷纭。

其实，推到源头，《战国策》、《吕氏春秋》都未明言公孙龙的国籍，《迹府》只说“六国时辩士”、“赵平原君之客”，《史记·孟子荀卿列传》和刘向《孙卿新书·叙录》均只称“赵亦有公孙龙”。对此，我们不能忘记，战国是士人朝秦暮楚的时代。因此，赵“有”之人尽可不必为赵人，赵贵族之“客”亦不必尽为赵人。

再说《迹府》“六国时辩士”的“时”字，或本系衍文。《迹府》的主体，历述了公孙龙与孔穿在平原君家的辩论；又明确地说他是“赵平原君之客”。这样，“六国时辩士”一语，如果说的仅仅是时代，就并未增加任何新的内容，而是等于废话了。考此语在严可均辑桓谭《新论》（《全上古三代秦汉三国六朝文·全后汉文》）及其所本《太平御览》今存各本均无异文；但孙冯翼辑《桓子新论》（亦云据《御览》），却作“六国辩士”而无“时”字。孙较严年代略早。孙辑成于嘉庆四年（1799年），且当时（孙生前）即刊行。严辑成于嘉庆二十年（1815年），且刻于身后（在生前甚至还未及抄成清本）的光绪十二至十九年（1886—1893年）；今中华书局印本，亦仅据此本而未校稿本。因此，不能排除孙辑以《御览》别本①为据的可能。同时，素

① 《太平御览》明清各本，据考都出清人黄丕烈（1763—1825年）所藏（明）文渊阁北宋刊本。但此本当时已残，其第四六四卷正为所缺，而出自“黄

以校勘精审著称的（清）钱熙祚父子所辑《指海》（第十三集《桓子新论》）所收此文，亦无“时”字[②]。所以，严辑《新论》和今存各本《御览》未必可据，孙辑《新论》及《指海》未必不可据。从《迹府》本文看，亦以作“六国辩士”于义为长。如果此文本作“六国”，就不仅是一个时间概念，而且也是一个地域概念了。在当时，所谓“关东为六国”（《史记·李斯列传》李斯说秦王语），意思就是秦以外的各国。

因此，说公孙龙是“六国辩士”，意思就是：非秦人。

二、封建贵族的清客

公孙龙在政界的活动，青年时期在魏；中年以后虽到过燕，但主要则是在赵国。《公孙龙子·迹府》篇说：“公孙龙，赵平原君之客也。”《史记·平原君虞卿列传》说“平原君厚待公孙龙”，《汉书·艺文志》自注也说公孙龙“游平原君赵胜家”。

赵国，亦是所谓的“三晋”之一。其社会的封建化与地主

氏旧钞本”（见张海鹏本卷前：《各本目录》），因此未可称善。现在公认最善者为商务影宋本，其贵在于大部（共945卷）所据系日本宫内省图书寮所藏南宋蜀刊本（蒲叔献刊本）及日本静嘉堂文库所藏北宋刊本（均为残本）。但是，涉及与我们有关文字的第四六四卷正好又是两种宋本所缺，而是据日本活字本（喜多村直宽1861年刊行）所补足；日本活字本则是据昌平黉舍所藏明人影宋抄本校印，与我国现今流传各本同出一源。而且，据喜多村《自跋》云：“第一卷至第五六二卷，属校于田口文之。文之时加勘正”，据聂崇歧说，其实是“田口文之颇多臆改”因而亦“难称为善本”（《太平御览引得》序）。

② 虽其辑、刻时间（1843—1846年）都在孙、严之后，但观其内容、编次、文字（底本及取舍）都与孙、严本不同，亦当别有所据。

阶级的取得政权，可以说是与魏国一样的早①。公元前 403 年，赵烈侯即实行了公仲连政治改革②。还在公孙龙少年时期的公元前 307 年，赵国又实行了武灵王"胡服骑射"的著名改革③。这直接地虽然是一场军事改革，但实际上是政治改革的深化。看当时武灵王对反对派所说："……观时而制法，因事而制礼，法令制度，各顺其宜；衣服器械，各备其用。故（礼）〔理〕④ 世不必一其道，便国不必法古。"（《战国策·赵二》）他确是一位改革家。从此，赵国也日益强盛起来。公孙龙成年以后的惠文王（公元前 298—前 266 年在位）、孝成王（公元前 265—前 245 年在位）两朝半个世纪，赵国更加强大，成为代齐而起的六国霸主而与秦抗衡。这时，各国养士之风亦更盛，而且已由国君下移到了权臣。著名的战国四公子齐之孟尝君田文、赵之平原君赵胜、魏之信陵君魏无忌、楚之春申君黄歇，所养食客皆号称三千人。公孙龙成为平原君的门下客，还有《庄子·天下》篇与公孙龙并称"辩者"的桓团（据成玄英《疏》）、《汉书·艺文志》同列于"名家"的毛公（据班固自注），也都是平原君的门客，不为偶然。

公孙龙早年在魏，得到魏牟的爱悦，亦曾在魏王左右活动。一次，魏王外出打猎，公孙龙为之驾车。魏王遇到一群白雁，下车张满了弓想射。路上正有人走过，魏王要他停步，这人却没有停下来以致惊散了雁群。魏王大怒，就想射杀这个人。公孙龙下车按住了他的箭，说："君止!"接着又说：

---

① 魏国情况详见《惠施评传》第一章。

②③ 事见《史记·赵世家》。

④ 据姚本"一作"校改。

“昔齐景公之时，天大旱三年。卜之曰：‘必以人祠，乃雨。’景公下堂顿首曰：‘凡吾所以求雨者，为吾民也。今必使吾以人祠乃且雨，寡人将自当之。’言未卒而天大雨方千里者何也？为有德于天而惠于民也。今主君以白雁之故，而欲射人，袭[①]谓主君言无异于虎狼！”

——《新序·杂事二》[②]

魏王听了，亲热地拉着公孙龙的手一起上车。回来进入宫殿大门时，就高呼万岁；还说：“幸哉今日也！他人猎皆得禽兽，吾猎得善言而归。’”（同上）

公孙龙担任的是侍从的角色。

在燕昭王二十八年（公元前284年）燕将乐毅率秦、楚、赵、魏、韩五国兵破齐（“入至临淄，尽取齐宝，烧其宫室宗庙”，见《史记·燕召公世家》；《吕氏春秋·权勋》、《战国策·燕二》亦记其事）略后（昭王卒于公元前279年），公孙龙入燕，以偃兵说昭王。昭王先假意表示赞同，并愿意与公孙龙计议这件事。公孙龙又揭露了昭王的口是心非：

① “袭”，《新序》作“公孙袭”，《金楼子》、《艺文类聚》、《太平御览》均作“公孙龙”。

② 语译：“从前齐景公的时候，大旱三年。占卜的结果说：‘一定要杀了人作祭品来祭天，才会下雨。’景公走下殿堂向天叩头说：‘我之所以求雨，就是为了老百姓。假如一定要让我用人来祭才下雨，就由我来承当吧。’话还未说完而天就在千里见方的范围内下起大雨来了。这是什么缘故呢？是因为有德于天而施惠于百姓呀！现在，主君因为白雁的原故而要射人，我认为这样就无异于虎狼了。”

"公孙龙曰：'窃意大王之弗为也。'王曰：'何故？'公孙龙曰：'日者大王欲破齐，诸天下之士，其欲破齐者，大王尽养之；知齐之险阻要塞君臣之际者，大王尽养之；虽知而弗欲破者，大王犹若弗养。其卒固破齐以为功。今大王曰："我甚取偃兵。"诸侯之士，在大王之本朝者，尽善用兵者也，臣是以知大王之弗为也。'"

——《吕氏春秋·应言》①

昭王听了，竟没有表示什么，此事亦无结果。

公孙龙在赵的活动，今天可考者当以《吕氏春秋·淫辞》篇所载为最早：

"空雄之遇，秦、赵相与约。约曰：'自今以来，秦之所欲为，赵助之；赵之所欲为，秦助之。'居无几何，秦兴兵攻魏，赵欲救之。秦王不说，使人让赵王曰：'约曰："秦之所欲为，赵助之；赵之所欲为，秦助之。"今秦王欲攻魏，而赵因欲救之，此非约也。'赵王以告平原君。平原君以告公孙龙。公孙龙曰：'亦可以发使而让秦王曰："赵欲救之，今秦王独不助赵，此非约也。"'"

---

① 语译："公孙龙说：'我私下里猜想大王您是不会这样做（指"偃兵"）的。'王说：'为什么？'公孙龙说：'从前大王想攻灭齐国，天下的士人中凡是想攻灭齐国和了解齐国地形以及君臣关系的，大王全部收录供养了他们；虽然了解这些情况而不想攻灭齐国的，大王还是没有收养。最后果然收到了攻破齐国的功效。现在大王说："我非常赞同偃兵。"可是，在大王朝廷里的各国士人，全是善于用兵的人，我因此知道大王是不会这样做的。'"

说的是，秦、赵盟会缔约：应相互帮助做对方所做的事。不久，秦国发兵攻打魏国，赵国却想去救援。秦王很不高兴，派人责备赵王，认为秦国想攻打魏国而赵国想救援魏国，是不符合盟约的。赵王把这事告诉了平原君，平原君又告诉了公孙龙。公孙龙主张："也可以派遣使者去责备秦王：'赵国想救援魏国，秦国攻打魏国就是不帮助做赵国想做的事，是违反盟约的。'"

"空雄"，毕沅根据《听言》篇作"空洛"和梁履绳的推测，认为本作"空雒"；惟仍不知其所确指。陈奇猷认为即《秦本纪》所载秦昭襄王"二十二年，……与赵王会中阳"、"二十四年，……秦取魏安城，至大梁，燕、赵救之"之事。年代、情节均合，或是。秦昭王二十四年，当公元前283年。据此，则公孙龙至赵不久即在平原君门下活动[①]。

以后，又与赵惠文王论偃兵：

> "赵惠王谓公孙龙曰：'寡人事偃兵十余年而不成，兵不可偃乎?'公孙龙对曰：'偃兵之意，兼爱天下之心也。兼爱天下，不可以虚名为也，必有其实。

---

① 《史记·六国表》："赵惠文王元年（公元前298年），以公子胜为相，封平原君。"钱穆据《史记》《魏公子列传》、《范雎列传》并《战国策·赵四》推定"平原君为惠文王同母弟"，又据《赵世家》推知惠文元年平原君年在十岁以下，疑此时只是"主父宠而封之，固非为相"（《先秦诸子系年》，第409页）。此疑固是，但平原君之为相则不必迟至孝成王元年（公元前265年），养士、从政更不必迟至此时。《战国策·赵四》记载，"秦攻魏，取宁邑"即安邑（据林春溥《战国纪年》、顾观光《国策编年》、于鬯《战国策年表》说）的惠文王十三年，秦王谓赵使谅毅有曰："平原君，数欺弄寡人"，"勿使从政"；即是此时平原已经从政之证。

今蔺、离石入秦，而王缟素布总；东攻齐得城，而王加膳置酒。秦得地而王布总，齐亡地而王加膳，（所）〔此〕[①] 非兼爱之心也。此偃兵之所以不成也。’”

——《吕氏春秋·审应》[②]

史载：惠文王十四年（公元前285年），“攻齐，取灵丘”（《赵世家》）；十五年，“攻齐昔阳，取之”（《赵世家》，年据《六国年表》）；十七、十八年，秦连拔赵“两城”、“石城”[③]（《赵世家》）；十九年，“赵奢将，攻齐麦丘，取之”（《赵世家》）。据此，事当发生于惠文王十八年即公元前281年前后。

赵孝成王九年（公元前257年），应平原君之请，“信陵君无忌矫夺将军晋鄙兵以救赵”（《史记·魏世家》），邯郸得以解秦军之围。虞卿因此而为平原君向赵王请求增加封地，赵王已经应允。公孙龙听说，连夜套车晋见平原君，说：

“君无覆军杀将之功，而封以东武城。赵国豪

---

① 据毕沅说校改。

② 语译：“赵惠文王对公孙龙说：‘我致力于“偃兵”已经十几年而没有成功，难道战争是不能消除的吗？’公孙龙回答说：‘偃兵的本意，在于兼爱天下之人。兼爱天下，不可以用空话去实现，一定要有实际的行动。现在蔺、离石二地归属了秦国，您大王就穿戴了白衣布冠（束发）这样丧国的服式；东向攻齐夺得了城池，大王就加餐设宴。秦国得到土地而大王穿丧服，齐国失去土地大王即设宴庆贺，就不符合兼爱的思想。这也就是偃兵所以不成功的原因了。’”

③ 《资治通鉴》胡注：“石城即汉西河之离石县城。”是。《战国策·西周》“苏厉谓周君”亦说白起“攻赵，取蔺、离石”，《周本纪》系“苏厉谓周君”事于赧王三十四年（公元前281年）。近年湖北云梦睡虎地秦墓出土的秦简《编年纪》亦正有昭王二十六年（公元前281年）“攻离石”之记载。

杰之士，多在君之右，而君为相国者，以亲故。夫君封以东武城不让无功，佩赵国相印不辞无能，一解国患欲求益地，是亲戚受封而国人计功也。(《史记·平原君列传》还有“且虞卿操其两权，事成，操右券以责；事不成，以虚名德君。”）为君计者，不如勿受便。”

——《战国策·赵三》[1]

平原君听了，说：“谨受令。”采纳了公孙龙的主张。

最后，齐国使者邹衍过赵，在平原君家与公孙龙就“白马非马”进行了激烈的辩论。邹衍讲论最高的道而批评公孙龙之辩，满座叫好，致使平原君贬退了公孙龙[2]。

自此以后，于史籍即不见公孙龙的活动，可能不久也即亡故了。

历观公孙龙在政界的活动，不论在魏、在燕或长期在赵，都未见有烜赫的地位、独特的政见或重要的决策，甚至也没

① 语译：“您并没有覆军杀将的战功，而已经得到了东武城的封地。赵国的豪杰之士，贤能多有在您之上的，而您却担任了相国，这都因为您是国王亲属的缘故。您得到东武城的封地、佩赵国的相印，不因为无功、无能而辞让；一旦解除了国难就想要求增加封地，这是凭亲属受封而按普通人计功了。而且，虞卿的做法实在是脚踏两条船：事情成功了，就可以像拿着您写的借据一样来向您索取报酬；事情不成功，也已经用空话表示了对您的恩惠。所以，为您打算，不如不接受增加封地为有利。”

② “……及邹衍过赵，言至道，乃绌公孙龙。”（《史记·平原君虞卿列传》）“齐使邹衍过赵，平原君见公孙龙及其徒綦毋子之属，论‘白马非马’之辩，以问邹子。邹子曰：‘不可。……’坐皆称善。”（同上《集解》引《别录》）据《史记》，叙此事于劝平原君勿受封之后，故其时亦当在其后不久。《资治通鉴》认为平原君始受封之年即绌公孙龙，不确。

有入仕。其身份，或御者，或食客，或说客，皆属侍从一流。其言论，所谓“德于天而惠于民”、“偃兵”、“兼爱”，实皆当时套语；虽间或出谋划策，亦仅止于提供外交辞令或含有“明哲让功之谊”（鲍彪对公孙龙劝平原君勿受封的说辞之评语）的“善言”而已。总之，扮演的只是清客的角色。

三、名噪一时的“辩者”

公孙龙是古代赫赫有名的“辩者”、“辩士”，即特别善于辩论的人。《庄子·秋水》说他自称“合（应据《淮南子·齐俗》作“别”）同异，离坚白，然不然，可不可，困百家之知，穷众口之辩”，即能够区别同异、分离坚白，以不对为对、不可为可，难倒百家的才智、众人的口才。《史记·平原君虞卿列传》说“公孙龙善为坚白之辩”，《史记·孟子荀卿列传》、刘向《孙卿新书·叙录》也都说他“为坚白同异之辨”。

所谓“别同异”和“离坚白”的辩论，都还完整地保存在今传《公孙龙子》书中。它的内容是纯粹的哲学和逻辑学，对此将在下文有关部分详论。这里仅先展示一下这两个辩论在当时的烜赫声势和进行时的具体情景，以显示公孙龙的“辩者”本色。

作为“别同异”的一个实例，为了把白马与马区别开来，他纵论“白马非马”；众人不能使他屈服，他一个早晨说服了一千个人①。

在他身后，更是发生了种种神奇而又相互矛盾的传说：

① 《唐宋白孔六帖》卷九引桓谭《新论》：“公孙龙常争论曰：‘白马非（白）〔马〕’，人不能屈”；《人物志·材理》刘昺注：“一朝而服（干）〔千〕人”。

他自恃辩才，无视马不能出关的法令，公然驾着白马赴关[①]；有说他竟以“我驾的是白马，不就是马”折服了责在禁马出关的掌管关口的小吏而得过的[②]，有说并未因此而得过的[③]。有人信以为真，如顾实云：“战国兵争，马至贵重，故各国设关而守，禁马出关。公孙龙乃唱白马非马之说，遽得乘白马而度关，此其所以驰名一世也。”[④] 实在并不可信。事实上，关吏决不会听其辩辞而枉法放行，龙亦决不会蠢至以身去试的地步。因此，两种不同的说法，都只是在做小说而已。这个故事的创作者，当是其反对者；因而其原始形态，亦当是不能过关。相反，自己方面是不可能想出这个故事来的，因为这样做只能自陷于困境。从史料看，也以说不能过关的《韩非子》、《新论》为早。创作这个故事，意在把这个辩论放到事实面前，是“将一军”。这一招，确实厉害。或者正是因此，其后学就干脆来了个顺水推舟，把它混淆成了得以过关，材料也只有一条。但是，所有这些相互矛盾的传说，都可以说明他那个轰动一时的“白马非马”论及于后世的影响之大。

关于这个“白马非马”，公孙龙曾与孔穿、邹衍等在平原君家进行过反复的、集中的辩论。

---

① 《初学记》卷七引刘向《别录》（原文作《七略》）：“公孙龙持白马之论以度关。”（事又见《吕氏春秋·淫辞》高诱注）

② “公孙龙度关，关司禁白马不得过，公孙曰：‘我马白非马’，遂过。”（罗振玉辑《鸣沙石室古籍丛残·唐写本类书·白马》）

③ 《韩非子·外储说左上》：“顾（白）马之赋”即仍然付了马税（作“兒说”事）；《新论》说“关吏不听”；《人物志》刘昺注也说被“禁锢，直而后过”，即交了相当的赋税才过了的。

④ 《重考古今伪书考》卷三，大东书局1926年版。

《迹府》篇详细地记录了就此与孔穿进行的辩论：

“龙与孔穿会赵平原君家。穿曰：‘素闻先生高谊，愿为弟子久，但不取先生以白马为非马耳。请去此术，则穿请为弟子。’龙曰：‘先生之言悖，龙之所以为名者，乃以白马之论尔。今使龙去之，则无以教焉。且欲师之者，以智与学不如也。今使龙去之，此先教而后师之也；先教而后师之者，悖。且白马非马，乃仲尼之所取。龙闻楚王张繁弱之弓，载忘归之矢，以射蛟兕于云梦之圃，而丧其弓。左右请求之。王曰：‘止。楚（王）〔人〕① 遗弓，楚人得之，又何求乎？’仲尼闻之曰：‘楚王仁义而未遂也。亦曰人亡弓人得之而已，何必楚？’若此，仲尼异楚人于所谓人。夫是仲尼异楚人于所谓人，而非龙异白马于所谓马，悖。先生修儒术而非仲尼之所取，欲学而使龙去所教，则虽百龙，固不能当前矣。’孔穿无以应焉。”

——《公孙龙子·迹府》

孔穿要求公孙龙放弃“白马非马”的学说，然后愿意做他的学生。公孙龙则认为：自己之所以有名和可以用来教人的东西，就正是这个白马的学说；孔穿先要求他放弃这个学说，就是先来教他而后再拜他为师，是错误的。而且，从孔子改“楚国人丢失了弓，楚国人拾到了它”为“人丢失了弓，人拾到了它”

① 据《杨升庵先生评注先秦五子全书》本校改。

来看，正是主张把楚人从所谓的人中间区别出来即赞成“白马非马”的；孔穿学习儒家的学说而否定孔子所赞成的，又是一个极大的矛盾。孔穿终于无言可对。

接着，公孙龙继续[1]说：

> “先生之所以教龙者，似齐王之谓尹文也。齐王之谓尹文曰：‘寡人甚好士，以齐国无士，何也?’尹文曰：‘愿闻大王之所谓士者。’齐王无以应。尹文曰：‘今有人于此，事君则忠，事亲则孝，交友则信，处乡则顺；有此四行，可谓士乎?’齐王曰：‘善。此真吾所谓士也。’尹文曰：‘王得此人，肯以为臣乎?’王曰：‘所愿而不可得也。’是时齐王好勇。于是尹文曰：‘使此人广庭大众之中，见侵侮而终不敢斗，王将以为臣乎?’王曰：‘钜士也？见侮而不斗，辱也。辱则寡人不以为臣矣。’尹文曰：‘唯见侮而不斗，未失其四行也。是人未失其四行，〔是未失〕[2] 其所以为士也。然而王一以为臣，一不以为臣，则向之所谓士者乃非士乎?’齐王无以应。……[3]子知难白马之非马，不知所以难之说。以此，犹知好士

① 此下与上段在原文为各自完整的两次辩论，中间有不少重复的文字。胡道静先生认为：“今本离为二事，疑是曾经脱简，而弥缝时校者讹误所致。”（《公孙龙子考》，第 20—21 页）甚确。故现作一次辩论处理。

② 据《吕氏春秋·正名》校增。

③ 中间还有尹文针对齐王“见侮而不斗，辱也”因而“不以为臣”的一大段批评，文繁不具录。大意是：“不斗”的人正是在顾全“杀人的处死，伤人的受刑”的法令，因而齐王的做法就是在否定甚至惩罚没有什么不对或无罪的人，同时也就是奖赏了无功的人；这样，国家是怎么也治理不好的。

之名，而不知察士之类。”

——同上

公孙龙认为，孔穿用来教训他的话就像齐王对尹文关于士的谈话：自称很喜欢士人，认为士人就是忠、孝、信、顺的人，可以用作臣子；一方面又认为即使这样的人，如果被欺侮而不起来搏斗，就是耻辱而又不能用作臣子。公孙龙的结论是：孔穿就正像齐王之只知道喜欢士人这个名称而不知道考察士人的品类一样，只知道非难“白马非马”却不知道用来非难的理由。

公孙龙与孔穿之间，还有一次亦在平原君家进行的辩论：

“孔穿、公孙龙相与论于平原君所，深而辩，至于藏三（牙）①。公孙龙言藏之三（牙）② 甚辩。孔穿不应，少选，辞而出。明日，孔穿朝。平原君谓孔穿曰：‘昔者公孙龙之言甚辩。’孔穿曰：‘然。几能令藏三（牙）③ 矣。虽然，难。愿得有问于君：谓藏三（牙）④ 甚难而实非也，谓藏两（牙）〔耳〕⑤ 甚易而实是也；不知君将从易而是者乎？将从难而非者乎？’平原君不应。明日，谓公孙龙曰：‘公无与孔穿辩。’”

——《吕氏春秋·淫辞》⑥

①②③④⑤ 据王启湘《周秦名家三子校诠》说校改。

⑥ 语译：“孔穿、公孙龙在平原君家里相互辩论，深刻而巧妙，以至于‘藏三’。公孙龙论‘藏三’非常机巧。孔穿没有回答，过了一会儿，就告辞出去了。到了第二天，孔穿又来朝见。平原君对孔穿说：‘昨天公孙龙的话非常明

《吕览》原作“藏三牙”，《孔丛子·公孙龙》篇作“臧三耳”，诸家多认为应从《孔丛子》。毕沅引谢墉认为：“臧牂古字通用，谓羊也。”又引卢文弨认为：“龙意两耳形也，又有一司听者以君之，故为三耳。”范耕研则认为“臧”是“人名”⑦，马叙伦又认为“臧”借为“奴”⑧。这些，都是在比附《庄子·天下》篇的“鸡三足”、《公孙龙子·通变论》的“鸡足三”作解，实均不确。说详本书附录《〈庄子·天下〉篇的辩者学说》并《〈公孙龙子〉蠡测》之《〈通变论〉释疑》。

还有，心史认为当作“藏三互”：“石与坚、白，……互相藏”⑨，王启湘认为“‘臧’为‘藏匿’之‘藏’，‘耳’为‘而已’之义。”“所谓‘藏两耳’，即指坚白之辩而言。……盖以手拊石，知坚不知白；以目视石，见白不见坚；石则手拊之而知、目视之而见。是所藏者，不过坚白而已。故仅可谓坚藏于白、石之中，白藏于坚、石之中，而不可谓石藏于坚、白之中，此即所谓‘藏两耳’之义。”⑩其具体理解：认为公孙龙主张“互相藏”或公孙龙主张“藏三”而客则主张“藏二”，则皆不确。公孙龙实在并不主张“互相藏”，而是主张“自藏”（下详）。《坚白论》里主客双方即公孙龙思想与唯物主义的对立，也不在“藏三”

察。’孔穿说：‘是的。几乎能够证明“藏三”了。虽然这样，还是很难成立的。我想问问您：说“藏三”非常困难而实在是错的，说“藏二”很容易而实在是正确的；不知道您将赞成容易而正确的呢？还是赞成困难而错误的呢？’平原君没有回答。又过了一天，对公孙龙说：‘你不要跟孔穿辩论了。’”

⑦⑧ 转引自陈奇猷《吕氏春秋校释》，学林出版社 1984 年版第 1188、1189 页。

⑨ 心史：《臧三耳辨》，《东方杂志》第 23 卷第 17 号，1926 年 9 月 10 日；引文见《古史辨》第 4 册第 188 页。

⑩ 王启湘：《周秦名家三子校诠》，古籍出版社 1957 年版第 49、49—50 页。

与“藏二”。客实在并不主张“藏”，而是主张“盈”、“不相离”，即不藏。只有公孙龙自己，才主张“藏”，而“藏”也就是“离”、就是不盈（下详）。心史与王启湘认此辩与《坚白论》之“藏”有关，及王引《坚白论》旧注之“《吕氏春秋》曰：公孙龙与（乱）孔穿对辞于赵平原家，‘藏三耳’盖以此（为篇）〔篇为〕辩。”则颇是。

要之，“藏三”之辩即所谓“离坚白”或“坚白之辩”。

第二章 著 作

公孙龙的著作，《汉书·艺文志》著录有“《公孙龙子》十四篇”。今存六篇，除卷首《迹府》一篇非公孙龙手笔而系由其及门弟子辑录的生平事迹而外，其他《白马论》、《指物论》、《通变论》、《坚白论》、《名实论》五篇基本可信为公孙龙本人的作品。

一、真伪与存佚

对于现存《公孙龙子》一书的真实性，清人姚际恒曾根据其不见《隋书·经籍志》著录而表示怀疑，断定“《汉志》所载而《隋志》无之，其为后人伪作奚疑”（《古今伪书考》）。这样的推断是片面的。实际上，某书一时不见著录，完全不足即据以定为伪书。

栾调甫[①]、汪馥炎[②]、孙碌[③]则与姚说不同，认为《隋志》著录有《守白论》一书即《公孙龙子》，在《公孙龙子》本书的根据则是《迹府》篇“公孙龙……为守白之论……以守白辩”中的两个“守白”。说法亦并不正确。

先说这两个“守白”，文字亦疑有误。历来对于“守白”的解释，都很难通。例如，谭戒甫认为：“盖或以白马为马，谓之‘离白’；龙云白马非马，谓之‘不离白’。不离白，即守白也。”[④] 这样的解释，即认为公孙龙主张“不离”，而表现于《公孙龙子》各篇中的客难——辩论的对方则主张“离白”，是把离与不离的派别搞颠倒了。就《公孙龙子》全书看，龙是确定无疑的离派，而决不是什么“守白”派[⑤]。《迹府》这一段文字，又见于《太平御览》卷四六四所引桓谭《新论》，但这个“公孙龙……为守白之论”却作“公孙龙……为坚白之论”。《新论》的时代虽然晚于《迹府》，文字亦承袭《迹府》，但“守”字作“坚”则于义为长。《公孙龙子》前后诸书的记述，《庄子·秋水》和《淮南子·齐俗》称公孙龙“离坚白”，《史记·平原君虞卿列

① 栾调甫：《墨子研究论文集》，人民出版社1957年版第20页。

② 汪馥炎：《坚白盈离辩》；《东方杂志》第22卷第9号，1925年5月10日。

③ 孙碌：《坚白离盈辩考证》，载栾调甫《墨子研究论文集》，第164页。

④ 谭戒甫：《公孙龙子形名发微》，中华书局（北京）1963年版第7页。

⑤ 在《白马论》，他正是以马与白相离来证成白马之非马的。其他如《通变论》二不可合一、《坚白论》坚、白、石以至天下万物都相互分离的思想（下文均有详论），也都是确凿的证据。真正主张“不离”的倒是对方。在《白马论》，他认定白马就是马，完全不是因为主张白和马相离，而倒正是因为主张白和马不可离。“以马之有色为非马，天下非有无色之马也。天下无马，可乎?”正是在批评离色言马，认为这样地说有颜色即非马，就会导致天下无马的荒谬结论。在《坚白论》，他持的“盈”（即不离）论，主张：“坚、白、石不相外”而“相盈”，即不相互分离而相互包含和充满。

传》称其“善为坚白之辩”，《论衡·案书篇》称其“著坚白之论”，《汉书·艺文志》颜师古注亦称其“为坚白之辩”，均“坚白”连言。《坚白论》是他整个思想的基础和出发点（下详），所以称述公孙龙也就不能不涉及他关于“坚白”的学说。从文字上看，这个“守白”，特别是“以守白辩”的“守白”，亦不宜作书名解。“为坚白之论”、“以坚白辩”的意思是：研究“坚白”的学说、根据“坚白”的学说进行辩论。

再说《隋志》的著录，也并未明言《守白论》一书的作者姓氏，因此未可遽定为即公孙龙所著书。如说“今本《公孙龙子》原名《守白论》”，“至唐人贾大隐陈嗣古等作注，始改今名”①。又为什么《隋志》前后的《汉书》、《旧唐书》、《新唐书》以及郑樵的《通志》所著录都称《公孙龙子》，而并无《守白论》之名？

今本《公孙龙子》之真，实在是不难从它的流传过程和思想内容两个方面作出证明的。

从书的流传看，《汉志》而后的《隋志》虽一时并未著录，但唐人王某的《拟公孙龙子论》明确记载：当“咸亨二（十）年”（公元671年），于“宗人王先生，名师政，字元直”者之家得阅其所藏《公孙龙子》书（《文苑英华》卷七五八）。可知这时此书犹存。考《隋志》成书于唐高宗显庆元年（公元656年），其时代与王某读王师政所藏公孙龙书大同略前。这时，正是乱离之后，官家典籍当有散失。但是，在民间，如这位“春秋将七十，博闻多艺，安时乐道，恬澹浮沈，罕有知者”的遗老兼隐者王先生，却保有兵燹劫余的《公孙龙子》书。只是未为官家所知，因而未见《隋志》著录。此后，自两《唐书》以下，

① 栾调甫：《墨子研究论文集》，第20页。

官私书目均著录不辍。

从《公孙龙子》书的思想内容看，杜国庠早已指出："这部书在先秦名学的发展上形成了它的重要的一环，在思想和文字上反映了战国当时的社会，都是不容易作伪的"①。再者，公孙龙的哲学，在中国哲学史上只是昙花一现，自他身后一直到终封建社会之世的二千多年历代哲学思想中几乎没有得到任何反映，谈论其学、注释其书者亦均不得其解（下详）。因此，他的书不仅"不容易作伪"，而且也不会引起作伪者的兴趣。

汉时《公孙龙子》书有十四篇，今存六篇，亡失八篇。《四库全书总目提要》谓"至宋时八篇已亡"，所据显为郑樵《通志》、陈振孙《直斋书录解题》和马端临《文献通考》。其实，据上引早于此三书的《文苑英华》所载，唐初时已经只有六篇，而且其篇目、次序亦与今本（《道藏》本）相同。因此，八篇之亡，更可上溯到南北朝时期了。至于说"本书完本，至宋始残"②，则可能是随便地把郑樵的"今亡八篇"解作亡佚发生在"今天"了。

今天可见的古书有关记载，如前已举政治伦理方面"偃兵""兼爱""惠于民"的说辩以及教平原君责秦王"非约"、反对"虞卿为平原君请益地"，哲学逻辑方面的"同异之辩"、与邹衍的"白马非马"之辩、与孔穿的"藏三"之辩以及子舆向魏牟述及的公孙龙与魏王、孔穿的谈辩——"有意不心"、"发引千钧"、"善射者，能令后镞中前括，发发相及，矢矢相属，前矢造准而无绝落，后矢之括犹衔弦，视之若一"、射人目

① 《杜国庠文集》，第87页。

② 王琯：《公孙龙子悬解》。

可以“矢来注眸子而眶不睫，矢隧地而尘不扬”[①]（《列子·仲尼》），就都可能是已佚八篇的内容。还有，《盐铁论·箴石》所引公孙龙语——“论之为道辩，故不可以不属意。属意相宽，相宽其归争。争而不让，则入于鄙。”刘向《〈邓析子〉叙录》所说的“无厚”[②] 论，甚至今天可以判明属公孙龙学派的“狗非犬”、“黄马骊牛三”[③]、“孤驹未尝有母”（《庄子·天下》）[④]，也都可能是已佚八篇的内容。此外，看今本《通变论》还可能是由两个残篇拼合而成的。其中“变而不变”一节，符合《通变》篇名，是原《通变论》的残篇。全篇以“二无一”为中心的其余文字，则显然属于另一篇章。其名，虽无可考定，据文意并例以《公孙龙子》全书各篇篇名，或为《二一论》。亦即已佚八篇之一。

按古人著作体例，有“内书”、“外书”、“杂篇”之称。从《公孙龙子》“现存六篇（杨按：应是后五篇）又几乎可以构成

---

① 《列子》原文还提及“有指不至，有物不尽”、“有影不移”、“孤犊未尝有母”三说，当即是《庄子·天下》的“指不至，至不绝”、“飞鸟之景未尝动也”、“孤驹未尝有母”，鄙意以为前二说属诸惠施后学所持论，后一说则属公孙龙学派。《淮南子·诠言》许慎注载公孙龙有“冰不寒、炭不热”二说；“炭不热”与《庄子·天下》的“火不热”同，“冰不寒”的思想倾向亦同，因此就都是惠施后学的思想而不属公孙龙。说详本书附录《〈庄子·天下〉篇的“辩者”学说》。

② 原文曰：“其论‘无厚’（者），言（之）‘异同’，与公孙龙同类。”（“者”、“之”据梁启超《汉书艺文志诸子略考释》说校删）可见公孙龙亦论“无厚”。至于今本《邓析子》伪书的《无厚》篇所说：“天于人无厚也，君于民无厚也。”可谓与名家毫无关系。于此亦可见《邓析子》书虽伪而刘向《叙录》不伪。

③ 此句文字有误，说详本书附录《〈庄子·天下〉篇的“辩者”学说》。

④ 在《天下》所列举的辩者二十一事中，只此三条属公孙龙思想系统，说详同上。

一个完整体系”、“正好是一组”[①] 看，或可假定所佚八篇主要地也就是所谓“外书”、“杂篇”之类了。

二、版本与注释

《公孙龙子》书宋以前的版本，今天已绝不可见。

明、清两代的，较易见而为笔者所及见者，有：陶宗仪《说郛》本、《道藏》本、《十二子》本、《杨升庵先生评注先秦五子全书》本、《合诸名家批点诸子全书·杨升庵先生五色批点公孙龙子》本、欧阳清《五子书》本、归有光《诸子汇函》本（少《迹府》、《通变论》二篇）、周子义《子汇》本、谢汝韶《二十家子书》本、钟惺《合刻五家言》本、陈仁锡《诸子奇赏》本（少《指物论》、《名实论》二篇）、傅山《霜红龛集备存》本（少《迹府》、《名实论》二篇）、马骕《绎史》本、辛从益《公孙龙子注》（《豫章丛书》第二集）本、王缫堂《廿二子全书》本、马佳氏《佞汉斋丛书》本、严可均校《道藏》本、张海鹏《墨海金壶》本、钱熙祚《守山阁丛书本》、陈澧《公孙龙子注》本、崇文书局《子书百家》本。或为三卷，或为一卷（亦有个别如《玉海》引（宋）《中兴馆阁书目》以及（明）《澹生堂藏书目》著录为二卷的）；文字均或有小异，篇次亦偶有不同（仅《绎史》本为：《迹府》、《白马论》、《通变论》、《坚白论》、《指物论》、《名实论》）。

从严可均（《公孙龙子·跋》）开始，一般都认为《道藏》本最早，为各本所从出，并较各本为善。这容或有可商榷之处。

就年代言，今行正统《道藏》刻成于明英宗正统十年（公

---

① 庞朴：《公孙龙子研究》，中华书局（北京）1979 年版第 53、69 页。

元1445年）。虽以前几代已有《道藏》，但今本《公孙龙子》是否承袭前代《道藏》，即前代《道藏》内是否已收有《公孙龙子》，现已无从确考。《说郛》为元明之际人陶宗仪所辑。今行张宗祥重校本虽为1927年商务印书馆排印，但据“张宗祥记”称：此本系“集明抄本六种”（其中有“洪武间抄本”、“弘农杨氏抄本”、“丛书堂抄本”）而成。“洪武间抄本”即早于《道藏》。丛书堂系（明）吴宽（1435—1504年）堂名。“弘农杨氏”，不知其所确指。考明代藏书家中有杨氏三：一为杨循吉（1456—1544年），一为杨仪（1526年进士），年代均略后于吴；一为杨士奇（1356—1444年），则早于吴。张氏将“杨氏抄本”次于“丛书堂抄本”之前，“杨氏”当为杨士奇，其年代亦在《道藏》以前。如此，《说郛》所本还可能早于《道藏》。

再就文字言，《道藏》外各本亦正往往有胜义，特别是《说郛》、《杨升庵先生评注先秦五子全书》、《子汇》、《合刻五家言》、《诸子奇赏》、傅山、《绎史》、《豫章丛书》、《廿二子全书》、《墨海金壶》、《守山阁丛书》、陈澧等本。而且，各本之胜处，有很大一部分又源出于《说郛》；全书异文，亦以《说郛》本为最多（说详《〈公孙龙子〉蠡测》之《〈公孙龙子〉校勘记》）。

考严氏生于1762年，卒于1843年；《说郛》的印行、傅山注的由刘霈首次补刻入《霜红龛集备存》（1854年），均不及见。《绎史》初刻于1670年，流传不广，为时又上距严氏之生一个世纪，续刻于严氏身后的1868年；辛氏注撰于1787年，流传亦不广，至1851年才刊板（《寄思斋藏稿》）。所以，此二书亦可能为严氏所未得阅。其他虽刊于严氏生前各本，亦未见严氏提及。就这样，他才作出了《道藏》本为最早、最善的结论。事实上，《说郛》本倒是早于《道藏》，文字亦互有长短。从《说郛》本异文之多居各本首位、《说郛》与《道藏》或《道藏》外各本的异文数远多于《道藏》与《说郛》外各本看，《说郛》所本实属《道藏》以外的另一系统，《十二子》以下各本则基本属《道藏》一系。再从《说郛》异文的很大一部分（过半数）影响及于后世各本、特别是义胜者几乎全部为后世大多数版本所据改看，《道藏》外的多数版本，又都是根据《说郛》校正过的①。因此，《说郛》是一最值得重视的版本。

关于《公孙龙子》的注释，最早见于著录的是陈嗣古、贾大隐注各一卷（《旧唐书·经籍志》、《新唐书·艺文志》），已佚，亦不见后人称引。

今存之旧注，一般认为（宋）谢希深作，不无可疑。认此注为谢作，根据是有的本子（《杨升庵先生评注先秦五子全书》、《二十家子书》、《诸子奇赏》、《墨海金壶》、《守山阁丛书》、《子书百家》）前有一序文，题为"宋谢希深序"。其实，自序而冠以朝代、称字（名绛，希深是其字），它的真实性已大成问题。而且，多数本子（在上列二十一种中，竟有十五种）均无此序文；其中收录此注者（有《道藏》、《十二子》、《杨升庵先生五色批点公孙龙子》、《五子书》、《诸子汇函》、《子汇》、《合刻五家言》、《廿二子全书》、《佞汉斋丛书》、严可均校《道藏》十种），亦均不题注者姓氏。特别是《道藏》、《十二子》、《合诸名家批点诸子全书》、《五子书》、《子汇》、《廿二子全书》、《佞汉斋丛书》几种，所收其他子书（如"五子"的外四子：《鬻子》、《尹文子》、《子华子》、《鹖冠子》）都有序文，不录谢序显然并不由于体例。谢作龙书注一事，亦绝不见《宋史》并

① 说详《〈公孙龙子〉蠡测·〈公孙龙子〉校勘记》。

王安石、欧阳修所作谢之《行状》和《墓志铭》记载。观（宋）赵希弁《郡斋读书志·附志》谓："陈嗣古、贾大隐皆尝为之注，今不辨矣。"（明）高儒《百川书志》亦云："未详注人姓名。"可见，当时所存注文，实在并无主名。因此，严可均已经在说："今此本，陈注邪？贾注邪？不可考也。"（《公孙龙子·跋》）王琯亦说："或为贾陈原著，经其剥夺；或由后人托名，均未可详。"[①] 谭戒甫认为是"谢氏或就旧《注》增益之"[②]，伍非百则已经断定此注即"原为唐世之旧"[③] 了。这些，都颇为有见。

明、清两代注者，则有杨慎、傅山、辛从益和陈澧；另有归有光、钟惺、陈仁锡的评点，俞樾（《诸子平议·补录》）、孙诒让（《札迻》；仅《迹府》、《通变论》、《坚白论》三篇）的校勘。民国年间，更有王启湘[④]、金受申[⑤]、王琯[⑥]、谭戒甫[⑦]、钱穆[⑧]、伍非百[⑨]、陈柱[⑩]、张怀民[⑪]等等的注释和研究。解放以后，又有庞朴、屈志清、栾星、胡先生曲园并陈进坤、杨柳桥、杨俊光等人，或注释，或研究，均各有专书，极便观览。

---

① 王琯：《公孙龙子悬解》。

② 谭戒甫：《公孙龙子形名发微》，第 127 页。

③ 伍非百：《中国古名家言》，第 614 页。

④ 王启湘：《周秦名家三子校诠》。

⑤ 金受申：《公孙龙子释》，商务印书馆万有文库 1930 年版。

⑥ 王琯：《公孙龙子悬解》。

⑦ 谭戒甫：《公孙龙子形名发微》。

⑧ 钱穆：《惠施公孙龙》。

⑨ 伍非百：《中国古名家言·公孙龙子发微》。

⑩ 陈柱：《公孙龙子集解》，商务印书馆 1937 年版。

⑪ 张怀民：《公孙龙子斠释》，中华国学会 1937 年版。

三、前人对《公孙龙子》的研究和了解

公孙龙生前，声名烜赫；由于不弃一技一能之士，弟子亦当甚众[①]。可是，这些都不过是昙花一现；身后不久其学即衰。其及门弟子，于史籍记载有姓氏者亦仅綦毋子一人；又仅一见其姓氏，并无丝毫事迹留传。以后，即未见传人。中国古代哲学思想的发展，又一仍其偏重伦理政治之旧，对于公孙龙的哲学思想未见有所承袭；在整个封建社会长时期内对公孙龙思想的研究，亦多肤浅而并未得其真解。

历史的发展经过了秦代的法家思想统治时期，西汉初年黄老流行，不久又罢黜百家而独尊儒术；公孙龙的思想仅偶见于文人词章，且多不得其解。两汉之际，他的著作，已被夸大为“诡辞数万”（《扬子法言·吾子》）。东汉末年的高诱之注《吕氏春秋·淫辞》，又已经把“白马非马”说成“白马非白马”。

到了魏晋南北朝时期，文人普遍地谈名。傅嘏、王弼、钟会、裴頠、卫玠、王敦、殷浩、谢玄等人，都以“名通”（《世说新语·文学》谓殷浩）、“通辩”（《三国志·魏志·钟会传》注谓王弼）或善谈“名理”（《三国志·魏志·钟会传》谓钟会，《世说新语·言语》谓裴頠，《世说新语·文学》注谓傅嘏、卫玠、王敦、殷浩、谢玄，又《世说新语·赏誉下》注谓卫玠）

① “昔者公孙龙在赵之时，谓弟子曰：‘人而无能者，龙不能与游。’有客衣褐带索而见曰：‘臣能呼。’公孙龙顾谓弟子曰：‘门下故有能呼者乎?’对曰：‘无有。’公孙龙曰：‘与之弟子之籍。’后数日，往说燕王，至于河上，而航在一汜。使善呼者呼之，一呼而航来。”（《淮南子·道应》）

著称。还有人如爰俞，直接“采公孙龙之辞，以谈微理”（《三国志·魏志·邓艾传》注引荀绰《冀州记》)。因而有这样一种见解：魏晋南北朝的“清谈与玄学即烦琐的三玄与名辩之综合复古”；“名辩更为其中心思想的指示器”、“此时代的思想灵魂”①。实则不然。正如伍非百所说：“晋人虽好《公孙龙子》书，然多采摭词华，掉弄玄虚，无能为深切研究者。”②当时人所谈，实属与九品中正用人制度直接有关的品评人物才性的所谓“才性同异”（《三国志·魏志·钟会传》）问题，仍未超出社会政治伦理的范围。对于公孙龙据以成名的《白马论》，阮裕已经在叹息“非但能言人不可得，正索解人亦不得”（《世说新语·文学》）了。张湛注《列子》亦云：“此论见在多有辩之者。辩之者皆不弘通，故阙而不论也。”（《仲尼》）梁代曾典校秘书、以博学著称的刘峻注《世说》云：“《孔丛子》曰：赵人公孙龙，云白马非马。马者所以命形，白者所以命色；夫命色者非命形，故曰白马非马也。”（《文学》）此所引明为《公孙龙子·白马论》之文，却强加给《孔丛子》（今本《孔丛子》无此文），说明谈公孙龙者还只知《孔丛子》而不知龙书！即使是以研究名辩著称的鲁胜，在其所注《墨辩》《叙》中，亦仅涉及公孙龙的逻辑思想而未及他的哲学思想，同时也已经在叹惜“名家”“篇籍”之因“后学莫复传习”而“亡绝”了。

自此以后，学者们涉及公孙龙时，更是错误百出，如：

> “公孙龙……以白马为非白马。”（《孔丛子·公孙龙》，刘昺注《人物志·材理》亦云；应该是：以

① 侯外庐等：《中国思想通史》，第3卷，人民出版社1957年版第26、50页。
② 伍非百：《中国古名家言》，第604页。

白马为非马)

“公孙龙有淬剑之法，谓之‘坚白’。”(司马彪《庄子·齐物论》注；“坚白”之辩竟成了“淬剑之法”!)

“或曰：设矛伐之说为‘坚’。”(同上；亦与“坚白”之“坚”无关)

“白马非马，形名离也。”(《列子·仲尼》；应该是形色离)

“孔穿，孔子之孙。《世纪》云：‘为龙弟子。’”(《列子·仲尼》张湛注；成玄英《庄子·齐物论·天地》疏亦认孔穿为龙“弟子”)

“汝南西平县有龙渊水可用淬刀剑，特坚利，故有坚白之论，云：‘黄，所以为坚也；白，所以为利也’。”(裴骃《史记·孟子荀卿列传》《集解》引晋《太康地记》)

“昔公孙龙著《坚白论》，罪三王，非五帝，至今读之，人犹切齿。”(唐释法琳《破邪论》卷上：《上秦王启》；今本《公孙龙子》并无“罪三王，非五帝”思想，反而可在《名实论》里读到接连地赞美：“至矣哉，古之明王。”)

“公孙龙……合异为同，离同为异。”(《庄子·秋水》疏；“合异为同”与公孙龙无关)

“公孙龙谓平原君曰：‘臣居鲁，则闻下风，高先生之智，悦先生之行。’”(《文选》卷三十九李注；此实为孔穿谓公孙龙语)

“《白马论》曰：言白所以命色也，马所以命形也。”(杨倞《荀子·正名》注；此文非出《白马论》，而出《迹府》)

从唐末至明，公孙龙之学，几乎无人研究。偶一涉及者，亦只是几句溢恶之辞，如所谓“浅陋迂僻”（陈振孙：《直斋书录解题》卷十）、“肆无稽之辩”、“大率类儿童戏语”（黄震：《黄氏日钞·读诸子》）① 等等。甚至有人因其书“终不可解”而欲“亟火之”（宋濂：《诸子辨》），即主张立即烧掉。其完全不知它的哲学和逻辑，昭然可见。成于此时的今所谓谢希深注亦很不高明，不仅错误屡见，还整个儿地把它注成了一本政治学而极少涉及哲学和逻辑。一般学人了解公孙龙之肤浅、混乱，从当时大家杨慎和归有光可见一斑：

> “名当其实，正举也。实悖乎名，乱术也。天下之士，持厥叛名之实，据彼非实之名，反令抱实之士，亡名失实，而几无以应。”（《杨升庵先生评注先秦五子全书·迹府》；完全混淆了名实问题上的两条路线）
>
> “必无有坚，方得其白。必无有白，方得其坚。是坚白不相有而石独有也，故一。”（同上《坚白论》；正文“曰：二可乎?”亦误成了“曰：一可乎?”）
>
> “姓公孙名龙字子石，孔子门人列于七十二贤内，封松江侯。楚平原君之客。”
>
> ——归有光：《诸子汇函·公孙龙子》

① 还有这样地述说公孙龙的：“公孙龙见赵文王，将以夸事眩之，因为王陈大鹏九万里钓连鳌之说。文王曰：‘南海之鳌，吾所未见也；独以吾赵地所有之事报子。寡人之镇阳，有二小儿，曰东里，曰左伯，共戏于渤海之上。须臾，有所谓鹏者，群翔于水上。东里遽入海以捕之，一攫而得。渤海之深，才及东里之胫。顾何以贮也，于是挽左伯之巾以囊焉。左伯怒，相与斗之，久不已。东里之母，乃拽东里回。左伯举太行山掷之，误中东里之母，一目眯焉。母以爪剔出，向西北弹之，故太行中断，而所弹之石今为恒山也。子亦见之乎？’公孙龙逡巡丧气，揖而退。弟子曰：‘嘻！先生持大说以夸眩人，宜其困也。’”（苏轼：《艾子杂说》）

明末以降，终清一代，直至解放以前，注家日渐增多。但是，在运用马克思主义的理论和方法来进行研究以前，研究者用的都只是清代汉学家的方法。所以，校勘训诂方面虽已多所成就，在义理阐发方面却少有可观。义理阐发的不足，反过来又影响了文字的训释。就如《指物论》的“指”这个字，其解释五花八门，使人无所适从而仍然不能得其真解。

最先对公孙龙哲学有所认识的，要数冯友兰先生。他在所著《中国哲学史》中，第一个释公孙龙哲学的最高概念——“指”为“共相”[①]；并以他当时作为一个唯心主义哲学家的识力，指出了它的完全的唯心主义的意义：“每类物所同有之性，我们可将其离开此类之实际底物而单独思之。在中国哲学史中，公孙龙最先注意此点。公孙龙所主张之‘离坚白’，即将坚或白离开坚白石而单独思之也。此单独为思之对象之坚或白，即坚或白之所以为坚或白者，即坚底物或白底物之所以然之理也。离坚白石之坚或白，公孙龙名之曰指。”[②] 更进一步，他认为这也就是在主张：“某种事物之所以为某种事物者，可以无某种事物而有”，“在逻辑上先于某种事物而有”[③]。而且，站在唯心主义的立场，对公孙龙作出了高度的评价：“晋人虽有‘不著实际’之倾向，而对于真际并未作有系统底肯定。所以晋人虽善谈名理，而未能有伟大底哲学系

① 冯友兰：《中国哲学史》，商务印书馆 1934 年版上册第 257 页；在此略前，有胡适的《中国哲学史大纲》释“指”为“物体的种种表德”、陈中凡的《诸子通谊》释“指”为“意”。

② 冯友兰：《新理学》，商务印书馆 1939 年版第 42—43 页。

③ 冯友兰：《新原道》，商务印书馆 1945 年版第 115 页。

统。在中国哲学史中，对于所谓真际或纯真际，有充分底知识者，在先秦推公孙龙，在以后推程朱。”① “宋明理学，没有直接受过名家的洗礼，所以他们所讲底，不免著于迹象。”“新理学……说理有同于名家所谓‘指’。”②

运用马克思主义的理论和方法来研究《公孙龙子》（既用以判定公孙龙体系的性质，也用以指导文字的考订）的杰出代表，当首推杜国庠同志。他在 1943 年发表的长篇论文《论〈公孙龙子〉》，则标志着时代赋予的任务——站在马克思主义哲学的立场和高度，对公孙龙哲学进行解剖和评价，从中吸取理论思维的经验和教训的初步完成。

全国解放以后，本来完全可以沿着前辈马克思主义者开辟的道路继续大步前进，但是由于种种（主要是政治方面的）原因，有关研究反而显出了停滞的趋势。在前面的二十五年内，竟没有出版过一本新著，论文亦极少。

七十年代中期，一度倒是显得热闹非凡。可惜，这根本就不是什么学术的研究，而不过是一场以糟蹋学术为代价而竞相卖身的闹剧而已。

一直到拨乱反正的三中全会以后，随着国家各项工作的走上正轨，公孙龙的研究也开始复苏并有了蓬勃发展之势。在短短十年时间里，出版专著七种，发表论文众多，其篇幅几与民国三四十年间的总量相等。

《公孙龙子》书，素称难读。晋人鲁胜已经在说“率颇难知”（《晋书·隐逸传》）。明人宋濂也说：“‘白马非马’之喻，‘坚白

① 冯友兰：《新理学》，第 17—18 页。
② 冯友兰：《新原道》，第 112、113 页。

同异’之言,终不可解。后屡阅之，见其如捕龙蛇，奋迅腾骞，益不可措手。”(《诸子辨》）至于近人，更多叹为“文义奥衍，不可猝晓”[①]、“几令人莫明其所谓”了[②]!

诚然，《公孙龙子》这部书，由于内容抽象深邃而已经显得曲折生涩，加上长期成为绝学而文字脱漏、复衍、讹错、颠倒情况之特甚，许多问题后人聚讼纷纭而难有定论，甚至全书亦几乎不能通读。因此，公孙龙哲学体系的性质也显得十分模糊以至无从理解。但是，事实上此书并非真是“终不可解”的。只要充分吸取前人校勘训诂的成就，沿着杜国庠等前辈学者开辟的道路，继续运用马克思主义的理论和方法进行深入的研究，既用以把握公孙龙的思想及其体系，亦用以指导文字的考订，这个体系还是完全可以解开的。

① 王启湘:《周秦名家三子校诠》，第 89 页。

② 顾实:《汉书艺文志讲疏》，上海古籍出版社 1987 年版第 141 页。

第三章　多元的、客观唯心主义的宇宙观（上）

公孙龙的宇宙观，是多元的客观唯心主义。这个结论，是杜国庠早在半个世纪以前得到的。他做了精辟的分析："公孙龙的哲学是一种多元的客观唯心主义"，"他所称为'指'[①] 的东西，其实只是事物的共相：由他在思辨上认为它是实在的，所以是观念论的；由他认为它也离开精神而存在，所以是客观观念论的；又由他认为它们各各互离而自藏，所以又是多元的。"[②] 这个结论，总的说来是完全正确的，虽然对一些具体问题的解释还不尽恰当。

《公孙龙子》书中谈宇宙观比较集中的是《坚白论》、《指物论》和《名实论》。《坚白论》则是公孙龙哲学"思想的基础"[③]，或者说，是出发点。

---

① 杨注：即《坚白论》里的坚、白等事物的属性或作为它们在人的思维中的反映的一般概念。

②③ 《杜国庠文集》，第 125、540、88 页。

一、“离坚白”① 的哲学路线

公孙龙素以“离坚白”（《庄子·秋水》、《淮南子·齐俗》）、“善为坚白之辩”（《史记·平原君列传》）见称。这些，就是《坚白论》的具体内容。

《坚白论》是用客、主之间一问一答的形式写成的。开篇，即设为二问二答曰：“‘坚白石’三，可乎?”“不可。”“二可乎?”“可。”意思是：一块又坚又白的石头，不能说包含着三个因素而只能说包含着两个因素。为什么？因为“无坚得白，其举也二。无白得坚，其举也二。”（有的时候，没有坚而得到白，所②举出来的是两个。有的时候，没有白而得到坚，所举出来的也是两个。）详细一些说，则是：“视不得其所坚，而得其所白者，无坚也。拊不得其所白，而得其所坚〔者〕，(得其坚也)③ 无白也。”（看不到坚的石头，而只能看到白的石头，就是没有坚。摸不到白的石头，而只能摸到坚的石头，就是没有白。）总之，不论是看还是摸，不是“无坚”就是“无白”。这是《坚白论》的第一层意思。

这些，还不就是公孙龙“坚白之辩”的实质所在，它的作用只在引出下文。公孙龙并不认为坚和白在看不见、摸不着时就是“无”。“视不得其所坚”而称“无坚”，“拊”则“得其所坚”而为有坚；同样，“拊不得其所白”而称“无白”，“视”则“得其所白”而为有白。即使后文的“天下未有若坚”（世界上没有

① 严格地说：应是“坚、白、石”“相与离”；说详下文。

② “其”，通“所”，说见裴学海《古书虚字集释》，第 407 页。

③ 据（元）陶宗仪《说郛》、（明）杨慎《杨升庵先生评注先秦五子全书》等校改。

这种坚)，也只是因为"坚藏"、藏起来了的意思。杜国庠就曾正确指出，公孙龙的"'无'并非'真无'。"[①]

接着，公孙龙针对客"坚白域于石，恶乎离"(坚和白都在石头里面，哪里是分离的)之间，反复论证说：

> "石一也，坚白二也。而在于石，故有知焉，有不知焉；有见焉，〔有不见焉〕[②]。故知与不知相与离，见与不见相与藏。藏故，孰谓之不离?"(石头是一个，坚和白是两个。从石头上面去看，坚和白本来就有知道的，有不知道的，有看见的，有看不见的等等不同情况。所以，知道的与不知道的是相互分离的，看见的和看不见的是相互隐藏的。因为隐藏的缘故，谁能说它们不相分离?)
>
> "得其白，得其坚，见与不见〔离〕。(与不见离)[③]一(一)〔二〕[④]不相盈，故离。离也者，藏也。"(有时候看到那个白，有时候摸到那个坚，显现出来的与没有显现出来的就是分离的。石头和坚白不能互相包含，所以是分离的。所谓分离，就是藏。)

甚至还进了一步，说：

> "物白焉，不定其所白。物坚焉，不定其所坚。

① 《杜国庠文集》，第97页。
② 据《说郛》、《杨升庵先生评注先秦五子全书》等校改。
③ 据《说郛》、《杨升庵先生评注先秦五子全书》、《合刻五家言》等校改。
④ 据（清）孙诒让《札迻》说校改。

不定者兼，恶乎（甚）〔其〕[1] 石也?”（物体有白的，白却并不是固定在某一个物体上的[2]。物体有坚的，坚也并不是固定在某一个物体上的[3]。不固定在某一个物体上，就是可以遍及各种物体的了。哪儿一定是在那块石头上的呢?）

这是《坚白论》的第二层意思。

这些，反复讲明坚和白因有“知与不知”、“见与不见”的情况而“相与离”、“相与藏”、“不相盈”，也还没有接触到共相独立存在的问题。虽然认坚白互离亦是公孙龙哲学体系的特色之一——多元性，但这是从属于下文共相独立存在的更为根本的思想的。万物皆有坚、皆有白，因而坚和白不仅仅在石的思想，进一步涉及了坚、白与石之间的关系，但仍然没有明确提出共相独立存在的问题。所谓“不定其所白”、“不定其所坚”、“不定者兼，恶乎（甚）〔其〕石”，只是说坚和白不仅仅定在石上，还不是否定石上有坚有白，而且根本上也还没有否定“物白”、“物坚”即物上有白有坚，所以最多也只是透露了一点要把白、坚与石、物分离的消息。

最后，公孙龙又借所设之客问：“不相离者，固乎然。〔物〕[4] 其无已!”[5]（坚、白、石不互相分离，是一定如此

① 据《杨升庵先生评注先秦五子全书》等校改。

② 严格地说，应是：并不是固定在它使之具有白色的那个物体上的。

③ 严格地说，应是：并不是固定在它使之具有坚性的那个物体上的。

④ “物”，据旧注注文校增。注云：“坚白（据《子汇》、《诸子奇赏》本“白”下有“石”字）不相离也。坚白与石犹不相离，则万物之与坚（据文义，“坚”下当有“白”字）固然不相离，其无已矣。”则其所据之本，显然是作“物其无已”的。

⑤ 今本此问与下答之间错入应在上文之一答一问，应据文意移前；说详《〈公孙龙子〉蠡测》之《论〈坚白论〉》。

的。从石头推论到万物，差不多也都是这样而没有止境的。）从石头推广到万物，得出了结论：

“坚未与石为坚而物兼，未与〔物〕[①] 为坚而坚必坚，其不坚石物而坚。天下未有若坚，而坚藏。白固不能自白，恶能白石、物乎？若白者必白，则不白物而白焉。黄、黑与之然。石其无有，恶取坚白石乎？……[②]且犹白以目、以火见，而火不见，则火与目不见而神见，神不见而见离。坚以手而手以捶，是捶与手知而不知，而神与不知。神乎？是之谓离焉。离也者天下，故独而正。”

意思是：

“坚不一定与石头在一起才成为坚而是与各种物体在一起都可以，又不一定与物体在一起才成为坚而是坚的本身一定就是坚，那么也就[③]不必使石头与其他物体具有坚性而就是坚的了。世界上没有这种坚，而坚也就藏起来了。白如果本来不能自己成其为白，怎么能够使石头、使其他物体具有白色呢？如果白的本身一定就是白的，那么也就不必使

① 据旧注注文及《杨升庵先生五色批点公孙龙子》本等校增。

② 中间有“故离也。离也者，因是。力与知，果不若，因是”三句，次句应据文意移正于上文，余则为衍文；说详《〈公孙龙子〉蠡测》之《论〈坚白论〉》。

③ “其”，训“则”，说见裴学海《古书虚字集释》第402页。此“其不坚石物而坚”与下文“则不白物而白焉”文例相同，“其”与“则”为互文。

物体具有白色而就是白的了。黄色、黑色与白色是一样的。石头也与坚、白一样，不一定与白在一起才成为石头而是与各种颜色在一起都可以，又不一定与颜色在一起才成为石头而是石头本身一定就是石头，那么也就不必使颜色与石头发生关系而就是石头了。世界上差不多也没有这种石头，而石头也就藏起来了。这样，还到哪里去找又坚又白的石头呢？再说，假若白的颜色凭借眼睛和光线来看见，而光线单独不能看见，那末光线与眼睛单独都不能看见了；或者精神可以看见吧，精神单独也不能看见。这样，就表现出白与眼睛、与光线、与精神是相分离的了。坚的性质是用手而手又是用捶来知道的，这就是捶与手又知又不知，精神也是又知又不知。精神啊！这种情况[①]就叫做分离。各自分离，是天下万物共同的性质，所以独立自存才是正常的状态。”

这个“坚未与石……未与〔物〕为坚……而坚藏。……白……不白物而白焉[②]。……目……神不见……手知而不知，而神与不知。……是之谓离焉。”才是《坚白论》全篇的主体或结论。说的是：坚、白等等事物的属性（同时也就是这些属性在人的思维中的反映的一般概念）是既与石、与物相离、相藏，又与人的感觉和思维相离、相藏（说仅凭人的目、手等感觉

① 即坚、白等等既离物，又离目、手、神的情况。

② 《白马论》也说：“白者不定所白”；“白”可以“未与马为白”，“马”也可以“未与白为马”。

器官和“神”这个思维器官不能知见，即是并不包含在人的感觉和思维之中的意思）的独立存在的客体。

坚、白等等，原来是事物的属性，不是独立的存在，而只能存在于各别的具体事物之中。作为一般的概念，虽然可以单独地为人的抽象思维所把握，但仍然只是客观事物的属性在人的思维中的反映，仍然不是独立的存在。列宁说：“一般只能在个别中存在，只能通过个别而存在。”① 割裂一般与个别的关系，把一般与个别对立起来，使它绝对化，使它成为高于个别、脱离个别、先于个别的独立存在，只能是唯心主义的狂想；“原始的唯心主义认为：一般（概念、观念）是单个的存在物。”② 公孙龙把坚、白等等事物的属性，从具体事物中割裂出来，当作脱离具体事物而独立自存的；这样的思想，决不是唯物主义，而只能是唯心主义。

二、几种有关流行观点的考察

（一）关于全篇重点

说《坚白论》的第一层意思——“坚白石”不是“无坚”就是“无白”因而不能是“三”只能是“二”不是全篇的主体、结论或重点，学术界自来并无不同意见。

问题是在其反复强调的第二层意思——坚和白“相与离”、“相与藏”、“不相盈”，历来被认为是全篇的主体。杜国庠甚至认为《坚白论》全文就是“分四层”意思即“视觉和触

---

①② 《列宁全集》，第 38 卷第 409、420—421 页。

觉的不同”、“坚白和石也复相离”、“不但离‘石’，也且离‘物’”、“神不见”“不知”来“论证坚和白的相离”[①] 的。这完全是一种误解。

造成误解的原因，就有明确论证的杜国庠来看，在于对“自藏”两个字的解释。他说：“论主……提出‘自藏’之义去和客的藏于石之藏义对立。”“他所说的藏，是共相（概念）的自藏。”“是它自己躲藏起来，藏在自己里面，不是什么把它收藏的。……不但彼此相离，也离开石头，而且也离开人的精神，独立而存在的。”[②] 这就是说，他把“自藏”解释成自己藏在自己里面，包括了坚和白相与藏，也包括了它们与石、与物、与目、与手、与神的相与藏。这样，“自藏”就成了其哲学体系的所有特征，即多元、唯心、客观的概括，于是也自然成了全篇的中心。

其实，这个“自藏”，在公孙龙并不作这样的解释，也并不包含这么多的涵义。

原文是：

> “曰：天下无白，不可以视石。天下无坚，不可以谓石。坚、白、石不相外，藏三可乎？
>
> 曰：有自藏也，非藏而藏也。”

此问语的前面几句的意思是：“世界上没有白，就不能看到石头。世界上没有坚，石头也就不能叫做石头了。坚、白、石是不相互分离的，……”历来少有歧义。至于问语的末句

① 《杜国庠文集》，第89、90、92、93页。

② 《杜国庠文集》，第90、493、68—69页。

及答语，历来就有两种解法，一种是："说那第三者（指坚或白）藏在石头里面，总可以吧！""它是自己藏于自己之中，不是另外有个地方（如石）而藏在里面的。"① 第二种："你把那第三者（指坚或白）藏起来，总不可以吧？""它自己原来就藏起来的，不是谁去把它藏起来的。"②

从文字形式看，答语的"自藏"绝对不是"自己藏于自己之中"的意思。"自"字，在古代表示对己身的称代，但在句中却只能作状语，不能作主语，也不能作宾语。可以作主语和宾语的己身称代词是"己"字。这种用法，几无例外。这里的"自"字，就是状语，它的作用是修饰动词谓语"藏"字，说明怎么样藏匿的，是自己原来就藏起来的。若要表示"藏于自己之中"的意思，就要用介词"于"字和代词"己"字组成介宾短语，来作"藏"字的补语，句子就应该写成"有藏于己也"了。再说"非藏而藏也"。"藏"字，固然可以作为藏物之所解，用作名词。但是，如果是"不是另外有个地方而藏在里面"的意思，即第二个"藏"字作补语，说明动词"藏"的结果，就要用介词"于"字来连接，句子就应写成"非藏于藏也"了。现在的"非藏而藏"，第二个"藏"字是动词，而第一个"藏"字，实际上是一个省略的动宾结构"藏之"，作状语用，说明藏的方式。所以，从答语看，包括问语，只有第二种解法才是正确的。

再从思想内容看，按照第一种解法，好像主客双方都有"藏"的主张；只是客主张坚、白藏于石，而主则主张藏于己。这同样是一种误解。客方根本就没有"藏"的主张。客的主张

① 此说为陈澧、谭戒甫、杜国庠所主。
② 此说为俞樾、王琯、陈柱所主。

是“盈”，是“不相离”。只有论主才主张“藏”。因为藏也就是离（“离也者，藏也”），所以也就是不盈；而“盈”和“不相离”，也就是不藏了。辩论双方的对立，很明显地是藏和不藏、离（不盈）和盈（不离）的对立，而不是对于藏的概念的不同理解的对立。藏的概念的含义是确定的，在辩论中毫无歧义，不存在什么叫“藏”的问题。正是因为这样，论主除了一次说“自藏”，下面连续三次都只简单说个“藏”字。通篇辩论的不是什么叫藏的问题，而是有没有藏的问题。论主认为有藏，是自己原来就藏的；论客则认为没有藏，认为所谓藏只是论主的虚构，是无根据的强词夺理。这才是这一问一答的确定的涵义。

公孙龙是认为坚、白不仅互相分离，而且也离开石头、离开万物、离开人的感觉、精神而独立存在的；就是说，它们都是“相与藏”的。公孙龙本人都分别为之作过论证。那末，如果问：藏在哪里？既不能互藏，又不能藏于石、物、神，当然只能藏在自己里面了。这是题中应有之义。但是，在公孙龙本人，从现存文字看，还没有用“自藏”这个概念来概括所有这几种不同情况的离、藏；“自藏”仅仅是用来答复论客“把那第三者藏起来，总不可以吧”之问的。关于这几种相与离、相与藏，他是一层一层分别论证的；至于藏在哪里这样的问题，公孙龙不仅没有探讨过，甚至也没有提出过。

（二）是唯物主义吗？

《坚白论》主张坚、白离于石、物的观点，是明明白白的。如果说有问题，就是在一次论主的答语中有这样一段话：

“（于）[1] 石一也，坚白二也。而在于石，故有知焉，有不知焉；有见焉，〔有不见焉〕。”它使有的同志认为：“公孙龙并没有否认‘坚’‘白’是万（疑当作“石”或“万物”）的属性”，不“能证明他把‘坚’‘白’这些抽象概念当作了独立存在的东西”，而倒是“毫不含糊地肯定了物的客观真实性，普遍存在性，物的第一性和观念的第二性的唯物主义原理。”[2] 从而公孙龙就成了唯物主义者。

对于这一段话，历来的注解倒是并无不同：“公孙龙则以坚白在石”，“并坚与白，涵之石中”[3]。这样的解释，与《坚白论》全篇、公孙龙思想全体的矛盾，是显而易见的。但是，连确认公孙龙为“观念论”的郭沫若，也这样转述公孙龙的思想：“认识了坚的时候，白是离开了；认识了白的时候，坚是离开了。离开了也并不是说离开了石头，而是藏在了石头里面。”[4] 可能也是受了这一段话的影响。杜国庠的认识是进了一步，他看到了这种解释与公孙龙整个思想的矛盾。但是，他仍然没有怀疑这种解释，而只是把原文作为论主引用的客论[5]，来解决这个矛盾。

这种引文论亦并不可通。第一，论主为什么要在此处引用论客的文句？事实是全无必要。《坚白论》全文原来就是对话体裁，是客、主之间的一问一答，文章又是公孙龙本人写的。因此，要用客论，完全可以写入客问项下；所有客问，

① 据谭戒甫《公孙龙子形名发微》说校删。

② 冷冉：《公孙龙的〈白马论〉和〈指物论〉》，《光明日报》1963 年 11 月 8 日。

③ 王琯：《公孙龙子悬解》。

④ 郭沫若：《名辩思潮的批判》，《十批判书》第 276 页。

⑤ 参见《杜国庠文集》第 91—92 页。

本来也都可以看成是公孙龙引用的客论。而且，坚白在于石的思想和文字，在篇内客论中已屡见，不必在答难时再加引用。再者，今本《公孙龙子》全书六篇，除《迹府》因内容为叙事而有引文外，其余五论，基本上就没有引文。如果一定要说有，也只是片断的词语而没有完整的文句。《指物论》中有一处算是全书最长的引文："'天下无指，而物不可谓无指'者，非有非指也。"引的也不是客论原来完整的句子。原句为："天下无指，而物不可谓无指也。"第二，"故有知焉，有不知焉；有见焉，〔有不见焉〕"，完全不是客论，而是主论。作为主论，全篇数见，而从客的文字中是引不出来的。第三，如果一定要说是引文，那末，在引了论敌语意完整（当然与己相反）的文句以后，不作任何解析和论证，就轻飘飘地用一个"故"字，变出了一个完全与之相反的结论，也不合情理。

因此，这一段完全不是论主所引的客论，而是道道地地的主论。问题是在于"而在于石"四字的归属。如果把这四个字连上读，就必然要得到那种错误的解释。从文意看，这四个字是应该连下读的，它与下文连成一气。全文的意思是说：石头是一，坚白是二；从石头上去看，就会看到坚、白分离的情况。它并不涉及坚、白和石头的关系，而只是罗列所讨论的是三个对象的意思。同样，它也并不表示坚、白在石，而只是从石头去看坚、白有无这个问题的意思。

（三）是主观唯心主义吗？

公孙龙的哲学是唯心主义。他的精神性的本体坚、白等等，又是"目……神不见而见离"，"手知而不知，而神与不知"

的东西；就是说，仅凭人的目、手等感觉器官和神这个思维器官是不能知、见的，它们并不包含在人的感觉和思维之中，而是与人的感觉和思维相离相藏的客观的、独立的存在。所以，它不是主观唯心主义，而是客观唯心主义。

这个问题上分歧意见的考察，还得从杨荣国说起。在早年，他认为，公孙龙“企图说明所谓物质的世界，只不过是独立存在的客观精神的体现”，因而是“客观唯心论”①。这当然不过是重复了杜国庠在他之前早已得出的正确结论。但是，他所作的论证则是错误的。堪称幸运的，是他的论证中连续包含着两个相互抵消的错误，所以看起来倒好像是没有错误了。

首先，看他的第一个错误：“所谓‘离’……藏匿的，如‘坚’、如‘白’或其他形色，它们都只是‘神’”；“是所谓‘精神的东西’。”②这是割取《坚白论》的一句话：“神乎！是之谓离焉。”来论定公孙龙哲学思想的属性，是断章取义。谭戒甫早已正确地指出：“此句总束上二小段言之。”③ 因此，“是之谓离焉”并不是说明“神乎”的“神”的。从语法上说，这个“是”字指代的不是“神”，而是整个上文那一段文字，即坚白等等既离物，又离目、手、神的情况。意思是说，这种情况就叫做离。“神乎”是一个插入语，是对神不知、不见的感叹。在公孙龙看来，坚白等等不惟不是神，反而倒是离开神的独立存在。

其次，把公孙龙的“神”当作客观精神，是杨荣国的第二个错误。公孙龙的‘神’，不是客观精神，而倒是主观精神。

---

①② 杨荣国：《中国古代思想史》，人民出版社 1973 年版，第 288、278、286 页。

③ 谭戒甫：《公孙龙子形名发微》，第 56 页。

旧注云："神谓精神也。""神者生生之主，而心之精爽也。"是完全正确的。"神"字，在古代可作鬼神讲，可作神奇讲，也可作精神讲。但是，它指的精神只是人的精神。如《荀子 · 天论》的"形具而神生"，《庄子 · 养生主》的"以神遇而不以目视，官知止而神欲行"，认为形体具备才能产生精神，以神与目（官知）对照，明显地都是指的人的精神。至于客观精神，在中国古代哲学中，倒没有称作"神"的。在几个主要的客观唯心主义流派，道家称为"道"、称为"一"、称为"无"，玄学称为"无"，理学则称为"理"。

由杨荣国的第一个错误，把坚、白等等说成是神，公孙龙的哲学就该是主观唯心主义。但是，由于还有第二个错误，把"神"硬是解作客观精神，错误得到了抵消。之后，他的第二个错误几乎无人理睬，因而也没有造成什么影响。至于第一个错误，则一直发生着影响。而且，因为没有第二个错误来抵消，也就产生了公孙龙是主观唯心主义者的错误结论。艾可、鲁非就是引了当年杨荣国引过的一段话，释为"精神啊！就是我们所称的'离'"，从而论定："世界的本原……公孙龙则把它归结于主观的精神。……公孙龙陷入了主观唯心主义。""公孙龙的'离坚白'……和贝克莱的'存在就是被感知'的主观唯心主义谬论简直毫无二致。"①

这里又讲到了贝克莱。当然，公孙龙与贝克莱，他们的哲学在本质上是相同的，即同样是否认物质之为客观存在的唯心主义。而且，他们也都把具体的事物分解成种种因素。但是，他们对各自分解而得的因素性质的确认则完全不同。

① 艾可、鲁非：《驳唐晓文〈名家是法家的同盟军〉的反动谬论》，《光明日报》1978年1月31日。

在贝克莱，分解桌子而得的方（圆）、红（黄）、硬等等，分解苹果而得的圆、绿、香、甜等等，都是感觉。他把事物归结为感觉，认为事物就是“感觉的组合”。因此，“存在就是被感知”；感觉到就是有，感觉不到就是无。桌子之所以存在，是因为我看到它、摸到它；苹果之所以存在，是因为我嗅到它的香味，尝到它的甜味。世界上的一切都仅仅存在于我的感觉之中，世界上存在的只是我一个人与我的感觉而已。在公孙龙，分解坚白石而得的坚、白、石，分解白马而得的白色和马形，就并不是感觉，而倒是离开感觉而独立存在的客观精神。因此，感觉不到也并不就是无，而只是离了、藏了而已；世界上还有存在于我的身外、我的感觉之外的东西。

说到这里，还要说一说“石其无有，恶取坚白石乎?”杜国庠曾释为：“根本说来，石也没有，物也没有，以破坚白域于石的说法”①。这样，似乎模糊了他关于公孙龙的“‘无’并非‘真无’”的正确解释，公孙龙亦多少又带上了贝克莱主义的色彩。

其实，公孙龙并不是以没有石的存在来论证坚、白的离、藏的；他用的是不问实际存在的石头的思辨的方法。所谓“未与石”、“未与〔物〕”，不是没有石、没有物，只是有石、有物而“未与”即没有与之发生关系的意思。

《坚白论》的主题是坚、白、石各自的离藏，最后一答中的“坚”、“白”、“石”下面的文字就是各别的说明；不过句式有变化、文字有详略罢了。其中，以论“坚”的一段最为详密。论“白”的一段已经有所省略，但还容易看出是与论“坚”一

① 《杜国庠文集》，第 92 页。

样的意思。至于论“石”的一段，则因为更加简略，就不易看出它的意思了。其实，它还是在论证石的离藏。如果把它按照论“坚”一段的句式写下来，就是：“石未与白为石而色兼，未与色为石而石必石，其不石白、色而石。天下未有若石，而石藏。”如果按照论“白”的句式来写，又就是：“石固不能自石，恶能石白、色乎？若石者必石，则不石色而石焉。”因此，这个“无”仍然不是真无。“恶取坚白石乎？”只是没有又坚又白的石头的意思，至于各别存在的坚、白、石，却并未被否定。

总之，贝克莱认为客观世界只是个人的主观意识、感觉的产物，所以是主观唯心主义；公孙龙则认为世界的本原虽然也是精神性的东西，却不是某一个人的意识而是离开人的主观意识的独立存在，所以是客观唯心主义。

（四）是不可知主义吗？

也有人说公孙龙的哲学是不可知主义。如认为公孙龙主张“独立自藏的‘坚’、‘白’不能被感觉所感知，只有当它们再现——显现为坚物、白物——才能为感官所感知。”①或者认为公孙龙主张“神不见则‘见’也离了”②，主张“人的认识作用的各部分也是彼此分离的。”③

但是，细读《坚白论》全文，好像又找不到这些意思。

首先，公孙龙并没有为“独立自藏的‘坚’、‘白’不能被感

① 杨永志：《公孙龙哲学批判》，《哲学研究》1963 年第 2 期。

② 《杜国庠文集》，第 94 页。

③ 冯友兰：《中国哲学史新编》，第 1 版第 330 页。

官所感知”作过论证。虽然他也没有讲过可以由感官感知，但无疑地他是认其为可知的。他明明白白地说坚和白是互离、互藏，并且也是与石体、与一切物以至人的手、目、心神相与离、相与藏的。这一些，不就是他所认知的“坚”和“白”的性质即知识吗？其实，关于精神本体不依赖于主观而存在的思想，就是与不可知主义相对立的。像康德这样承认某种客体存在的不可知主义者的不可知主义是不彻底的、自相矛盾的。既然已经知道了客体是离开主体的独立存在，又怎么能说它是不可知的呢？既然它是不可知的，又怎么知道它是独立的存在呢？彻底的不可知主义在否认客体可以认识的同时，也拒绝回答它存在与否的问题。所以，承认客体的独立存在，已经在原则上与不可知主义划清了界限。何况除了认坚、白等等是客观存在以外，公孙龙还认定其有互离、离石、离物等等一系列特性呢？

重要的是，公孙龙并不认为有关的知识是来自感官的。他的论证完全是取的思辨的方法，完全是形式地从坚白互离互藏的离字、藏字出发而思辨地推出来的。公孙龙思想的理性主义色彩是极其浓厚的。

其次，说到“神不见而见离”。

先说“神不见”，还有“目不见”、“手知而不知”、“神与不知”。所有这些“不见”、“不知”，并不是真的不见、不知。它只是说：单凭某一感官或思维器官，即单凭主观认识能力还不足以取得认识；认识的取得，除了主观认识能力，还须一定客观条件如光等的存在。也即是说，需要感官、思维及其他一定客观条件的配合，才能取得知、见。因此，它说的完全不是“人的认识作用的各部分”“互相分离”的意思，而只是指出了它们各自的局限性与有条件性。而且，有一点是十分明确的：尽管各别说来都有自己的局限，但是统一起来是完全可以取得知、见的。“白以目、以火（当然也以神）见”，“捶与手（当然也以神）知”，不就是清楚明白地在说可见、可知吗？

这里，又发生了一个问题。杜国庠认为：“白以目、以火见”并不是公孙龙的话，“‘且犹白以目以火见，……而见离’这小段中，‘白以目，以火见，而火不见’句为引用盈派的文句，‘则火与目不见’以下，才是论主的话。假如不把它作为引句解释，则‘且犹’的‘犹’字便无着落”[①]。其实，这段文字上下文意连贯，不是引文，十分明显。下面只回答一个“犹”字问题：在这里是“假设连词”，意思是“假若”[②]。

再说“见离”。历来的解释亦多不确，如：“神所不及见，则见已与神离。”（辛从益：《公孙龙子注》）“神不见不知，即知见离。”[③] 据此，好像又有一个称为“见”的什么东西，或者就是“认识”吧，它也离开了。认识离开了，不就是不可认识了吗？

实际完全不是那么回事。这里的“而见离”，并不就是这样孤零零的半句话，而是紧接着上文“且犹白以目……”一起下来的，还是坚和白离开人的手、目和神即“表现出白与眼睛、与光线、与精神是相分离的了”的意思。这个“见”字，也就是“现”字，就是《荀子·天论》“所志于天者，已其见象之可

① 《杜国庠文集》，第94页。

② 参看王引之《经传释词》卷一、杨树达《词诠》（中华书局（北京）1954年版第510页）。

③ 谭戒甫：《公孙龙子形名发微》，第56页。

以期者矣”的“见”字；意思是被看见、显露、显示。上古时代，还没有“现”这个字，作上述意思讲的“现”字，都是写作“见”的。

总之，公孙龙的思想与不可知主义并不一样。“不可知论者路线的本质是什么呢？就是他不超出感觉，他停留在现象的此岸，不承认在感觉的界限之外有任何‘确实可靠’的东西。”“不可知论者说：我不知道是否有我们的感觉所反映、模写的客观实在；我宣布，要知道这点是不可能的”①。具体说来，在休谟，就是认为感觉是人的认识的唯一对象，人的认识不能越出自己感觉的范围，感觉以外是否有某种客体的存在是不可知的。这是一种否认认识世界的可能性的学说。在康德，虽然承认在感觉之外存在着客观世界，即“自在之物”；但他又怀疑人的认识能力，认为人的认识能力是有限的，而且始终会以自身主观自生的东西去“增加和改变”认识的对象，因而只能认识事物的现象而不能如实地反映其本质。这是一种否认彻底认识世界的可能性的学说。公孙龙则并不局限于感觉，他相信人的认识能力。

① 《列宁全集》，第14卷，人民出版社1957年版第104、126页。

第四章　多元的、客观唯心主义的宇宙观(下)

从《坚白论》的“坚、白、石”“相与离”出发，在《指物论》里，公孙龙提出了他的宇宙观的最高概念——“指”，以“指”与“物”的关系明晰地表述了“他的宇宙观的结论”①。于是，《指物论》也就成了“他的思想的中心”②。在《名实论》中，他又根据《坚白论》、《指物论》所确认的唯心主义心、物关系论，对当时普遍讨论的名实关系问题作出了相应的回答。

一、《指物论》的“物莫非指”

(一)《指物论》和“指”

《指物论》是公孙龙宇宙观的中心和结论。但是，囿于历

①② 《杜国庠文集》，第537页。

代文献的记载，论者在分析公孙龙哲学时，却往往在不同程度上忽视了这篇《指物论》，而把注意力放在历来受人重视的《白马》、《坚白》、《名实》三论上面。这种倾向，在很多哲学史专著以至《资料选辑》或《资料汇编》中，都有所表现。

关于《指物论》本身的学术研究，历来亦都很不充分。在普遍运用马克思主义理论来进行研究以前，用的多只是清代汉学家的方法。所以，虽在训诂校勘方面亦有所成就，而在义理的阐发上却少有可观。义理阐发的不足，反过来又影响了文字的训释。就如“指”这个字，其解释五花八门，有释为“是非”（旧注）的，释为“宗指”（辛从益：《公孙龙子注》）的，释为“以手指指物”（陈澧：《公孙龙子注》）的，释为“方向”[①] 的，释为“代名词”[②] 的，释为“指定”[③] 的，释为“指而谓之”[④] 的，释为“名”[⑤] 的。真是五光十色，使人眼花缭乱，却都少得要领。对于指物关系的解释，则是更加纷乱了。

一直到研究中普遍运用了马克思主义方法的解放以后，才比较一致地把“指”释为观念、概念或共相。

“指”是什么的问题，《指物论》倒是没有明白的交待，而只是透露了一点消息：“指者天下之所兼”（指是总括世界万物的）。据此，我们得以知道指的诞生地是《坚白论》。其中，虽然没有出现“指”这个字，但倒是正面阐明了“指”是什么的问题：“物白焉，不定其所白。物坚焉，不定其所坚。不定

---

① 吕思勉：《经子解题》，第140页。

② 金受申：《公孙龙子释》，第22页。

③ 王琯：《公孙龙子悬解》。

④ 伍非百：《中国古名家言》，第522页。

⑤ 陈柱：《公孙龙子集解》，第85页。

者兼，恶乎（甚）［其］石也?”“坚未与石为坚而物兼”。这里，坚、白等等，就正是具有所谓“物兼”、“不定者兼”性质的东西，即是指。可见，《指物论》里的指，原来也就是《坚白论》里的坚和白等等，即事物的属性。

从字义来看：“指，手指也。”（《说文》）“假借为恉；心部曰：恉，意也。”（段注）可见，“指”的本义是手指，假借为“恉”（也可以写作“旨”），有意义、宗旨、大意、意向、指归的意思。用例如：“言近而指远者，善言也。”（《孟子·尽心下》）这些，都是作名词用的义项。同时，“指”亦引申为以手指指物、指给人看、指点、示意等义，而有作动词的用法。至于《指物论》篇内的所有“指”字，在句中不是作判断句的主语和谓语（包括兼语式兼语的谓语：“谓之指”），就是作存在句述说词“有”“无”的宾语，因此只能作名词。意思是：宗旨、指归，或相当于今天所说的观念、概念。

（二）指物关系

《指物论》是专门论述“指”和“物”的关系的。全篇也是用的主客对辩的形式。其结构，先是论主宣布宗旨，以后是客、主之间两问两答。

开篇，论主即宣布了指、物关系思想的总纲，并对此作了最基本的解说：

“物莫非指，而指非〔非〕[1] 指。天下无指，物

[1] 据后文全篇结论处作“物莫非指，指非非指”并文意（说详下节）校增。

无可以谓物。〔谓物〕[①] 非指者，天下（而）［无］[②] 物可谓指乎？”（物没有不是指的，而指则不是非指。如果世界上没有了指，物也就不能成其为物了。你们说物不是指，难道世界上竟没有一物可以称为指吗？）

这三句话，第一句是总纲，第二、三句是解说或进一步的阐发。第二句是从正面说的：没有了指，物也就不存在（不能成其为物）了。第三句是从反面说的：世界上既然并非没有称为指的物，那就不能说物不是指。

接着，借论客之问：

“指也者，天下之所无也；物也者，天下之所有也。以天下之所有，为天下之所无，未可。天下无指，而物不可谓指也；不可谓指者，非指也；非指者，物莫非［非］[③] 指也。”（指，是世界上所没有的；物，是世界上所实有的。把世界上所实有的物，当作世界上所没有的指，是不可以的。世界上没有指，物就不可以称为指了；物不可以称为指，就是非指了；物是非指，物就没有不是非指的了。）

即从“天下无指”得出的与公孙龙完全相反的驳论，公孙龙又进一步从“非有非指”这方面作了论证：

---

① 据文意校增，原文可能因重文而被误删。
② 据俞樾《诸子平议》说校改。
③ 据伍非百《中国古名家言》说校增。

"'天下无指，而物不可谓指'者，非有非指也；非有非指者，物莫非指也；物莫非指者，而指非〔非〕[①] 指也。"（你说"世界上没有指，而物不可以称为指"，但世界上没有"非指"这种东西；既然没有"非指"这种东西，物就没有不是指的了；物没有不是指，而指也就不是非指了。）

最后，又根据所设客问：

"天下无指者，生于物之各有名，不为指也。不为指，而谓之指，是（兼）［无］[②] 不为指。以有不为指，之无不为指，未可。"（世界上没有指，是由于各有自己名字的物不是指。物本来不是指，而却认为它是指，这样就没有不是指的了。把有不是指的，说成没有不是指的，是不可以的。）

公孙龙作出了全面的结论：

"且指者天下之所兼。天下无指者物，不可谓无指也。不可谓无指者，非有非指也。非有非指者，物莫非指，指非非指也，指与物非［非］[③] 指也。……[④]无物非指。且夫指固自为（非）[⑤] 指，奚待于物，

① 王琯谓此句"上下文义不完，疑有讹夺。"根据这也是论主的观点，并下文几乎是与此重复的文句，校增"非"字。

② 据俞樾说校改。

③ 据陈柱说校增。

④ 此处有几句话，错乱特甚，且其意思亦已为前后文所表述，故从略。其详，可参看《〈公孙龙子〉蠡测》之《〈指物论〉辨析》。

⑤ 据此为论主的思想以及文字的对称校删。

> 而乃与为指。”（而且，指是总括世界万物的。世界上虽没有一般所认为的“物”那样的指，但不可以说没有指。不可以说没有指，是因为没有非指。没有非指，物就没有不是指，指也就不是非指，指和物也就都不是非指了。……没有一物不是指啊！而且，指本来自己就是指，哪里一定要依赖于物，才能跟它一起成为指的呢？）

意思是：世界上虽没有“物”那样的指，但不可以说没有指；实在是没有一物不是指，而且指是自己本来就是指，不依赖于物而就是指。

综上所述，《指物论》全文所表现的，正好是一个十分明确的唯心主义体系。从物的方面看，它认为“物莫非指”，“无物非指”；物都是由指构成的，或者说都是由各种不同的指组合而成的，天下万物都只是指，没有一物是非指。从指的方面看，它认为“指者天下之所兼”，“不可谓无指”，“指非非指”，一般地说是“非有非指”；指是总括世界万物的，不可以说没有指，指就是指，不再是什么别的东西的表现，天下也没有非指。从指物关系来说，它认为“无指，物无可以谓物”，“指固自为（非）指，奚待于物”；没有指就没有了物，指则本身就是指，是自然而然地原来就是指，是自为因原的，是不待于物的。或者，更简括地说：指是第一性的，物是第二性的；指是万物的本原，是具体事物赖以存在的精神实体。至此，已经从《坚白论》的“一般（概念、观念）是单个的存在物”①

① 《列宁全集》，第38卷第420—421页。

进了一步，把它弄“成为自然界的创造者”[1]，就是说，《坚白论》里脱离具体事物而独立自存的精神实体，又成了具体事物赖以存在的本体了。正如列宁所说的：“心理的东西，即意识、表象、感觉等等，被认为是直接的东西，而物理的东西是从其中引申出来的”，“这就是唯心主义”。[2]

（三）“物莫非指，而指非指。”

解放以来，对于公孙龙哲学的性质，比较一致地认为是唯心论。但是，有些论者虽然也认定公孙龙的哲学为唯心论，却又在具体行文中把它描绘成了二元论、唯物论或一种在根本上离开了两条斗争着的哲学路线的含混不清的思想；还有直截了当地认定其为二元论、唯物论的。原因则在对《指物论》全篇的总纲、开宗明义的第一句话“物莫非指，而指非指”的理解。

历史上对于这句话的解释，由于受到对“指”字解释的影响，虽然纷繁杂陈而多不得要领；有的解释甚至不可通晓。

在当代，主要有两种解法。一种认为：“物莫非指”与“而指非指”两句并列，上一句的意思是“物”由指而成，下一句是说“指”却不由指而成。这样，指就不是指了。那么，是什么？有人回答说：指的本身也就是物。另一种认为：下一句“而指”之“指”即是“物指”，也就是物；两句话的意思是，物莫不是许多独立存在的绝对理念的表现，而绝对理念的表现（物）并非就是绝对理念本身。

---

① 列宁引黑格尔语，《列宁全集》第 38 卷第 184 页。

② 《列宁全集》，第 14 卷第 239 页。

马克思主义告诉我们："思维对存在、精神对自然界的关系问题"，是"全部哲学的最高问题"。"哲学家依照他们如何回答这个问题而分成了两大阵营。凡是断定精神对自然界说来是本原的，从而归根到底以某种方式承认创世说的人……组成唯心主义阵营。凡是认为自然界是本原的，则属于唯物主义的各种学派。"① "稍微彻底一点的哲学，都会或者从思维中推论出世界的统一性……或者从存在于我们之外的、在认识论上早就叫作物质并且是自然科学的研究对象的客观实在中推论出世界的统一性。"② 这就是说：哲学上只有两条路线，不是断定精神为本原、从思维中推论出世界的统一性的唯心主义路线，就是认自然界为本原、从客观实在中推论出世界的统一性的唯物主义路线，此外再不可能有第三条路线了；思维对存在、精神对自然界的关系这个全部哲学的最高问题，只有这两种对立的回答，此外再没有第三种回答了。

据此以看上述第一种理解的公孙龙思想，说物就是指、指却不是指而还可能是一种别的什么东西；就既没有认自然界是本原、没有从客观实在中推论出世界的统一性，又没有断定精神是本原、没有从思维中推论出世界的统一性。就是说，既不是唯物主义，又不是唯心主义。它好像是超越了物质与意识的对立，其实是完全没有回答思维对存在、精神对自然界的关系这个全部哲学的最高问题。这样，它还能算是什么哲学？哲学史上是没有这样的哲学的。

如果说物就是指，而指也就是物，是不是二元论呢？也

① 恩格斯：《路德维希·费尔巴哈和德国古典哲学的终结》；《马克思恩格斯全集》第21卷，人民出版社1965年版第316页。

② 《列宁全集》，第14卷第176—177页。

不是的。“二元论者是把观念方面和物质方面作为两个对立的原则而认为它们有同等意义的。”① 二元论认为世界有两个本原或实体；这两个本原是对立的，性质不同，各自独立，互不相关，互不决定，不分先后，不分主次。所以，如果借用《指物论》式的语言来表述，应该是：“物莫非物，指莫非指”，或者是：“物非指，指非物”。与上述那种对《指物论》的解释正好完全相反。

看上述的第二种理解：物是指，而又不是指。这样的思想，同样既不是唯物论，也不是唯心论，又不是二元论；同样也算不上是什么哲学。而且，强以所谓“物指”（其实，在《指物论》里并没有“物指”这个概念②）即物释“指”字，还使公孙龙在这里违反了他自己在《名实论》里反复论述的形式逻辑的同一律。

其实，此句原文本有脱误。试看《指物论》下文云：“天下无指者物，不可谓无指也。不可谓无指者，非有非指也。非有非指者，物莫非指，指非非指也”。这里，正好是“物莫非指，指非非指”。而且，“非有非指”一句，把“非指”的存在已经完全否定了，还哪来的非指之“指”呢？所以，“物莫非指，而指非指”这句话，明显地是脱去了一个“非”字；应该是：“物莫非指，而指非［非］指。”

再从哲学上两条路线的对立和斗争来看，唯物主义必然认为物就是物，指只是物的产物和反映；唯心主义则必然认为物就是指，而指也就是指。所以，“物莫非指”是公孙龙的思想，而“指非指”则不是公孙龙的思想。

---

① 《斯大林全集》，第1卷，人民出版社1953年版第300页。

② 说详《〈公孙龙子〉蠡测》之《〈指物论〉辨析》。

持“指非指”论的同志，可能会从《庄子・齐物论》中找到：“以指喻指之非指，不若以非指喻指之非指也；以马喻马之非马，不若以非马喻马之非马也。”来证成自己的看法。不错，这段文字是庄子对公孙龙的批评。但是，《庄子》此文，亦有舛误，因此不足为信。从现存文字看，好像公孙龙是主张“指之非指”、“马之非马”的。同样，庄子也是主“指之非指”、“马之非马”的。庄子与公孙龙的分歧，只是认为公孙龙的论证方法（“喻”）没有他的好（“不若”）而已。事实上，“指之非指”、“马之非马”，却既不是庄子的思想，也不是公孙龙的思想。庄子的思想是“指非非指”、“马非非马”。看庄子在紧接着的后文那一句话：“天地一指也，万物一马也”，就完全可以明白了。既然天地是一指，那么指当然也就是指了；既然万物是一马，那么马当然也就是马了。指就是指、马就是马，也就是指非非指、马非非马了。公孙龙的思想也是“指非非指”、“马非非马”。《指物论》全文论证的不是指非指，而是指非非指。再看《白马论》，它所论证的也不是马非马，而是马非非马。《白马论》直接论证的命题是“白马非马”，反言之则为马非白马。既然马非白马，则马就是马。马就是马，也就是马非非马了。所以，《庄子》的原文也应该是：“指非非指”、“马非非马”。

“指非非指”、“马非非马”之误成今本《庄子》的样子，是很容易理解的。两句话的后一“非”字，书写时可能只写了个重文符号（々）。它与“之”字形似，以致就误成了“之”字，弄成了“指非之指”、“马非之马”。这是第一步。这样的文字，当然不可索解，于是后人又错误地把两个“非之”倒过来，改成“之非”。这是第二步，就成了现在的样子。今本《公孙龙子》

的致误，原因也是一样的，只是没有把由“非”误成的“之”字保留而删去了。

所以，《庄子》这段文字，不仅没有证明《公孙龙子》的“指非指”，倒是证明了它的致误之由。

二、《名实论》的名实关系论

《名实论》，是《公孙龙子》书中最有利于把公孙龙思想解释成唯物主义的一篇。历来许多论定公孙龙思想为唯心主义的研究者，也都要承认其中有什么“唯物主义的因素”等等。那些特别强调公孙龙思想的“唯物主义”因素甚或论定其为“唯物主义”的人，就更都是竭力抓住《名实论》来做文章的了。杨荣国就说，“公孙龙在《名实论》中论证了‘正名实’应该以实为标准的论点”，认为“名是用来称呼实的，概念是用以反映事物的”，“具体事物都有其特定的实在内容”，“实是第一性的，名必须符合实的内容”[①]，等等。虽然在表面上也只说到公孙龙思想“有朴素唯物主义的因素”[②]，但实质上已经把《名实论》以至公孙龙的整个哲学思想描绘成了一种完完全全的唯物主义哲学。因此，要还公孙龙哲学以本来面目，对《名实论》是决不能回避的。

其实，《名实论》所持名实关系论是唯心主义的。

“天地与其所产焉，物也。物以物其所物而不过焉，实也。实以实其所实［而］[③] 不旷焉，位也。出

①② 杨荣国：《简明中国哲学史》（修订本），人民出版社 1975 年版第 72 页。
③ 据（清）陈澧《公孙龙子注》本校增。

出其所位非位；位其所位焉，正也。”

这是《名实论》开篇第一段对名实关系思想的集中叙述。许多对《名实论》哲学倾向的误解甚至曲解，都与对这段文字的理解有关。

这里的第一句话是说：“天地和它们所产生的东西，就是‘物’。”论者都把这个“物”字解作客观事物，从而把它当作了“唯物主义的命题”①。其实，这个“物”以及公孙龙体系中的所有“物”字，都不是客观存在的物，而是“指”。这在《指物论》里是说得十分明白的。所以，公孙龙关于“物”的观点，明显地是属于唯心主义而不是唯物主义的。

何况，在《名实论》里，“物”又就是“物”这个名称。此说由王琯发其端，而以侯外庐等同志总其成，已经是学术界比较一致的看法了：“这个‘物’字，不是指普通所说的万物，如马牛等等，而是指万物的概念。这和荀子所谓‘万物虽众，有时而欲遍举之，故谓之物，物也者大共名也’的后两个‘物’，《墨子・经说上》所谓‘物，达也，有实必得之（是）名也’之‘物’，有相似的意义。”② 这一点，对我们正确理解此句下面的也就是《名实论》里讲名实关系最根本的三句话，是十分重要的。

对于这三句话，一种解释是：“一个物就是那个物，不多不少……这就叫实。实必在时、空中占一定的位置，把它充实起来……这就叫作‘位’。”③ 从公孙龙体系以及《名实论》篇中的“物”的特定含义看，这种解释之误是不言自明的。

① 冯友兰：《中国哲学史新编》，第1版第340页。

② 侯外庐等：《中国思想通史》，第1卷第448页。

③ 冯友兰：《中国哲学史新编》，第1版第339—340页。

另一种解释："用名去称呼实，必须符合其内容，既不能超过（'过'），也不能欠缺（'旷'），否则就是'失位'，即名实'不正'。"[①] 对于这个似是而非的解释，就有待于细为剖析。

"物以物其所物"可以解作"用名去称呼实"，即用"物"这个名称去称呼那所称呼的东西；而"实以实其所实"是不能作这样解释的，只能解作"用实来充实其所充实的"。第一句的"不过"，是指名不过实。但是，第二句的"不旷"就不是指的名不旷实，而是指的实不旷其所实了。对于这三句原文，只应作这样的解释："'物'这个名称用来称呼那所称呼的东西而不过分的，就是'实'。'实'这个东西用来充实那所充实的东西而不欠缺的，就是'位'。超出了那个应该处的位，就是非位；处在那个应该处的位，就是正。"

这里，问题的关键在："所实"即"所充实的东西"是什么？下文云："正其所实者，正其名也。"可知，"所实"也就是"名"。这样，实就是用来充实名的东西；名则是用实来充实的东西，而不是实的称呼了。杨荣国把《名实论》原文的"夫名，实谓也"解作"名是用来称呼实的"[②]，则是标点错了。原文实应读作"夫名实，谓也。"意思是："名实的问题，是一个称谓的问题。"看它的紧接下文说："知此之非［此］[③] 也，知此之不在此也，（明）〔则〕[④] 不谓也。知彼之非彼也，知彼之不在彼也，则不谓也。"后文又说："审其名实，慎其所谓。"所谓"不谓"，所谓"慎其所谓"，就都是顺着这一句的"谓"字

① 杨荣国：《简明中国哲学史》，修订本第 72 页。

② 此说发自《杜国庠文集》第 103 页。

③ 据《杨升庵先生五色批点公孙龙子》本等校增。

④ 据《说郛》本等校改。

而展开的说法；上下文气的联系，是非常明白的。

因此，“物以物其所物而不过焉”，虽是在说用名去称呼物，但这并不意味着名是“必须符合实的内容”的实的“称呼”和“反映”。他的用名去称呼物，实际上就是用名去肯定实的存在地位。正因为如此，在这一句的后面，他才不说“名也”，而说“实也”。

对于《名实论》的用名去称呼物就是肯定实的存在的意思，下面的两句话，就表示得更加清楚了。“实以实其所实〔而〕不旷焉，位也。出其所位非位；位其所位焉，正也。”说的是：用实去充实名而不欠缺，实才得到应有的位置，才是正，也就才能称为实，才能成其为实。

总之，“物以物其所物而不过焉，实也”与“实以实其所实［而］不旷焉，位也”，名不过实与实不旷名，都只是同一个意思的不同说法。这个意思就是：以实当名，实副其名，没有欠缺，这个实才成其为实，才叫得位，才叫正；否则，如果以实当名而不副其名，便是离开了它应有的位置，就是非位，就是不正，实也就不成其为实，不能称为实了。这即是说，实之为实是有条件的，是以先于实而存在的名为转移的，是依附于名而后才有其位，才成其为实的；名则是无条件的、绝对的存在，不以实为转移。这样，在公孙龙看来，第一性的不是实，而倒是名；名不是实的称谓，而倒是实之为实的根据，是实应该去充实不欠缺而使自己成其为实的范型。这无异是说，实是由名产生出来的；不是因为有了实才有名，而是因为有了名才有实的。

这使我们想起了费尔巴哈。在批判唯心主义的时候，他曾经这样说：“人们既然不怕羞惭，敢说感性的、形体的世界是由一个精神的思想和意志产生出来的，敢说事物不是因为存在才被思想，而是因为被思想才存在；那末也应当不怕羞惭，敢说这种世界是由言语产生出来的，敢说并非因为有事物才有言语，而只因为有言语才有事物。”[①] 费尔巴哈所以这样说，是认为唯心主义者总也不会这样地“不怕羞惭”，以至于“敢说”“世界是由言语产生出来的”等等。可是，唯心主义者公孙龙竟真是“不怕羞惭”地说出了这样的话！

这样的哲学，正如恩格斯说的，“不过是过去爱用的玄想的或者也称为先验主义的方法的另一种表现方式，按照这一方法，某一对象的特性不是从对象本身去认识，而是从对象的概念中逻辑地推论出来。首先，从对象构成对象的概念；然后颠倒过来，用对象的映象即概念去衡量对象。这时，已经不是概念应当和对象相适应，而是对象应当和概念相适应了。”[②] 这样的哲学，在从物到感觉和思想还是从思想和感觉到物这两条斗争着的路线中，无疑是属于从思想和感觉到物的唯心主义路线的。

此外，还有一个公孙龙正名实的标准是什么的问题。正名实的标准，是实？还是名？一般地说，不是划分唯物主义与唯心主义的根据。固然主张以实为标准的是唯物主义，唯心主义则主张以名为标准；但由于名对实的反作用的客观存在，唯物主义又并不都主张以实为标准，主张以名为标准的也不全是唯心主义。这个问题比较复杂，在此不能详论。仅就公孙龙而言，作为其唯心主义名实关系思想的自然延伸，他的“正名实”的标准，就决不是实，而是名。原文曰：

---

① 《费尔巴哈哲学著作选集》，下卷，三联书店 1962 年版第 764—765 页。

② 恩格斯：《反杜林论》；《马克思恩格斯全集》，第 20 卷第 105 页。

> “以其所正，正其所不正，〔不〕[1]〔以其所不正〕[2]，疑其所正。其正者，正其所实也；正其所实者，正其名也。”（用那已经纠正了的，来纠正那还没有纠正的；不用那还没有纠正的，来怀疑那已经纠正了的。所谓正，就是正那个实所充实的东西；正那个实所充实的东西，就是正那个名。）

这里说的，就是：要用已经纠正了的即实符其名者去纠正还没有纠正的即实不符名者，以使实符其名。正名的目的在于正实，是为了要正实而正名。因为，名既是实之所充，名正了，以实去充实已正之名，实当然也就正了。杜国庠认为这是在说“‘正名实’应该以实为标准”[3]，已并不正确。杨荣国说：“所谓正，在于校正实”，倒是无意地说对了！可是接着还说：“正了实，也就是正名了。公孙龙是主张根据已经变化的‘实’来矫正‘名’的”[4]，又把问题说倒了。这里，他是忽略了一个“所”字，一个“者”字和一个“也”字。

“所”这个指示代词用在动词化的名词（等于动词）“实”字前面组成了一个名词性的词组——“所实”，意思是所充实的东西，而并不就是“实”。“所”字所指代的就是这行为（充实）的对象，就是“名”。

“者”字，“也”字，都是语气词。主语“正”（第一句）和“正

---

① 据胡适《惠施公孙龙之哲学》说校增。

② 据《子汇》、《绎史》等校增。

③ 《杜国庠文集》，第105页。

④ 杨荣国：《简明中国哲学史》，修订本第72页。

其所实”（第二句）后面用“者”字表提顿，谓语“正其所实”（第一句）和“正其名”（第二句）后面用“也”字表判断，正是古代汉语判断句的典型。前后两个判断句所说完全是同一件事，根本就没有正实、正名那样两件事，更没有先正实、后正名或根据实来正名那样一先一后以至原因结果的关系①。

① 在古代汉语中，“者……也”虽也可以用来表示对原因的解释，但那是一种比较特殊的用法。而且，是否作解释原因之用，还要看句子的具体情况。王力主编的《古代汉语》举了这样用法的一个例子：“孟尝君为相数十年，无纤介之祸者，冯谖之计也。”（上册第一分册，第224页）从这个例子看，“无纤介之祸”和“冯谖之计”，本身原来已是明白无疑的因果关系。“者”字、“也”字，只是从语气上帮助表示这种关系而已。

第五章　形而上学的思想方法

公孙龙的思想方法，是形而上学。他的形而上学思想的基石，是《坚白论》一切“相与离”的绝对分离的观念。对此，在《白马论》与《通变论》中有具体的表述。

一、《白马论》的“白马非马”

公孙龙以“离坚白”名家。但是，他之所以驰名当时而又扬声后世，毋宁说是由于他的《白马论》。我们所看到的对他的传颂或反对，几乎都离不开《白马论》。公孙龙本人，亦颇以此自负。《迹府》篇记载他两答孔穿之难，曰：

> “龙之所以为名者，乃以白马之论尔。今使龙去之，则无以教焉。”
>
> “龙之学，以白马为非马者也。使龙去之，则

龙无以教……。”

就是说，他的所以有名，他的学问，就全在于这个“白马非马”；如果放弃了它，就再没有什么别的东西可以用来教人了。由此可见，他对此是看得多么重要。

“白马非马”这个看似违反常识的命题，《白马论》是这样进行论证的：

“马者，所以命形也；白者，所以命色也。命色（者）〔形〕[①] 非命形也。故曰：白马非马。”（“马”，是用来称呼形体的；“白”，是用来称呼颜色的。称呼颜色连同形体的（白马），不就是称呼形体的（马）。所以说：“白马非马。”）

这可以叫做内涵的论证。意思是：“马”与“白马”两个概念在内涵上是不同的；“马”的内涵是一种形体，“白”的内涵是一种颜色，“白马”的内涵则是一种颜色加一种形体。

“求马，黄、黑马皆可致。求白马，黄、黑马不可致。使白马乃马也，是所求一也。（所求一者，白者不异马也）[②] 所求不异，如黄、黑马有可有不可，何也？可与不可，其相非明。故黄、黑马一也，而可以应有马，而不可以应有白马，是白马之非马，审矣。”（要一匹马，牵黄马、黑马来都可以。要一

① 据谭戒甫《公孙龙子形名发微》说校改。

② 校说详《〈公孙龙子〉蠡测》之《〈白马论〉释微》。

匹白马，牵黄马、黑马来就不可以了。如果白马就是马，上面这两种需要就是一样的了。既然两种需要没有区别，那么[①]黄马、黑马有时可以牵来有时不可以牵来，又是为什么呢？可以牵来和不可以牵来，它们的相互差别是明白的。同样的黄马和黑马，可以答应说有马，而不可以答应说有白马；这样，白马的“非马”，就是十分确实的了。）

这又是外延的论证。意思是：“马”的外延包括各种颜色即所有的马，“白马”的外延则只包括白色的马；两个概念在外延上就是不同的。

“马者，无去取于色，故黄、黑皆所以应；白马者，有去取于色，黄、黑马皆（所以）〔以所〕[②] 色去，故唯白马独可以应耳。无去者非有去也，故曰白马非马。”（所谓马，对于颜色没有取舍，所以黄、黑马都可以[③]承当；所谓白马，对于颜色就有所取舍了，黄、黑马就都因为它[④]的颜色而被排除在外，所以只有白马才可以承当了。对颜色没有取舍的，不就是对颜色有取舍的。所以说：“白马非马。”）

这既是内涵又是外延的论证。

---

① “如”，犹“而”也，说见《经传释词》卷七。

② 据王启湘《周秦名家三子校诠》说校改。

③ “所”训“可”，说见《经传释词》卷九。

④ “所”训“其”，说见《古书虚字集释》第 787 页。

这里讲的，实际上就是所谓的“别同异”，即认为白马与一般的马有所不同因而要把它们区别开来；并非认为白马不是马。

“非”这个字，原来就可作“异”、作“分别”讲；在“白马非马”这个命题中，可用“不就是”来对译。《说文》云：“非，韦也”，“取其相背也”；“韦，相背也。”“背”字和“别”字，原来是一个字，在上古都作“北”（参见：《国语·吴语》韦昭注、《三国志·吴志·虞翻传》注）。而且，肯定形式的判断句，有时必须随文译成“便是”、“就是”。如：“朝菌不知晦朔，蟪蛄不知春秋，此小年也。楚之南有冥灵者，以五百岁为春，五百岁为秋；上古有大椿者，以八千岁为春，八千岁为秋，此大年也。”（《庄子·逍遥游》）“取之而燕民悦，则取之。古之人有行之者，武王是也。”（《孟子·梁惠王下》）等等。特别是在谓语前加了副词“乃”来加强肯定语气的句子，更是这样。因此，“非”字也当然可以译成“不就是”（不完全等同的意思），即有区别、相异了。如：“臣侍君宴，过三爵，非礼也。”（《左传》宣公二年）“今京不度，非制也。”（《左传》隐公元年）这两个“非”字，就很难译为“不是（礼）”和“不是（制度）”，而只能是“不符合”的意思了。值得注意的是：在《白马论》本文，作为“白马非马”这个否定判断的对立面的肯定判断——“使白马乃马也”，正是用了一个“乃”字的。同样，“有白马为有马”（二见），也是要译成“有白马就是有马”的。

公孙龙本人的用法亦然：

> “以有马为异有黄马，是异黄马于马也。异黄马于马，是以黄马为非马。”
>
> ——《白马论》

这是说“把黄马当作非马”就是“认为有马与有黄马不相同”、“把黄马从马中间区别开来”的意思。显然，“非”也就是“不相同”、“有区别”的意思了。

“仲尼异楚人于所谓人。夫是仲尼异楚人于所谓人，而非龙异白马于所谓马，悖。”

——《迹府》

这里，更是将“白马非马”直接表述为“把白马从所谓的马中间区别出来”而与孔子的“把楚人从所谓的人中间区别出来”相提并论了。

再看“白马非马”的全部理由，也只是“马未与白为马，白未与马为白。”(《白马论》；马还没有与白结合在一起的时候，就称为马；白还没有与马结合在一起的时候，就称为白。）就是说，白马仍然是马，只是白色的马罢了。同时，他还明白承认“马固有色，故有白马。使马无色，有马如已耳，安取白马?”(《白马论》；马本来就是有颜色的，所以才有白马。如果马没有颜色，那就只有马罢了，还到哪里去找白马呢?）又就是说，有颜色的马仍然是马。

公孙龙的“白马非马”，其实应该说也就是发现了“白马是马”这个命题“不论是在主语中或是在述语中，总有点什么东西是述语或主语所包括不了的（黑格尔，第 6 卷第 231 页)”这种“同一性自身包含着差异性”① 的现象或事实，或者说是发现了个别（白马）与一般（马）的关系——辩证统一中差别的、对立的一面；因而这还是一种对客观辩证法至少是它

① 恩格斯：《自然辩证法》；《马克思恩格斯全集》第 20 卷第 557 页。

的一个方面的猜测。“白马是马”，就常识而言虽然是完全正确的；但它仅仅反映了个别与一般全部辩证关系的同的一面，对异的一面的内容则并未加以展示。“个别＝普遍”①，只是一种有限制的说法：“从一定观点看来，在一定条件之下，普遍是个别，个别是普遍。”② 换句话说，即：“当我们说伊凡是人，哈巴狗是狗，这是树叶等等时，我们就把许多特征作为偶然的东西抛掉，把本质和现象分开，并把二者对立起来”③ 了。从另一个方面看：“某一类东西（桌子）中的一个与其余的各个就是有某些区别的”④；“任何具体的东西、任何具体的某物，都是和其余的一切处于相异的并且常常是矛盾的关系中”⑤。因此，“白马是马”和“白马非马”这两个命题，各自都只是表述了个别与一般辩证关系的两个不同方面——同一和差异中间的一个方面；离开了另一个的任一个，都是片面的，都不是真理。同时，借用黑格尔的话来说，“白马非马”所强调指出的，又正是“同中之异”而不是“一枝笔与一头骆驼”那样“当前即显而易见的差别”，因而又是可以说“有了不起的聪明”⑥ 的了。特别是在公孙龙那个时代，更加具有积极的理论意义。总之，“白马非马”的命题包含着辩证法思想的因素，也是公孙龙对辩证法作出的贡献。

按照客观世界的辩证法，述语和主语的不同是“同一性自身包含着差异性，这一事实在每一个命题中”的“表现”，因而是“必须”⑦ 的。同样，个别与一般一方面虽然是对立的，但另一方面又是统一的。列宁说：“个别一定与一般相

---

①②③④⑤ 《列宁全集》，第 38 卷第 213、188、410、306、144 页。

⑥ 黑格尔：《小逻辑》，第 253 页。

⑦ 恩格斯：《自然辩证法》；《马克思恩格斯全集》第 20 卷第 557 页。

联而存在。一般只能在个别中存在，只能通过个别而存在。任何个别（不论怎样）都是一般。任何一般都是个别的（一部分，或一方面，或本质）。任何一般只是大致地包括一切个别事物。任何个别都不能完全地包括在一般之中，如此等等。”① 对于这些，公孙龙就未加注意。他是不能容忍述语和主语的不同，也没有同时指出一般与个别的统一的一面。他反反复复地强调的，只是白马与马之异，而没有正面论证其同。而且，从他的整个体系来看，也是见异而不见同，只看到差异的方面，并加以片面地夸大，以致把统一的一面否定，执着于一种片面的、极端的别异观点。如在《通变论》，对于羊牛马鸡、青白黄碧，也是只知其“唯异”、“类之不同”和“反对”而不知其他。这些，又都是《坚白论》“坚、白、石”实际上是一切事物之间“相与离”、“离也者天下，故独而正”这种把一般与个别的联系加以割裂并完全否定宇宙间普遍联系的思想的延续。他没有注意到，“每个事物（现象、过程等等）是和其他的每个事物联系着的”，“每一概念都处在和其余一切概念的一定关系中、一定联系中”，“从一定观点看来，在一定条件之下，普遍是个别，个别是普遍。”②就是说，马是白马，白马也是马，白马与马之间，以至羊牛马鸡、青白黄碧之间，都是存在着联系的。因此，从整体上或就其归宿来说，“白马非马”是一种形而上学的思想。

①② 《列宁全集》，第38卷第409、239、210、188页。

二、《通变论》的“二无一”和“变非不变”

(一)“二无一”

“二无一”，是《通变论》全篇论述的中心。但是，对于这个“二无一”以及“二无右”、“二无左”的解释，几乎人与人异。如果舍其小异而观其大同，可别为三。

(一)无，训没有；释“二无一”为“二”(“合成物”、“全体”)没有它的“组成要素”或“部分”，即不可划分。持此说者有陈澧(《公孙龙子注》)、杜国庠[①]、庞朴[②]。这种解释，如果孤立地去看，可能不会觉得有什么问题。但是，只要看一看《通变论》紧接着的下文及后文，问题就暴露了。下文云：“曰：右可谓二乎？曰：不可。曰：左可谓二乎？曰：不可。曰：左与右可谓二乎？曰：可。”后文云：“羊不二，牛不二，而羊牛二。”如果把右、左、羊、牛不可谓二也解释为右、左、羊、牛等不可划分，就与前面重复。而且，前面既然说作为一个整体的“二”不可划分，而无一；那末也应该同样认为作为一个整体的右、左、羊、牛是不可划分的，也应该是“无一”。但是，《通变论》本文对此却不说“无一”而说“不可”谓二；不可谓二，不就是有一了吗？如果解释为右、左、羊、牛不是“全体”，那末这种情况下的“全体”又是什么？而且，前面既然已经说过对象没有它的组成部分，这里怎么竟可以把部分作为讨论的对象，而说什么部分不可谓整体了呢？这不是以

① 《杜国庠文集》，第110页。

② 庞朴：《公孙龙子研究》，第28页。

无为有了吗？就是整体，原来也是与部分相对而存在的。没有部分，应该也就无所谓整体了，整体也就不成其为整体了。把“左与右可谓二”、“羊牛二”，解作部分与部分可以称为整体，与前面所说更是构成了一个极大的逻辑矛盾。

对于“二无一”、“二无右”、“二无左”和“左与右可谓二”之间存在的矛盾，杨荣国曾企图作出调和的解释：“‘左’自可作为一要素，‘右’也可自作为一要素，是则‘左’与‘右’为两要素。……从两个要素论，自可说是‘二’了。只是，……前一个是作为要素的‘二’，是整体的”，“而‘二者左与右’的‘二’，便不和前一个‘二’一样，这是从‘二’的这个数目上来表明‘左’‘右’两个要素的，是实际‘可得而数’的‘二’。”[①] 这样，就把公孙龙弄成在同一篇文章中竟是违反逻辑的同一律来使用“二”这个概念的了，矛盾还是没有解决。

（二）无，训为不是；把“二无一”释为两个东西不是其中的一个。持说者为金受申[②]、伍非百[③]。这种解释，比起前一种来，自相矛盾是没有了。但是，说两个东西不是一个东西，一个东西也不是两个东西，一个东西加一个东西才是两个东西，几乎毫无意义。这种解释，也未免埋没了公孙龙的苦心。

与此相近的是类名、别名说。钱穆云：“二者，共名类名也；一则别名私名也。……一类之通德，不能包各别之特撰，……故曰‘二无一’也。”“一物之私名，与一族之别名，皆

① 杨荣国：《中国古代思想史》，第 282—283、283—284 页。

② 金受申：《公孙龙子释》第 31、32 页。

③ 伍非百：《中国古名家言》，第 531、537 页。

不能包括一类之公名，故……右不可以谓二也。”[①] 但是，左与右可谓二，这个“二”是什么类名？还有，牛羊二，青白二，这个“二”又是什么样的类名？所以，还是讲不通。

（三）无，训为没有；释“二无一”为二物不能合一，即没有一个统一体。章士钊说：“‘无一’‘无左’‘无右’云者，初可视为一、左、右融于二中，势难划分，故谓之无。此其为说，显与龙平生宗旨不类。及细绎‘坚白论’所云，始得会合各义，豁然贯通。”“用此无坚无白，视曩之无二无左无右，以知无者非谓不可划分而无，乃正谓其可以划分而无也。”[②] 王琯云：“任何二物，无真纯合一之结果，……此‘一’字，公孙本意，系指两物合一之‘一’而言。”[③]

这些对“二无一”的解释都正确。章士钊还以《坚白论》的“离”为根据批评了不可划分说，更是有力。

但是，对于《通变论》下文那几句，章士钊没有作进一步的解释。王琯则解释说：“此一物之右，非彼一物之右；彼一物之左，非此一物之左。分言之，二物各有左右；合言之，左右无可定；故曰：二无左右。”[④]认为这里的“右”与“左”指的是方位；而“二无右”、“二无左”的意思是：两个不同对象的方位各不相同，即没有统一的方位。这样的解释是可通的，但原文似乎不仅包含这一个意思，还须略为补充。王又说：“二既无右，则右不可谓二。二又无左，左亦不可谓二。”[⑤]这个对“右”或“左”“不可”“谓二”的解释，亦正确。但仅仅用

---

① 钱穆：《惠施公孙龙》，第57、58页。

② 章士钊：《逻辑指要》，第37页。

③④⑤ 王琯：《公孙龙子悬解》。

一个“则”字、一个“亦”字，就略嫌简单了。同样需要进一步阐述。

如果要坚持把上述对“二无一”的正确解释贯彻到底，就应该认为“二无右”、“二无左”的“右”与“左”也只是“一”，只是“一”的变换了形式的说法。同时，它所指的不仅是方位，也包括对象的其他属性；又不仅是对象的属性，而且也包括对象的实体本身。原文该有这样一些意思：两个东西没有统一的、共同的方位及其他属性，亦不能统一为其中的一个。它是在从属性和实体两个方面继续阐述“二无一”的基本思想，即认为两个对象既没有方位或属性的“一”（“右”或“左”），又没有实体的“一”（“右”或“左”）。至于“右”或“左”“不可”“谓二”，则是在从反面说明“二无一”，意思也就是“一不可谓二”。其逻辑推论的过程当是这样的：两个对象既没有统一的、共同的右或左，那末右或左也就都只是一个对象的方位或特征，而不能概括两个不同的对象了；两个对象既然不能统一为右或左，那末右或左也就只是右或左，即只是自身而并不包含自己的对立面了。《通变论》通篇的“右”与“左”，均是作为“一”的“右”与“左”。只有这样看，前后文义才能统一起来，原文也才能被正确理解。在这里所以会发生误解，只是因为原文在前面既讨论了“一”，又讨论了“右”与“左”；后面则只讨论了“右”与“左”而没有讨论“一”。其实，“右”与“左”也就是一。如果把后文改写得与前文在形式上完全一致，那就应该是：“一可谓二乎？”“右可谓二乎？”“左可谓二乎？”“一与一可谓二乎？”“左与右可谓二乎？”全段的脉络，应是如下三条：（1）二无一；（2）一不可谓二；（3）一与一可谓二。从《通变论》后文看，“羊合牛非马，牛合羊非鸡”，“青以白非黄，白以青非碧”，

"羊不二，牛不二，而牛羊二"，也正好都是对"二无一"、一不可谓二、一与一为二的具体说明。

同时，所以说一（右与左同）不可谓二，又只是因为这个"一"被当作了不可划分的东西。前面的二不可合一，后面的一不可划分，讲的正好是一件事情的两面。马克思主义的辩证法认为："没有分析就没有综合。"① 为什么能综合？因为"每个事物（现象、过程等等）是和其他的每个事物联系着的。"为什么能分析？因为"事物（现象等等）是对立面的总和与统一。"分析就是分析"这个事物中的内在矛盾的倾向（和方面）。"② 因此，这种认为两个事物不可能有一个统一体、任何一个事物与其他事物之间没有丝毫联系（二无一）而自身又没有组成部分和矛盾的思想，就是对辩证法的联系和矛盾思想的否定，同样也是绝对分离思想的延伸，是典型的形而上学。把它放到辩证法和形而上学两条路线的对立中去考察，应该对它作出什么样的解释，就是十分清楚的事情了。

（二）"变非不变"

《通变论》有一段论"变"的文字：

"曰：谓变非不变可乎？

曰：可。

曰：右有与，可谓变乎？

曰：可。

① 恩格斯：《反杜林论》；《马克思恩格斯全集》，第20卷第46页。

② 《列宁全集》，第38卷第239、238页。

曰：变（隻）〔奚〕[①]？

曰：右。

曰：右苟变，安可谓右？苟不变，安可谓变？”[②]

对于这个“变非不变”，历来亦有不同意见。

有疑其误者。俞樾云：“既谓之变，则非不变可知，此又何足问邪？疑‘不’字衍文也。”[③] 认为应作“变非变”。谭戒甫则“疑非字本系而字，形似致误”；还据旧注“物有变迁之道，则不可谓之不变也”推测正文“旧本正作变不变”，据后文“右苟变”、“苟不变”推论此亦当是“变与不变对文”；认为它的意思是：“本篇既以通变命题，自当言变；然变之道实有不变者在，乃得以言通耳。”[④]

有认为不误者。杜国庠说：“‘变’贴切‘一’、‘左’或‘右’等而言，指构成概念的‘因素’；‘不变’贴切‘二’，指概念说。”[⑤] 杨荣国亦认为讲的是“变的是什么，不变的又是什么”即“要素不

① 据俞樾（《诸子评议》，中华书局（北京）1954 年版“补录”）、谭戒甫说校改。

② 今本《通变论》全篇的中心是“二无一”。此一段的前后（即篇内的其余全部文字）所讲的，也都是“二无一”；中间插上这几行讲“变”和“不变”，显得十分突兀。这几行文字，实与前后文绝不类，在篇中简直没有存在的余地，或为他篇所窜入；从最后一问“右苟变，安可谓右？苟不变，安可谓变？”后面竟没有答语看，或者是另外的一个残篇。从文义看，倒又正可以应《通变》之名。相反，全篇以“二无一”为中心的其余文字，倒不宜以《通变》为名。据此可以推测：今本《通变论》就可能是由两个残篇拼合而成的；“变非不变”一节即原《通变论》的残篇；其余文字则属另一篇章，根据文意并例以《公孙龙子》全书各篇篇名，疑为《二一论》，或无不可。

③ 俞樾，第 31 页。

④ 谭戒甫：《公孙龙子形名发微》，第 33 页。

⑤ 《杜国庠文集》，第 112 页。

变，而……要素所由形成之物则变”①。

从这第一问答以后的三问二答看：“‘右’有了附加，可以说是变了吗?”“可以。”“变成什么了?”“变成了‘右’。”“‘右’如果变，怎么可以认为仍旧是‘右’? 如果没有变，怎么可以认为是变了呢?”意思是：右变了，但还是右。因此，第一问当作“谓变非变”或“谓变而不变”（说变又不变），就非常明白。

这样，公孙龙主张“变而不变”或变就是不变，即主张不变而反对变化，是明白无疑的。所谓“变之道实有不变者在，乃得以言通”，也就是用不变的思想去贯通（实为反对）变的思想、用讲变的形式去反对变化的观念的意思。因此，杨荣国所谓“从战国时期新兴的封建制和腐朽的奴隶制之间的剧烈斗争中，名家认识到旧事物中两个对立面不可调和的斗争将促使事物的本质发生变化（这在公孙龙的《通变论》中有所说明），而他们是肯定这种社会变革的。”② 就完全是子虚乌有了！

这种否定变化的形而上学思想，亦是绝对分离思想的延伸，是认为任何事物与所有别的事物绝对相异而与自身绝对同一的观点所必然要得到的结论。事物“与一切别的东西的差异”，也就是“与自身的同一”；因而片面地强调前者，也就必然要不正确地夸大后者。同时，如果把事物“看作只和它自己同一的东西”，“一个事物不能同时是它自身又是别的”，那么又必然要得到“一切都是永久不变的”③ 结论。公孙龙正是从事物相互间有异无同（事物与自身有同无异）得出了否定

① 杨荣国：《中国古代思想史》，第282、283页。

② 杨荣国：《简明中国哲学史》，修订本第73页。

③ 恩格斯：《自然辩证法》；《马克思恩格斯全集》第20卷第556、557页。

变化的结论的。

这种思想，无疑地也就是恩格斯所说的“旧形而上学意义下的同一律”。它完全不懂得，事物“在其生存的每一瞬间，都既和自己同一而又和自己相区别”，“不断的变化，即抽象的、和自身的同一的被扬弃”，因而“真实的具体的同一性包含着差异和变化”① 等等辩证法的真理。

① 《自然辩证法》；《马克思恩格斯全集》第20卷第556、557页。

第六章　逻辑思想

公孙龙的哲学，属于唯心主义和形而上学，这是他的逻辑思想的哲学基础。同时，他的逻辑所论证的，也正是这样一条哲学路线。但是，公孙龙的逻辑思想，却有很多合理的成分。其卓越，在他那个时代，简直是无与伦比的。关于逻辑问题的论述，大部集中在《白马论》和《名实论》里面，主要地又表现在关于"别同异"（《淮南子·齐俗》）、"正名实"（《迹府》）的论述中。《白马论》的"别同异"即"白马非马"之所说，是典型的普通逻辑学。其深度和广度，是前无古人的。《名实论》又正是集中地研究"正名实"问题的重要代表作。所以，《白马论》、《名实论》是中国古代逻辑学的两篇名作，都是中国逻辑史的珍贵文献。

一、"别同异"、"正名实"的逻辑学意义

在我国古代，相当于"逻辑"的学问被称为"辩"①，其学者即称为"辩者"。它的研究对象——开始主要是概念，被称为"名"；因而其学者又称为"名家"。它的内容，按照古代名辩的集大成者后期墨家和以研究墨辩著称的晋代学者鲁胜的看法，就正是这个"别同异"和"正名实"：

> "夫辩者，将以明是非之分，审治乱之纪，明同异之处，察名实之理，处利害，决嫌疑。"
>
> ——《墨子·小取》
>
> "名者，所以别同异，明是非，道义之门，政化之准绳也。孔子曰：'必也正名，名不正则事不成。'"
>
> ——《晋书·隐逸传》引鲁胜注《墨辩·叙》

以今天的马克思主义理论来看，同一律是形式逻辑的最基本的规律，"逻辑规律就是客观事物在人的主观意识中的反映"②；事物"与自身的同一，从一开始起就必须有与一切别的东西的差异作为补充"③，"同"是与"异"相对而存在的。所以，对现实事物和概念的同异关系的研究，是逻辑学的基

① 如包括《小取》在内的《墨经》六篇的"辩"字，所指应是包括逻辑学在内的认识论。说详拙作《墨"辩"辨正》(《中国哲学史研究》，1987年第1期)。

② 《列宁全集》，第38卷第195页。

③ 恩格斯：《自然辩证法》；《马克思恩格斯全集》第20卷第557页。

础和重要部分。

同样，“名”（概念）是最基本的思维形式，是逻辑的最基本的单位，是被用来进行思维、认识事物的。就事物的最基本、最普遍的关系即为同异关系而言，“名”也就是被用来认识事物的同异关系，即“别同异”的。既然如此，“名”之使用也就要遵守“别同异”的原则，要根据“别同异”的原则来“正”这个“名”。

这就是“别同异”、“正名实”的逻辑学意义之所在。

公孙龙，就正是一位坚持“别同异”原则，力图“假物取譬”“以正名实”的“辩士”（《迹府》）。

二、“别同异”

公孙龙是以“别同异，离坚白”（《淮南子·齐俗》）名家的。有人根据时间在前的《庄子》作“合同异，离坚白”（《秋水》）而认为《淮南子》的“别”字亦“当作合”①，因而公孙龙亦成了“合同异”论者。其实不然，公孙龙是明白无疑的“别同异”论者。

《坚白论》“坚、白、石”“相与离”的“离”字，本来就是与“合”相对的“别”的意思。《吕氏春秋·诬徒》云："离则不能合，合则弗能离。”高诱注云：“离，别。”因此，“离坚白”就是“别坚白”，也就是“别同异”。“别同异”原也可以称为“离同异”。《抱朴子·外篇·应嘲》的“离同合异”，说的就是公孙龙的“离同”和误解了的惠施的所谓“合异”的辩论，并非仅如谭戒甫所谓“属惠施说”②。

①② 谭戒甫：《公孙龙子形名发微》，第137、139页。

《通变论》的“二无一”、“羊合牛非马，牛合羊非鸡”和“青以白非黄，白以青非碧”，用意也即在“别同异”。观其羊牛马鸡之辩，即可明白：

“羊与牛唯异。羊有齿，牛无齿，而羊牛之非羊也、之非牛也。（未可是不俱有而或类焉）[①] 羊有角，牛有角，〔羊〕[②] 牛之而羊也、（羊）[③] 之而牛也，未可；是俱有，而类之不同也。羊牛有角，马无角；马有尾，羊牛无尾。故曰：羊合牛非马也。……羊不二，牛不二，而羊牛二；是而羊而牛，非马可也。”（羊和牛不同。羊有上下牙，牛有下牙没有上牙[④]；因而羊和牛相加不是羊，又不是牛。羊有角，牛有角，但认为羊和牛相加就是羊，或就是牛，也是不可以的；这个角虽然是羊和牛都有的，但它们的类是不同的。羊和牛有角，马没有角；马有鬃毛长尾，羊和牛没有鬃毛长尾[⑤]。所以说：羊和牛相加不是马。……羊不是二，牛不是二，羊和牛相加才是二；这样，羊和牛相加，还是羊，是牛，而不是马，就清楚了。）

“牛羊有毛，鸡有羽；（谓）[⑥] 鸡足（一，数足）[⑦] 二，（二而一，故三。谓）[⑧] 牛羊足（一，数足）[⑨] 四。（四而一，故五。牛羊足五，鸡足三）[⑩] 故曰：牛合

---

①②③　校说详《〈公孙龙子〉蠡测》之《〈通变论〉释疑》。

④⑤　据谭戒甫《公孙龙子形名发微》之说。

⑥⑦⑧⑨⑩　校说详《〈公孙龙子〉蠡测》之《〈通变论〉》释疑。

羊非鸡。”（牛和羊有毛，鸡只有羽。鸡有两只脚，牛羊有四只脚。所以说：牛和羊相加不是鸡。）

表述“别同异”观点最为典型的，莫过于《白马论》的“白马非马”即《迹府》所说的“异‘白马’于所谓‘马’”了。

在对“白马非马”的论证中，接触了一系列的逻辑问题，对中国逻辑思想的发展作出了杰出的贡献。

第一，接触了概念的两个逻辑特征——内涵与外延的问题。对于今天形式逻辑所讲的内涵和外延、概念的内涵和外延各各不同以及外延间的包含关系和排斥关系，都有所论列。所谓“马者，所以命形”、“白者，所以命色”、白马则“命色形”，说的就是“马”、“白”、“白马”三个概念的内涵分别地是“形”、“色”和“色形”；“命色形非命形”则更是在特别地强调指出不同概念的内涵是各各不同的。“求马，黄、黑马皆可致。求白马，黄、黑马不可致。”合起来看是在说明“马”和“白马”两个概念外延的不同。分开来看，说黄马、黑马可以满足对马的需要，是揭示了“马”与“黄、黑马”之间存在着外延包含和被包含的属种关系；而说黄、黑马不可以满足对白马的需求，则又是揭示了“白马”与“黄马”、“黑马”之间存在着外延相互排斥的并列关系。

第二，触及了概念内涵、外延的反比关系以及由它派生的两种明确概念的逻辑方法——限定和概括。“马者，无去取于色，故黄、黑马皆所以应；白马者，有去取于色，……唯白马独可以应”（单说“马”，对于颜色就并没有什么取舍，所以黄马、黑马都可以包括在内；说“白马”，对于颜色就有了取舍，所以黄马、黑马就都因其有确定的颜色而被排斥在外，只包括白色的马了），说的是内涵中不涉及颜色的“马”概念的外延大于内涵中涉及颜色的“白马”概念；而内涵较丰富的“白马”概念的外延却小于内涵较少的“马”概念。这些，又正就是今天普通逻辑学所说的概念内涵、外延的反比关系。同时，从“马”概念到“白马”概念的逻辑行程，即在对于颜色没有什么取舍因而黄马黑马都可以包括在内的“马”概念的内涵中加进“白”的属性而得到对于颜色有所取舍因而“白马”以外的各色马都被排斥在外的“白马”概念，也就是概念的限定。与此相应，“马未与白为马，白未与马为白”云云，也可以理解为从“白马”概念的内涵中抽去“白”或“马”的属性而成了一般的“马”概念或“白”概念，说的又正好是概念的概括。

第三，关于“白马”的定义：

> “白马者，马与白也，（马）〔白〕与（白）[①] 马也。”（所谓白马，是马和白的结合，或白和马的结合。）

就是说：白马，是在一般的马上增加了白的颜色，即白色的马。这基本上也就是今天形式逻辑的属（“马”）加种差（“白”）的定义。其中的“马”，就是“白马”概念最邻近的属概念；而“白”则是“白马”与其他并列概念的不同属性，即它的种差。

《白马论》无异是一篇逻辑的“概念论”，几乎涉及了形式逻辑“概念论”的所有基本内容，实为公孙龙逻辑思想的精粹所在。

---

① 据谭戒甫说校改。

三、“正名实”

把“别同异”的原则应用于思维形式的研究，就是所谓的“正名实”。其具体方法和要求，就是《名实论》里所说的“唯乎其彼此”：

> “其名正则唯乎其彼此焉。谓彼而彼不唯乎彼，则彼谓不行；谓此而（行）〔此〕[①] 不唯乎此，则此谓不行。……故彼彼当乎彼，则唯乎彼，其谓行彼；此此当乎此，则唯乎此，其谓行此。”

这里，有一个关键的“唯”字，历来众说纷纭，须先加辨明。

一些人训“唯”为应。其中，或解作实与名相应即实应于名（旧注、陈澧、陈柱），或解作名与实相应即名应于实（王琯），或解作人应于名即人对事物名称的认可（谭戒甫）；实在都并不正确。辛从益则不然，训“唯”为独；释云：“当名辨物一定而不可假易。故正名者，必使之一彼一此，有独擅，毋浑同。及其名之既定，则又勿稍游移于其间。”（《公孙龙子注》）这样才符合原意。

此文“唯”字共五见。第一个“唯乎其彼此”为下文之总冒，可略而不论。后面的四个“唯”字，则必须辨析清楚。

先说第二、三两个“唯”（“不唯乎”）字。“谓彼而彼不唯

---

① 据《子汇》本等校改。

乎彼”的第一、二两个“彼”字当指“彼”之名，第三个“彼”字当指“彼”之实。意思是：“称（那个东西为）彼，而“彼”这个名称又“不唯乎”那个东西。从上下文“其名正则……则彼谓不行”看，它讨论的对象是“名”（也即是“谓”），这样解释当无疑义。“谓此而此不唯乎此”含义相同。这样，要把它解作“彼”(“此”）之实“不应乎”“彼”(“此”）之名，或“彼”(“此”）之人“不应乎”“彼”(“此”)之名，在文字上就是决然不可以的。如果解作“彼”(“此”)之名“不应乎”“彼”(“此”）之实，在文字上还可以，但在意义上又不可。既已谓“彼”(“此”）之实为“彼”(“此”)；“彼”(“此”）之名也就当然应于“彼”(“此”）之实了，完全不存在“不应”的情况。

再说第四、五两个“唯”(“唯乎”）字。“故彼彼当乎彼，则唯乎彼”，第一个“彼”字是指“彼”之名，后三个“彼”字都是指的“彼”之实。意思是：以“彼”之名称“彼”之实而适宜于“彼”之实，则“唯乎”“彼”之实。“此此当乎此，则唯乎此”略同。这样，要把它解作“彼”(“此”）之实应乎“彼”(“此”）之名，或“彼”(“此”）之人应乎“彼”(“此”）之名，在文字上亦有很大困难。如解作“彼”(“此”）之名应乎“彼”(“此”）之实，在文字上虽并无不可，但在意义上又与“彼彼当乎彼”、“此此当乎此”为完全重复。

可见，几个“唯”字都不应训“应”。

同时，训“唯”为应，所谓实应名、名应实、人应名等等，说的其实都只是逻辑正名之社会效果，而原文说的应该是逻辑正名之方法。

训“唯”为应，源于《广雅》：“唯，譍也。”（《释诂一》）但是，这个“譍”字不是一般的适应、答应之应。《说文》（徐铉本）：

“譍，以言对也。”它表示的是一种具体的答应之辞。用例如：《论语·里仁》：“子曰：参乎！吾道一以贯之。曾子曰：唯。”

《名实论》的这个“唯”字，当然不是“应辞”，而应当训“独”、训“只”。用例如：“子谓颜渊曰：用之则行，舍之则藏，唯我与尔有是夫。”（《论语·述而》）《广雅·释诂三》亦曰：“唯，独也。”这样，原文文义，才可畅通。同时，“彼”（“此”）之名专用于“彼”（“此”）之物，说的才是真正的逻辑正名的方法。再看其下文：“故彼（故）[①] 彼止于彼，此此止于此，可。彼此而彼且此，此彼而此且彼，不可。”其中的“止”字和作为它的对立面用的“且”字，也正好是“唯”字应作“独”字解的明证。

据上述，这一整段话应该是这样的意思：

> “所谓名正，就是‘唯乎其彼此’。称那个东西为彼，而‘彼’这个名称又不专用于那个东西，则‘彼’这个名称就不能通行。称这个东西为此，而‘此’这个名称又不专用于这个东西，则‘此’这个名称就不能通行。……所以，称那个东西为彼而又适宜于那个东西，就专用于那个东西，那样才可称为‘行彼’；称这个东西为此而又适宜于这个东西，就专用于这个东西，那样才可称为‘行此’。……所以，称那个东西为彼，而又仅止于称那个东西，称这个东西为此，又仅止于称这个东西，是可以的。称这个东西为‘彼’，因而弄得那个东西成了‘此’，称那个东西为

① 据《说郛》本等校删。

‘此’，因而弄得这个东西成了‘彼’，是不可以的。”

这就是在主张：事物与名称，必须一一对应，不能或此或彼。或者说，也就是在主张：概念要明确，名词所指要固定，不能含糊其辞，不能两可，不能自相矛盾。虽然由于历史的局限（这门科学还在幼年时期），它只涉及了概念这个最基本的思维形式（逻辑的最基本单位），而还没有全面涉及判断、推理、论证等所有的思维形式。但是，无疑地它是说出了今天形式逻辑同一律的基本内容；而其反对名词所指不确定即“彼”“此”之名不专用于彼此之实的思想，则基本上也就是逻辑矛盾律的内容了。

四、“诡辩”说驳议

由于著名的“白马非马”被误解成了“白马不是马”，公孙龙更是从古到今地被认为是诡辩论的代表。实则大谬不然。

论定公孙龙思想为诡辩者，除了上文已经澄清的对“白马非马”的错误理解以外，虽然论证犹或有不同，但大体上则不出“烦琐”、“主观”、“绝对主义”、“孤立”、“形式”诸端[①]。概而言之，无非说它就是唯心主义和形而上学。但是，这样一来，就无疑是在唯心主义、形而上学和诡辩之间简单地划了等号，致使所有的唯心主义、形而上学都成了诡辩，于理实难通。

列宁曾这样地说到过诡辩与唯心主义（包括相对主义）的

① 侯外庐等：《中国思想通史》，第1卷第419—420页。

关系：

> “主观主义（怀疑论和诡辩论等等）和辩证法的区别在于：在（客观的）辩证法中，相对和绝对的差别也是相对的。对于客观的辩证法说来，相对中有绝对。对于主观主义和诡辩说来，相对只是相对的，是排斥绝对的。”①
>
> “概念的全面的、普遍的灵活性，达到了对立面同一的灵活性，……如果加以主观的应用＝折衷主义与诡辩。客观地应用的灵活性，即反映物质过程的全面性及其统一的灵活性，就是辩证法，……。”②
>
> “把相对主义作为认识论的基础，就必然使自己不是陷入绝对怀疑论、不可知论和诡辩，就是陷入主观主义。”③

这里，与辩证法对立的“诡辩”，只是“主观主义”里面包含的一个种概念，与它并列的还有“怀疑论”和“折衷主义”；更明确地说，只是“主观主义”的“应用”。诡辩、怀疑论、折衷主义等等，固然都是主观主义即唯心主义（形而上学），或者说都是唯心主义（形而上学）的应用；但不能倒过来说，唯心主义（形而上学）就是怀疑论、折衷主义和诡辩。所以，在唯心主义、形而上学意义上使用的“诡辩”，所指的只是“诡辩”的

①② 《列宁全集》，第38卷第408、112页。
③ 《列宁全集》，第14卷第136页。

哲学基础。同样，相对主义虽然可以是诡辩的“认识论基础”，而还不一定就是诡辩。

严格说来，唯心主义、形而上学、主观主义、相对主义都是哲学的概念；诡辩则不是“哲学”的概念，而是逻辑学的概念。

诡辩只是一种“辩术”，是一种“从根据出发的抽象推理”①。它与其他辩术不同之处，只在于“以任意的方式，凭借虚假的根据，或者将一个真的道理否定了，弄得动摇了，或者将一个虚假的道理弄得非常动听，好像真的一样。”②列宁也曾在这个意义上，把“诡辩”当作与“狡辩”相同的概念来使用③。在批评普列汉诺夫的“诡辩”的时候，列宁还既把它称为“普列汉诺夫的逻辑”，又说它“不是什么逻辑”④；这就是说，“诡辩”是一种反逻辑的“逻辑”。

“辩”这个字，在古代并无贬义。《说文》：“辩，治也。”段注：“治者，理也”；“谓治狱也”。由这个意思，又引申出“明辩”（《管子·五辅》注：“辩，明也。”贾谊《新书·道术》：“论物明辩谓之辩”）、辩“说”（《吕氏春秋·淫辞》注：“辩，说也。”《荀子·非相》注：“辩谓能谈说也。”《韩非子·八经》以“辩”“呐”对言）、辩“慧”（《广雅·释诂》）等等，基本上都是“说事分明”（《春秋谷梁传·序》疏）的意思。因此，“辩”还是一种优良的品质。《说苑》一书，多“辩智明慧”（《谈丛》）、“贤人辩士”（《奉使》）连用，更可为证。由此，“辩”者或“辩”言，甚至还是国家的珍宝。《墨子·尚贤上》篇把“辩乎言谈”的“贤

①② 黑格尔：《哲学史讲演录》，商务印书馆1960年版第2卷第20、7页。

③ 《列宁全集》，第14卷第30页。

④ 《列宁全集》，第10卷，人民出版社1958年版第299页。

良之士”视作“国家之珍而社稷之佐”,《墨子·尚同中》篇主张“选择天下贤良圣知辩慧之人,立以为天子”。据《说苑·君道》篇记载:管仲、隰朋的“辩”言,被齐桓公视为可使人君“目加明、耳加聪”的珍宝,因而行大礼将它“荐之”于已经升天的“先祖”;可见更是不同寻常了。

在“辩说”意义上使用的“辩”字,与诡辩毫不相干,或者还正好是它的对立面:“夫辩者,将以明是非之分”(《墨子·小取》)。因此,都只用于褒义。如荀子,既明确地说“君子必辩”(《荀子·非相》),又详尽地制定了“圣人之辨说”和“士君子之辨说”(《荀子·正名》)的原则或标准,从而“辩说”也就成了“圣人”、“君子”所必备的品质。他所反对的,如所谓“无用之辩”(《天论》)或“言辩而逆”(《非十二子》)之辩,实际已经不是一般的辩了。这些,他甚至已经不称为“辩”,而只称为“言”、称为“说”了。如《非相》篇有“奸言”、《非十二子》篇有“奸说”而都没有“奸辩”之称,即说明他认为“辩”字与“奸”字无缘①。

“诡”字与“辩”字发生关系,最早见于《管子·法禁》篇:“行辟而坚,言诡而辩,术非而博,顺恶而泽者,圣王之禁也。”②“诡”字的意思,是“怪异”和“诈伪”③。但是,这里

① 《荀子·非相》说:“奸言,虽辩,君子不听。”一个“虽”字,说明他认为“奸言”与“辩”已经是性质相反的东西了。《说苑》中于贬义者亦只称“曲辩”、“小辩”(《谈丛》)而不泛称为“辩”。

② 类似文字又见于《荀子·宥坐》及以后的多种著作;《荀子》以下多作“言伪而辩”,《论衡·定贤》篇作“言非而博”。

③ 《说文通训定声》:“诡,假借为恑。”“恑,谲诈怪异之意。”从《荀子》和《论衡》的用词,亦可见“诡”字的意义略同于“伪”字和“非”字。《说文》:“伪,诈也。”“非,韦也。取其相背也。”《管子》原文以“言诡”与“行辟”为类,亦可见义之一贯。

的“辩”字，仍然没有失去它的褒义。文中用的四个“而”字，就充分说明了作者认为各句前后的两项包括“诡”与“辩”在内，是性质相反的东西。就是说，在一般情况下，“诡”者不“辩”，“辩”者不“诡”；特殊情况下才结合成了“诡而辩”。因此，“诡而辩”实际上是“辩”的否定，光说“辩”则仍然不意味着就是诡辩。（唐）颜师古之注《汉书》，以“违道之辩”释“诡辩”（《佞幸传》），是完全符合古义的。“诡”“辩”连言，始于《淮南子·齐俗》。时间稍后的《史记·屈原贾生列传》所述张仪的“诡辩”，据同书《张仪列传》所指，其内容全属无中生有的假话（“饰辩虚辞”）；亦与公孙龙思想异趣。

逻辑称为“辩”。那末，这个“违道之辩”（或如《吕氏春秋·离谓》的说法：“辨而不当理则伪”）的“诡辩”，也就是违反逻辑这个“道”之“辩”了。用现代的话来说，当是逻辑的对立面，即反逻辑的或者说是表面符合逻辑规则而实则故意违反逻辑的辩术。今天逻辑上所谓的偷换概念（四名词错误）、偷换待证的论题、循环论证等等，即属诡辩。历史上典型的例子，在西方，当推麦加拉学派欧布里得提出的“撒谎的人”、“谷堆”和“有角的”为代表。在中国，则有：(1)“子死而不忧”：“吾尝无子，无子之时不忧。今子死，乃即与无子时同也。”（《战国策·秦三》）(2)“难”“相剑”：“相剑者曰：‘白所以为坚也，黄所以为牣也。黄白杂，则坚且牣，良剑也。’难者曰：‘白所以为不牣也，黄所以为不坚也。黄白杂，则不坚且不牣也。’”（《吕氏春秋·别类》）中国古代诡辩论的代表，应该是所谓纵横家之流的人物。

用这个标准来看，《公孙龙子》书中当然也有诡辩，这是唯心主义哲学家所不可免的。如：“‘天下无指，而物不可谓指’

者，非有非指也；非有非指者，物莫非指也”；“不可谓无指者，非有非指也。”（《指物论》）还有如：“坚未与石为坚而物兼，未与〔物〕为坚而坚必坚”；“白固不能自白，恶能白石物乎？若白者必白，则不白物而白焉。”（《坚白论》）但是，所有这些，都不仅是个别的，而且是次要的；在公孙龙思想的整个体系中，均只是属于较低层次的东西。他的主要思想“物莫非指”、“坚、白、石”“离”、“白马非马”、“二无一”、“变（非）〔而〕不变”以及“唯乎其彼此”的“正名”说，均不属诡辩。而且，其中不少命题所表示的，倒是真正道地的逻辑思想。

因此，公孙龙只能以“别同异”、“离坚白”或“白马非马”名家，而决不能以诡辩为称。他在中国古代逻辑思想史上的地位，完全不容抹煞。一方面，他纠正了庄子的“道通为一”（《齐物论》）、“不谴是非”（《天下》）那种取消同异、抹煞是非的相对主义错误。另一方面，自孔子提出“正名”问题以后，虽已有墨子和稷下唯物主义学派对之作了唯物主义的解释；但一直到战国中期为止，其研究主要还是局限在政治、伦理（褒贬奖惩）等等社会意义的范围内。正是公孙龙，把名实问题作为真正的逻辑问题来研究，使之成为一个独立的知识领域，而不再是伦理政治的附庸。或者竟可以说，中国自公孙龙才有了逻辑学，也并不算过分。从这个角度看，公孙龙的逻辑思想还超过荀况。荀况的逻辑思想，在一方面比公孙龙有所发展，如《正名》篇关于“所为有名”、“所缘以同异”、“制名之枢要”的思想，特别是“共名”“别名”分类及其相对性与“约定俗成”的思想，对于概念的作用、形成、分类及其社会性诸问题，都作出了更加全面的分析。而且，所有这一切，又都是以唯物主义思想为基础的。但是，他因深受儒家伦理主义传统的影响，事实上仍旧把所谓“正名”看成是解决伦理政治问题和政治统治的工具，并没有帮助它摆脱政治附庸的地位而成为一门相对独立的科学。所谓“知者为之分别制名以指实，上以明贵贱，下以辨同异”（《荀子·正名》），已经把“明贵贱”看得比“辨同异”更为重要。所谓“故王者之制名……则慎率民而一焉。故析辞擅作名以乱正名……则谓之大奸；其罪犹为符节、度量之罪也。故其民莫敢托为奇辞以乱正名，……故壹于道法而谨于循令矣。如是则其迹长矣。迹长功成，治之极也。”（《正名》）则“制名”更已经成了“王者”的特权，名学也只是一种“率民”使“壹于道法而谨于循令”，从而保证地主阶级统治“迹长功成”的“治”术了。

当然，话还得回过头来说。公孙龙的逻辑思想，作为把逻辑当作逻辑来研究的开端，始终还只是开端。它所涉及的逻辑这门科学的内容，不仅不及荀子，而且更远不及后期墨家。在公孙龙，主要地只是探讨了有关概念的一些问题；后期墨家的“以名举实，以辞抒意，以说出故”（《小取》），则已经开始了对概念、判断、推理这三种基本的思维形式进行全面的探讨。后期墨家是中国第一个粗具规模的逻辑科学体系的创建者，加上它的哲学基础也是明确的唯物主义，公孙龙是无法与之相比拟的。公孙龙的作用，只是作为中国逻辑思想发展史上的一个必要的环节，对荀子、后期墨家逻辑的产生起了不可缺少的思想启迪和资料积累的作用。

第七章　社会政治作用、阶级属性和历史地位

一、社会政治作用和阶级属性

（一）基本的估计

公孙龙的思想在当时发生的社会政治作用以及它的阶级属性，因为没有涉及社会政治问题的原始资料，实在难以作出具体的、明确的结论。

《公孙龙子》全书，《迹府》篇虽有似涉社会政治的文字三处，但所说都不是公孙龙本人的社会政治思想。如："楚王仁义而未遂也。"这是公孙龙引述的仲尼之语，不仅不是他自己的思想，甚至在篇中也没有表示他对这句话本身的态度。它只是他用来引出"仲尼异楚人于所谓人"，即论证"白马非马，乃仲尼之所取"，从而指出孔穿"修儒术而非仲尼之所取"

的矛盾的。再如，有关“忠”、“孝”、“信”、“顺”以及“赏罚是非”的两处：

> “今有人于此，事君则忠，事亲则孝，交友则信，处乡则顺；有此四行，可谓士乎？”
>
> “今有人君，将理其国。人有非则非之，无非则亦非之；有功则赏之，无功则亦赏之。而怨人之不理也，可乎？”

亦都只是引述的尹文的话。同样，他也没有表示过对这些话本身的态度；而只是用来证明孔穿之非难“白马非马”实在与“齐王之谓尹文”的只“知好士之名，而不知察士之类”一样：“知难白马之非马，不知所以难之说”。此外，在公孙龙自作之五论中，就没有涉及社会政治的文字了。《通变论》中的“君臣争而两明”，或可认为绝无仅有之语，但实在又非《通变论》原文，而系旧注注文或反对者评文所羼人①。把公孙龙封为法家，说他“积极主张维护封建君主的权威”，“就是说，封建国家之臣不能和君分庭抗礼”②；用的就正是这个虚假的材料。

古书记载的公孙龙另一些政治性言论如“德于天而惠于民”、“偃兵”、“兼爱”等等，实皆当时套语，为一般学人所常谈，并不具有特异性，因此亦不足据以论证公孙龙思想的社会政治作用和阶级属性。

从公孙龙哲学思想的基本内容以及当时的社会历史情

---

① 说详《〈公孙龙子〉蠡测》之《〈通变论〉释疑》。

② 辛风：《名家是法家的同盟军》；《人民日报》1974 年 12 月 18 日。

况，我们可以大致判定公孙龙思想的基本政治倾向，并约略窥见其阶级属性之一斑。

公孙龙思想最显著的特征是带有多元的性质；其基本的要点是“离”、“独”、“二无一”和“变而不变”，即视离异为正常和反对变化的观念。杜国庠所指出：这种带多元性的思想是当时国与国之间“诸侯各据一方，称王称霸，上无共主，互无统属”①、士人中间充塞着“独立自尊”②的心理、思想文化方面广泛流行的五行说“虽有相胜，也没有‘一行’能统治其他，上面也没有统一它们的东西”、宗教方面也还“没有真正的一神教”③这样的社会现实的反映，因而“它的社会作用，将是对于并峙的社会状况为均势的维持，对于行将到来的帝国统一的进程为倒退的拖住”④；无疑是正确的。同时，一切“相与离”的绝对分离观念以及作为它的自然延伸的“二无一”、“变而不变”等等，说到底又就正是恩格斯所说的“旧事物的拥护者”用来“抵抗新事物”的“旧世界观的基本原则”⑤。因此，公孙龙思想对于当时社会历史的发展、特别是正在走向统一的趋势的作用，只能是消极的。就是说，它的社会政治作用，是保守的。

同样，在奴隶制向封建制的过渡虽已接近完成而还未最后完成的当时，主张不变的思想、具有多元性的哲学以及视离异为正常的观点，亦非当时正在努力最后完成向封建制的过渡并建立全国统一政权的新兴地主阶级所宜有，而倒可能是没落的奴隶主阶级的意识形态了。

---

①②③④　《杜国庠文集》第540、132、131、540页。

⑤　恩格斯：《自然辩证法》；《马克思恩格斯全集》第20卷第557页。

(二)《名实论》的正名说

公孙龙思想社会政治作用和阶级属性估量上的分歧意见，来自对《名实论》正名说的不同理解。《名实论》的正名说是往往会被解释得使公孙龙思想具有进步社会政治意义的外观的。

对于《名实论》的下面一段话：

> “知此之非〔此〕也，知此之不在此也，（明）〔则〕不谓也。知彼之非彼也，知彼之不在彼也，则不谓也。”

连论定公孙龙思想具有保守的社会政治意义的研究者如杜国庠，也作出了这样的解释：“‘知此之非此也’，是说事物已非原来的事物了；‘知此之不在此也’，是说事物已经不存在了。”“所谓‘不在’，当涵有物本身的变动发展的意义在内”，“他主张实有变动，‘所以谓’实的名也应该随着它而改易。”① 杨荣国则更认为“不谓”等等就是在说“事物已经发生了变化，旧的‘名’已经不适用，就不要再用旧‘名’去称呼了”②，《名实论》后文的“审其名实，慎其所谓”就是“要根据新的‘实’来慎重地重新定名”③；所以这种“关于名实关系的论点”是“反映了新兴

① 《杜国庠文集》，第542、107页。

②③ 杨荣国：《简明中国哲学史》，修订本第72、71页。

地主阶级肯定社会变革的要求”①，和“荀况提出‘制名指实’”“是基本一致的”②。

这些论断，实在都是没有根据的。

首先，从字面上看，这一段话绝没有这样许多意思。

“此（“彼”也一样）之非此（“彼”也一样）也”、“此（“彼”同）之不在此（“彼”同）也”的“此”字、“彼”字，表示的只是两个一般地不同的对象，并无后来的事物和“原来的事物”的意思。此之前文：“谓彼而彼不唯乎彼，则彼谓不行；谓此而（行）〔此〕不唯乎此，则此谓不行。”“故彼彼当乎彼，则唯乎彼，其谓行彼；此此当乎此，则唯乎此，其谓行此。”“故彼（故）彼止于彼，此此止于此，可。彼此而彼且此，此彼而此且彼，不可。”也都只是主张一般地区分不同的对象而反对彼此混淆(“唯乎其彼此”）的意思；并未涉及什么事物变化前后的“彼”“此”这样特殊的意义。这后文的“彼”“此”，义当同前一贯，不应另立一义。

“不在此”（还有“彼”）亦不能作“涵有物本身的变动发展的意义在内”的“不存在”解。因为，如果说的是“不存在”，原文就应该写作“此（“彼”一样）之不在也”，后一“此”(“彼”）字就是多余的了。同时，即使“此”、“彼”二字作处所讲，其意思也只是位置的变动，仍然不具有“物本身的变动”、“不存在”诸义。何况，“此”、“彼”二字的含义亦当与前一贯。还有，这个“在”字，于此本就不作存在解；而与“当”字同义③，是对等、对应、相当、适宜的意思。

①② 杨荣国：《简明中国哲学史》，修订本第 71、72 页。

③ 徐仁甫：《广释词》，四川人民出版社 1981 年版第 371 页。

因此，这两句话就只能作这样的解释：如果知道这个东西不叫“此”，知道“此”这个名称不与这个东西相对应，就不要用“此”这个名来称呼了。如果知道那个东西不叫“彼”，知道“彼”这个名称不与那个东西相对应，就不要用“彼”这个名来称呼了。这个“不谓”，只具有这样的意思：用名去称谓实（在公孙龙，也就是用实去充实名，就是对实之为实的认可，已见前述）是有一定条件的；如果不符合这个条件，就不能“谓”。同时，这个条件，也仅仅是一般地分清彼此而已，岂有他哉！后文的“审其名实，慎其所谓”（详尽地考察名和实，谨慎地称谓那所称谓的东西），说的也是一样的意思，亦只具有非常强调详尽地考察和谨慎地运用称谓的纯逻辑学的意义。杜国庠认为《名实论》的“正名实是纯站在逻辑的观点立论的”①，并不涉及社会政治；是完全正确的。所以，所谓“实有变动”“名也应该随着它而改易”、不用“旧名”而“重新定名”云云，更都是原文所并不具有的意思了。

其次，所谓事物“发生了变化”，就不用“旧名”而要“重新定名”等等，却也不是“肯定社会变革”的“新兴地主阶级”的“要求”，甚至不是革命阶级或革新派的一般主张；而倒是与保守势力的有关主张相接近。

先从被随意拉来作陪的荀况说起。荀况当然是一位“肯定社会变革”的地主阶级思想家。但是，他却并不主张全部废除旧名而另行重新定名。《荀子》中专门讲名实问题的《正名》篇说：“若有王者起，必将有循于旧名，有作于新名。”又说：“后王之成名：刑名从商，爵名从周，文名从礼，散名之加

① 《杜国庠文集》，第107页。

于万物者，则从诸夏之成俗曲期。”又说：“名无固宜，约之以命，约定俗成谓之宜，异于约则谓之不宜。名无固实，约之以命实，约定俗成谓之实名。”在这里，一则曰“有循于旧名”，再则曰“从商”、“从周”、“从礼”、“从诸夏之成俗曲期”（即已成的习俗，普遍的认可）。这即是说，旧名甚至是商周以来的旧名，还是可以继续使用的。因为，“名无固宜”又“无固实”，什么名指称什么实，没有一成不变的定则，而全在于“约之以命”、“约定俗成”，即是在使用中固定起来的；正如恩格斯所说的，语词的意义，原来就是“通过它的实际使用的历史发展得到的”①。所以，如果旧名被“约之以命”新实，也就可以用来称新实了。翻遍《荀子》全书，怎么也找不到那些强加于荀况的思想。所谓“知者为之分别制名以指实”（《荀子·正名》），也完全不是说要全部废除旧名全部改变名的形式以称谓新的实。它说的只是名的来源，即名是怎样来的（是人制定出来以称谓实的）问题，丝毫也没有涉及事物发生变化的时候应该怎么办的问题。

事实上，不仅战国新兴地主阶级的代表荀况并不主张全部废除旧名、制定新名来称谓新的或变化了的事物，而且任何革命阶级、革新派都不可能持有这种主张。且不说历史上一种剥削制度代替另一种剥削制度的革命，就是像俄国十月社会主义革命这样开辟了世界历史新纪元的革命变革，反映到俄罗斯语言的词汇中，也不是全部创造新词来代替旧词，而仅仅是“添加了一大批新的词和语”，“有一些陈旧了的词

---

① 恩格斯：《路德维希·费尔巴哈和德国古典哲学的终结》；《马克思恩格斯全集》，第21卷第327页。

在词汇中看不见了"，但仍然"有许多词和语的意思改变了，获得了新的意思"[①]，即继续被人们使用着，还在以旧的形式被继续使用着。全部废除旧词而创立新词，任何时候都毫无必要，也绝不可能。

语言中的词是概念的物质外壳，它的内容是作为现实事物的反映的概念。事物和反映事物本质属性的概念是不断发展变化的，它的语言形式则具有稳固的、历史继承的性质。因此，在历史发展中，词虽然有生也有灭，但更多的则是词的意义的引申与更替，即在改变了的意义上继续使用它的形式。例如，"人民"、"原子"、"物质"以及"国家"、"政府"、"银行"、"利润"、"工资"等等，就都是如此。

革新与守旧的根本性的对立，即对现实中发生的变化的态度——肯定还是否定的对立，反映到名实问题上，主要不是表现在名的形式方面，即不在于用或废这个名、那个名。对立主要表现在对名的意义的理解即词的意义可不可以变化这个方面。词的意义的变化是事物变化的反映。因此，在革新的方面，既然承认事物的发展变化，也就承认词的意义可以随着改变，而可以在变化了的意义上继续使用它的形式，用它来称呼变化了的事物。倒是保守的方面与此相反，因为不承认事物的发展变化，也就不承认词的意义可以改变，而认为变化了的事物已经不是这个事物，不能再用原来的名去称谓了。

因此，主张事物"发生了变化"就不用"旧名"的典型代表，倒是孔丘。孔丘的正名（在那时，主要地还只具有社会政治

① 斯大林：《马克思主义与语言学问题》，人民出版社 1950 年版，第 2 页。

伦理方面的褒贬奖惩的意义，而不是哲学或逻辑学的)，有所谓“君君、臣臣、父父、子子”(《论语·颜渊》)，所谓“觚不觚，觚哉！觚哉！”(《论语·雍也》)等等。他认为：不论君、臣、父、子，都要分别做得像个君、臣、父、子的样子，即要符合君、臣、父、子之名，符合君、臣、父、子概念的定义。一种酒器——应该有八个棱角的“觚”，也因为做得不再像个“觚”而使他大发感叹：这还算个觚吗！这还算个觚吗！这也就是在说，从奴隶社会的君、臣、父、子的社会关系，一直到酒器的形制，凡是发生了变化的，都不许继续用原来的名字去称呼，即继续称为君、臣、父、子，称为觚。

只是孔丘并不主张废除旧名和在肯定变革的意义上创立新名。他之主张不用“旧名”，是因为他认为事物不应该有变化，发生了变化就不该予以承认。所以，他并不主张废除这个君、臣、父、子和觚的名，而还是要留着这些去称谓丝毫也没有发生变化的即他所认可的“真正的”君、臣、父、子和觚的。不谓其认为不该谓的已经变化了的对象，并不排斥仍然可以谓其认为该谓的对象，即不变的或者仅仅是在想象中存在的不变的对象。同样，不许变化了的事物用原来的那个名，当然总也还是要给它一个名的。但是，这也只是出于不承认其合理的存在而给予另外的、以示区别的名，也可以说是贱名罢了。例如，有一次，他的一个在季氏那里做官的学生冉有，从办事地点回来比往常晚了一点。孔丘就问：为什么今天晚了？冉有回答说：“有政。”孔丘就说了一大堆废话：“其事也。如有政，虽不吾以，吾其与闻之。”(《论语·子路》)这就是说，冉有在季氏那里办的事，孔丘认为不能称为政，而只能称为事。与“政”比，“事”当然是低一等的名了。这时鲁之国政，早已专决于季氏，为什么孔丘却不承认其为"政"？因为孔丘历来认为大夫不应专国政；大夫虽专国政，还不能承认其为国政，而只能称为家事。这正就是"君子于其言，无所苟而已矣"（《论语·子路》；君子对于语言、名词的使用，决不能有一点马虎）的全部精义之所在。

孔丘与荀况的正名说，是完全对立的。这个对立的背后，决定着这个对立的，就是反对变化和承认变化这个更为根本的对立。两种正名说的对立，一般地也就是所有保守者和革新者的对立。孔丘的正名说，就是不承认事物和概念（语词的意义）可以变化的保守观念的一个典型。它的社会政治意义，也正是在于主张事物不能超越概念的规定，并企图用不变的概念来扼杀事物的发展变化。

最后，如果说公孙龙的正名说由于文献不足、不能详悉而或者还可能具有纯逻辑意义之外的其他含义的话，那末倒也正可以从与孔丘"正名"说的比较中窥见其基本的倾向。公孙龙的"慎其所谓"和"不谓"，就颇有似于孔子的"君子于其言，无所苟"和"觚不觚，觚哉！觚哉！"之叹。因此，两种正名说之还有某些相同之处，亦未可知。如果还一定要说公孙龙强调区分的"彼""此"中间可能也包括有事物变化前后的"彼""此"，即主张不许用原来的名称去称谓变化了的事物的话，倒更是实实在在地不同于荀况而大同于孔丘、不仅不倾向于革新而是倾向于保守的了。

对公孙龙正名说作这样的推论，与他反对变的根本思想并无矛盾，而且倒是完全一致的。同时，从公孙龙就"审其名实，慎其所谓"的理想而连言"至矣哉，古之明王"、"至矣哉，古之明王"（《名实论》），也可见他崇古情绪之强烈。这段文字的旧注还说：“公孙龙之作论也，假物为辩，以敷王道之至大者也。夫王道之所谓大者，莫大于正名实也。仲尼曰：唯名与器，不可以假人。然则名号器实，圣人之所重慎之者也。”这也是在引孔丘为公孙龙的同调。

从《迹府》篇看，公孙龙与儒家也没有多大政治原则上的对立。那个“修儒术”的孔穿，就是善视公孙龙的。他虽然对“白马非马”的说法不满，但看来仅仅是学术观点的分歧；因而提问的方式，如“素闻先生高谊，愿为弟子久”、“请为弟子”、“侧闻下风，高先生之智，说先生之行”等等，都十分友善。同样，公孙龙在辩论中也还引用孔丘的话，以“仲尼之所取”来论证自己的主张，而责孔穿“非仲尼之所取”为非。总之，看不到丝毫政治上的敌对态度。这也可以是我们的推论的一个旁证。

二、历史地位

（一）名家学派的巨擘

《汉书·艺文志》及战国史籍所载“名家”（“辩者”）诸子（详见本书附录三），除开年代较早的邓析、尹文根本不属名家（辩者）而只是战国时此派学人甚或后世之编书者所依托而可以不计外，兒说、桓团、毛公、田巴虽与龙年代大同而略有先后，但学说、成就、事迹、名声各方面都无法与龙比拟。因此，公孙龙实为惠施以后的名家学派最大代表人物，堪称名家学派的巨擘。从春秋开始的名实之争，由社会政治伦理问题即主要是旧制度存废问题的争论转变为对名词、概念即思想本身的哲学、逻辑学的研究，也正是至公孙龙才得到完成的；惠施只处于这个过程的转折处。名家（辩者）诸子的著作几乎全部亡佚，甚至如同时的桓团、綦毋子以及略后的成公生、黄公连事迹都湮灭无闻。只有《公孙龙子》书虽残而大半仅存，由此而我们还能对其思想有较完整的了解。这样，也就更加使他的地位显得特别重要了。

对于这位名家巨擘的学派归属，学界颇多不同意见，也有认为应属墨家、道家、法家的。其中，属法家一说完全是出于政治需要的无中生有的捏造，可以不作学术问题予以论列。属道家之说，持者甚少；如郭沫若的《名辩思潮的批判》，主要亦只是从“在思想派别上和惠施必有相同之处”[①]所作的推演，并无具体论述。

唯有属墨家之说，持之者众，并都有详细论证，因而不可不辨。

《惠施评传》第四章中所列举认惠施属墨的诸家，几乎都同时认为公孙龙属墨家；伍非百[②]等人亦然。其理由大致为：(1)“公孙龙主张偃兵，狠合墨家兼爱非攻之说”；(2)“公孙龙的学说，差不多句句都和《墨子·经上下·经说上下》四篇有关系。……《公孙龙子》书中的《坚白》《通变》《名实》三篇，不但材料都在那四篇《墨子》里面，连字句文章都和那四篇相同。”[③] (3)“有白马不能就说是有马，好比爱楚人不能就说是爱人。换句话说，没有一只白马，不一定就是没有马，譬如

① 郭沫若：《十批判书》，第 273 页。

② 伍非百：《中国古名家言》，第 627 页。

③ 胡适：《惠施公孙龙之哲学》；《东方杂志》第 15 卷第 5、6 号，1918 年 5 月 15 日—6 月 15 日。

不爱一个具有特殊性质的人，也不一定便是不爱人。这也是兼爱论上一个重要的剖辨。”①

其实，这些都并不正确。

首先，公孙龙虽主“偃兵”，却正与墨子不同。墨子并不一般地非战，而只是“非攻”而不非战（包括“诛”和“守”)。《非攻下》篇即明确地肯定了“禹征有苗，汤伐桀，武王伐纣”之“非所谓攻，所谓诛”的合理性。在《非儒下》篇，对于儒者的“胜不逐奔”，还认为如果在目的是“为世除害”而“兴师诛罚”的战争中，就会使“暴乱之人也得活，天下害不除”，因而是“不义莫大焉”的行为。同时，公孙龙虽主“兼爱”、“惠于民”，但这还不必就是墨子的“兼爱”，因为这些在当时已是一般的思想潮流，并非一家一派所专主。

其次，公孙龙与《墨经》四篇都论“坚白”，但其具体观点却又正好相反，公孙龙主“离坚白”而《墨经》主“盈坚白”。《公孙龙子》书中也确有“连字句文章”都与《墨经》四篇相同的，但以《坚白论》为例，这些又都是其中的客论即与公孙龙相驳难者的观点②。因此，二者界限仍不容混淆。

最后，《白马论》说的是方法论和逻辑学方面的问题，根本与“兼爱”无关。《迹府》篇把这个“异白马于所谓马”的“白马非马”与“仲尼异楚人于所谓人”相比拟，只是为了证“白马非马，乃仲尼之所取”，因而孔穿之反对“白马非马”就是“修儒术而非仲尼之所取”。其要害仍然全在“白马非马”之证成，并不在用“白马非马”去说明“兼爱”等等。

为了证明“白马非马”的意思是“不爱一个具有特殊性质

① 钱穆：《墨子》，商务印书馆 1935 年版第 68 页。

② 说见《杜国庠文集》第 88—89、221—222 页。

的人，也不一定便是不爱人”，钱穆又举了《小取》篇文为证：

> “获之亲，人也；获事其亲，非事人也。其弟，美人也；爱弟，非爱美人也。车，木也；乘车，非乘木也。船，木也；（人）〔入〕[1]船，非（人）〔入〕[2]木也。盗人，人也；多盗，非多人也；无盗，非无人也。奚以明之？恶多盗，非恶多人也；欲无盗，非欲无人也。世相与共是之。若若是，则虽盗（人）[3]人也，爱盗非爱人也。不爱盗非不爱人也，杀盗（人）[4]非杀人也，无难（盗无难）[5]矣。”

这更是毫无根据的附会。

《小取》是一篇系统的逻辑论文，所讨论的是纯粹的逻辑问题，而不是什么“兼爱”等等的社会伦理政治问题。钱穆所引及其后文（直至篇末，共四段文字），是在讨论推理过程中可能出现的四种逻辑错误，实为逻辑学的“谬误论”。这第一段所讨论的，就是第一种可能发生的错误——“是而不然”；意在揭示“必须是在附性后不改变主谓词原有的类属关系，必须不改变主谓词原来的词义，必须不改变命题的结构和性质，必须不改变主谓词的量词，尤其是不能任意使用否定量词”等等“‘侔’式推论的规则”[6]。文中虽也涉及墨家关于“不

---

①② 据（清）苏时学《墨子刊误》说校改。

③④⑤ 据孙诒让说校删。

⑥ 周云之、刘培育：《先秦逻辑史》，中国社会科学出版社 1984 年版第 187 页。

爱盗非不爱人”、“杀盗非杀人”的主张，但不是此文的主旨。《小取》篇真正说到“兼爱”主义者，则别有在：“爱人，待周爱人而后为爱人。不爱人，不待周不爱人。不周爱，因为不爱人矣。乘马，不待周乘马然后为乘马也；有乘于马，因为乘马也。逮至不乘马，待周不乘马而后为不乘马。”但亦仅止于涉及，此文的主题还是在讲逻辑，即概念的周延（“一周而一不周”）的问题。

因此，公孙龙不属墨家。

（二）思想的理论意义

公孙龙的哲学，属于唯心主义和形而上学，在总体上当然是错误的。

“从粗陋的、简单的、形而上学的唯物主义的观点看来，哲学唯心主义不过是胡说。”① 马克思主义则认为，对于唯心主义，特别是历史上的、“在古希腊人和我们之间存在着两千多年的”“唯心主义”，不能“简单地抛弃”了事；对它进行“批判”，也就是要从那“错误的、但为时代和发展过程本身所不可避免”地决定的“暂时的形式”中，“剥取”它的“思想内容”和“成果”②。

公孙龙的哲学就正是这样的唯心主义。它也并不就是胡说，在这个“暂时的”、“错误的、但为时代和发展过程本身所不可避免”地决定的唯心主义“形式”中，确实包含着人类思维长期曲折发展所获得的“成果”。

---

① 《列宁全集》，第 38 卷第 411 页。

② 恩格斯：《自然辩证法》；《马克思恩格斯全集》，第 20 卷第 539 页。

特殊地说，在当时的哲学舞台上，取消同异、抹煞是非的相对主义思想，如庄子的“道通为一”（《齐物论》）、“不谴是非”（《天下》）等等，甚为流行。公孙龙的绝对主义的唯心主义思想，正好与之针锋相对，起到了纠偏补弊的作用。

在更为广泛的意义上，公孙龙哲学思想的作用，还远不止此。

中国哲学，素以“贤人作风”著称，“以伦常治道的人生智为唯一关心的问题，而无暇论究好像不着边际、不合实用的希腊智者所醉心的宇宙根源问题，以及认识自然与一般知识技能的问题。”① 从这个方面看，《公孙龙子》这个独具一格的思辨唯心主义体系，与希腊古代思想史起点上的那些哲学家比起来，倒是更加富有所谓“追求知识、解答宇宙根源问题的‘智者气象’”②了。这在当时中国的哲学舞台上，甚至在整个中国哲学史上，就都是非常难能可贵的。

在公孙龙当时，他的哲学思想，以别具一格的思辨，反映了人类认识与思维发展的水平。同并世各家甚至以后相当长的历史时期内的各家哲学相比，至少在以下几个方面具有特色，并为人类哲学思想的发展作出了独特的贡献，因而有其历史的价值。

(1) 认识的深化和抽象思维能力的提高。

从现象的物到“指”，也“就是使认识从现象的外在性深入到实体”，这是“人类对自然界和物质认识发展过程中的重要阶段”③。因为，“即使是最简单的概括，即使是概念（判断、

①② 侯外庐等：《中国思想通史》，第1卷第131、36、131页。

③ 《列宁全集》，第38卷第167—168、167页。

推理等等）的最初的和最简单的形成，就已经意味着人对于世界的客观联系的认识是日益深刻的。”①

“指”（精神实体）的概念的产生，又是抽象思维的结果。抽象思维或“理论思维仅仅是一种天赋的能力”②，“不论在个别人身上也好，在整个人种里也好，都是逐渐地形成起来的”。“在许多野蛮人的语言中没有表现硬、圆、热等等抽象概念的词，……例如不说硬的，他说，‘像石头’；不说圆的，而说‘像月亮’；不说热的，而说‘像太阳’；因为硬的、圆的、热的这些属性在他的脑子里还没有与石头、月亮、太阳分离开。只是在长期的脑力劳动之后这些品质才从这些具体事物分离出来，抽象化出来，于是品质就转变为名词和供作人脑中形成的抽象思想的记号之用。”③ 因此，所谓“离坚白”的“离”，即坚、白等等离于石、离于物的思想的产生，就正好是人类抽象思维的结果，是事物的属性在人的脑子里与事物分离开来即抽象化出来的反映，也是抽象思维能力日益发展进步的标志。“指”这个概念的抽象化程度，就超过了以前、当时及后世各派哲学家的阴阳、五行、气、天、道、太极、无、理、心等等所有本体论的概念。

现代唯物主义哲学的最高成果，对“物质”这一哲学概念的唯一正确的理解（“物质的唯一‘特性’就是：它是客观实在，它存在于我们的意识之外。”④）的获得，同样是抽象思维的伟绩。因为，“物质本身是纯粹的思想创造物和纯粹的抽象。

① 《列宁全集》，第38卷第190页。

② 恩格斯：《自然辩证法》；《马克思恩格斯全集》，第20卷第382页。

③ 拉法格：《思想起源论》，三联书店1963年版，第53、62页。

④ 《列宁全集》，第14卷第275页。

当我们把各种有形地存在着的事物概括在物质这一概念下的时候，我们是把它们的质的差异撇开了。因此，物质本身和各种特定的、实存的物质不同，它不是感性地存在着的东西。”① 在这个意义上说，公孙龙哲学的高度抽象思维，在作为“整个认识的历史”的“哲学史”② 上，还是通向辩证唯物主义哲学——人类认识迄今获得的最高成果的一个必要的环节。

（2）对哲学基本问题的自觉意识、彻底唯心主义的回答和细密的论证。

作为事物共相的“指”——精神本体的提出，是前无古人的，是公孙龙的独创，标志着他对哲学基本问题的自觉意识的明晰程度。对于指物关系的彻底唯心主义的回答，把哲学基本问题表现得十分尖锐、突出、白热化，因而一般地说也就有利于这个问题的正确解决。

更为重要的是，公孙龙对于坚白“离”（即“指”的属性）和唯心主义指物关系的细密的逻辑论证；其细密的程度，为以前、当时及更后的许多哲学家（他们中的很多人甚至都只是简单地宣布了自己的哲学思想而并没有作出应有的论证）所不及。这对于哲学基本问题的正确解决，客观上亦有着不可忽视的积极作用。

对于坚白“离”的论证，正因其细密，就将从现象的物到共相的“指”的抽象化过程以及对它的唯心主义歪曲（把原来是具体事物中抽象出来的事物的属性，与具体事物割裂开来，说成是脱离具体事物而独立自存的，又是具体事物赖以存在的精神实体）的秘密暴露无遗。这有助于哲学基本问题的正

① 恩格斯：《自然辩证法》；《马克思恩格斯全集》，第20卷第598页。
② 《列宁全集》，第38卷第399页。

确的、唯物主义的解决，应该是容易理解的。

再说他对于唯心主义指物关系论的论证。

“思维对存在、精神对自然界的关系”即“什么是本原的，是精神，还是自然界?”这个“全部哲学”的“最高问题”①，实际上也就是“或者从思维中推论出世界的统一性”，“或者从存在于我们之外的、在认识论上早就叫做物质并且是自然科学的研究对象的客观实在中推论出世界的统一性”②，即世界统一性的问题。

从这个角度看，彻底的唯心主义者公孙龙所作出的唯心主义指物关系的论证，在一定程度上也可以说就是在于“从思维中推论出世界的统一性”。这种论证，因为是唯心主义的，所以在总体上就是绝对错误的。但是，唯物主义关于“世界的真正统一性是在于它的物质性”的真理，也“不是魔术师的三两句话所能证明的，而是由哲学和自然科学的长期的和持续的发展来证明的。”③ 所谓“哲学和自然科学的长期的和持续的发展”，当然也包括了唯心主义者如公孙龙之流在内，因为，历史上的唯物主义对此所作出的证明，虽然在总体上是正确的，但在细节方面却不一定十分充分。对于十七八世纪欧洲的伟大唯物主义者，恩格斯就曾说过：“当时哲学的最高荣誉就是……它——从斯宾诺莎一直到伟大的法国唯物主义者——坚持从世界本身说明世界，而把细节方面的证

① 恩格斯：《路德维希·费尔巴哈和德国古典哲学的终结》；《马克思恩格斯全集》，第21卷第316页。

② 《列宁全集》，第14卷第176—177、177页。

③ 恩格斯：《反杜林论》；《马克思恩格斯全集》，第20卷第48页。

明留给未来的自然科学。"[①] 就是说，在细节方面的证明并不充分。在中国哲学史上，公孙龙所作出的论证，在细节上就远远超过了当时及后世的唯物主义者。

黑格尔说过，"古代怀疑论曾不厌其烦地对他在科学中所遇到的一切概念，都指出过这种矛盾或二律背反。"[②] 列宁认为这就是"怀疑论在哲学史上的作用"[③]。依此，我们也完全可以说，公孙龙这个唯心主义者也曾经以他特定的方式，"不厌其烦地""指出过"世界的统一性，这也是他"在哲学史上的作用"。同样，他的一切证明的努力，亦可以说是"转弯抹角地（而且还翻筋斗式地）紧密地接近了唯物主义，甚至部分地变成了唯物主义。"[④]

(3) 逻辑科学方面的卓越成就。

在逻辑科学方面，他获得了前无古人的成就。他研究并正确地揭示了形式逻辑概念论差不多所有的丰富内容和最基本的思维规律，对中国逻辑思想的发展作出了卓越的贡献。他的逻辑思想是中国逻辑思想发展史上的一个重要环节，荀子和后期墨家的逻辑就是在它的诱发下产生的。他的更加重要的贡献，还在于把名实问题作为真正的逻辑问题来研究，使之成为一个独立的知识领域，而不再是伦理政治的附庸。在这个意义上说，公孙龙还是中国逻辑学之父。

公孙龙的思想，在中国哲学史上应该具有这样的地位，可以发挥这样的作用；但实际上却没有发生那么多的作用。

---

① 恩格斯：《自然辩证法》；《马克思恩格斯全集》，第 20 卷第 365 页。

② 黑格尔：《逻辑学》，上卷；商务印书馆（北京）1966 年版第 200 页。

③④ 《列宁全集》，第 38 卷第 119、308 页。

除了在逻辑上诱发了墨辩（墨辩本身也没有找到继承者）和荀子（荀子逻辑思想亦有很大局限）外，在哲学上几乎没有发生什么影响。其原因，与中国社会的历史特点，政治、经济、礼俗，甚至更后的科举制度，都有密切关系。这个问题比较复杂，还有待于深入研究。

附　录

《庄子·天下》篇的“辩者”学说

“卵有毛，鸡三足。郢有天下。犬可以为羊。马有卵。丁子有尾。火不热。山出口。轮不蹍地。目不见。指不至，至不绝。龟长于蛇。矩不方，规不可以为圆。凿不围枘。飞鸟之景未尝动也。镞矢之疾，而有不行不止之时。狗非犬。黄马骊牛三。白狗黑。孤驹未尝有母。一尺之捶，日取其半，万世不竭。”

——《庄子·天下》

这一段话，历来被称为“辩者二十一事”①。关于各该论题的具体含义、思想实质以及所属学派等等，异说纷纭，向无定论。

---

① 鄙意以为“卵有毛，鸡三足”（文亦有误）实为一事，故当为二十事，说详后文。

（一）"二十事" 各解（上）

这些论题中的绝大部分，具体含义难得确解；历来解者虽多，大都仅是猜测。至其基本的思想倾向，则都是可以确知的。以下，对于学术界已有的各种具体解释只作简要的介绍，侧重在其基本思想倾向的把握。

(1)"卵有毛，鸡三足。"

关于"卵有毛"。

有以相对主义的无所谓"有""无"或不可知论作解的，有认为毛属诸胎生动物、卵生动物只能称"羽"因而是在论证羽和毛也即万物之毕同的，均不确。从二十事的总体来看，辩者绝不是相对主义或不可知论者。同时，鸿雁的毛就称"鸿毛"（《汉书·司马迁传》），可见卵生亦可称毛。"羽，鸟长毛也。"（《说文》）鸟类的长毛称羽，一般的毛则仍称毛。

另一种解法是卵中已经包含有成毛的可能性，可通。用今天的哲学语言来说，当就是：同一事物（无毛的卵）本身包含着差异（有毛的因素），或不同的事物（卵和鸡）有相同的一面。

关于"鸡三足"。

历来的解释，认为那多出来的一足是心神（意识），或认为因数无实体而可二可三，或认为由视错觉造成，还有各种各样比附《公孙龙子·通变论》的"鸡足三"而认为多出来的一足是言、是名、是概言等等；实在都难通[①]。

---

① 说详《〈公孙龙子〉蠡测》之《〈通变论〉释疑》。

章士钊则以逻辑为说，并列出其辩式：“无鸡一足，一鸡较无鸡多两足，故一鸡三足。”[①] 亦只是一种猜测，且不必是。

其实，这个“三”字，当是“无”字之误。《吕氏春秋·察传》篇记载：子夏去晋国途中经过卫国，碰到一个人在读史记，所读书的“己亥”已误成了“三豕”。这是“己”误成“三”之例。“无”字与“己”、“三”亦相似[②]，因而也可能误成“三”字。“鸡无足”，也就是同一事物（有足的鸡）自身包含着差异（无足的因素）或不同事物（鸡和卵）具有同一性的意思。

“卵有毛”与“鸡无足”，虽然是分别就着卵和鸡两个对象说的，但于表示卵和鸡的同一性则并无差异。

(2)“郢有天下。”

郢，是楚国的都城，即楚国的一部分；为什么能“有天下”？

有认为是因为郢与天下各自与无限的空间相比时即无区别。这是以相对主义作解，不确。有认为由于郢是国都而楚又称了王，义亦不畅。

还有认为其义即宋儒所说的“一物一太极”，或小一（郢）是大一（天下）的一小部分而又具备整个大一的要素，或是数学上无穷集合讲的部分（郢中所藏地图）可以与全体（天下）等价。这些，“太极”说只是猜测，“大一”说不确[③]，无穷集合说恐亦非当时所能知道；但均论定为指明部分与全体的同一

① 章士钊：《名学他辩》；《逻辑指要》，第264页。

② “无”，在现代虽是“無”之简化字，实古已有之，《说文》谓即“無”之古文“奇字”。儒家经典古多用“无”字，今传本《易》之经传犹全作“无”。

③ 说详本书《惠施评传》。

性，则正确。

(3)“犬可以为羊。”

有以名称是“约定俗成”的为说，似嫌疏阔。有认为说的是生物进化，恐亦不合。有认为是从犬、羊的共相——都是四足兽立论的，可从。原文之意，亦在指明犬、羊之间的同一性而已。

(4)“马有卵。”

有以相对主义的包括胎、卵在内的一切皆假象而无差别为释，有以“约定俗成”为说，有认为是在说马也曾经历过卵生的阶段，都不确。有以万物毕同为说的，或是；要亦在论胎生（无卵的马）中包含着卵生（“有卵”）的因素，或胎生与卵生的同一性而已。

至于具体的解释，有一种猜想：胚胎发于卵子，杀马剖腹可见珠胎。实非。胚胎发于卵子之说，不是古代科学水平所能达到的。而且，剖马腹与剖鸟类之腹异，实在并无卵之可见。胎生动物卵子（包括受精卵）体积极小，在杀马剖腹这样血肉模糊的背景上，实为肉眼所不能见；由于它在子宫外存在的时间又极短，即使可见，机会亦甚少；一旦真的见到了，又因其外形与鸟类的未成熟卵迥异而古人实在也难以联想及之。同时，若此题果作如此解，则其所持者也就不是“辩者”而是实证科学家了。

(5)“丁子有尾。”

有以“物无定形，形无定称”（《经典释文》引（晋）李颐说）因而没有首、尾之别或无所谓“有”“无”的相对主义解释者，固非。有认为说的是文字的形体：或“丁”“子”，或“孑”“孓”；恐亦非。有认为是指钉子的形体即其细端带有不规则的尖尾，亦不必是。

有认为“丁子”是虾蟆（蛙）之楚称，虾蟆虽无尾，当为科斗时则有尾；颇是。此意亦在证无尾的虾蟆中具有有尾的因素或虾蟆与科斗的同一。

(6)“火不热。”

相对主义的解释固不确。还有认为火热仅仅是人的名言的，或认为火只是名称而热则是实在、火与热是两个不同的共相因而不能等同的，皆不确。

有以热只是人的感觉因而具有相对的性质作解的，可从。这也就是说：热与不热是可以统一的，可以是同一事物（火）的特征和属性。

(7)“山出口。”

有认为是在说山的名称出于人口的，义嫌浮泛。有认为说的是巍然高山将来可以变成平原、河泽、沙石、岩穴即事物的变化过程，有用“谷”释“口”字因而认为是“山形高”、“出乎口之上”[①] 的意思，或以“火山”口来作解，恐皆不确。

有以深山呼叫的回声来解释，并校改原文为“山有口”（《释文》引司马说；马叙伦：《庄子义证》），是。此意亦在说明无口（不发声）的山包含着有口（发声）的因素，即无口与有口是统一的。

(8)“轮不蹍[②]地。”

---

① 谭戒甫：《庄子天下篇校释》，第 34 页。

② 《释文》：“蹍，本又作跈，女展反。”因此，“蹍”读 zhǎn，亦可读 niǎn；训践、踩、止，即接触的意思。各家各本有写作“辗”的，字仍同“蹍”。有人写作“辗”（zhǎn）而训“旋转”，释这个论题为：轮不是在地上旋转，而是以轮与地面接触点为中心、以轮之直径为半径而向内旋转；并不确。

有认为作不是轮蹍地而是地吸轮解，道理虽是，恐非辩者当时所能知。有解作：轮之所蹍只是地的一小部分或具体的地而非地之共相，蹍地之轮是轮的一部分（辋）或具体的轮而非轮之共相；亦不必是。

有认为是在讲轮虽在地上运动而不接触地面（“方止方行”①），可从。刘文典认为原文应据日本高山寺古钞本及成玄英《疏》作“轮行不蹍于地”②，亦是；义亦更为显豁。“轮行不蹍于地”，也就是车轮在地上的运动中间包含着不蹍地的因素，或运动是蹍地和不蹍地的统一的意思。这里说的，实际上也就是运动着的“物体在同一瞬间既在一个地方又在另一个地方，既在同一个地方又不在同一个地方”这样的“矛盾”③ 性质。

还有认为所讲即是芝诺“飞矢不行”的道理，更误。“飞矢不行”的意思是：飞箭在它经过的每一个点上，都占有一定的位置，因而是静止的。这是一种认运动为不可能的反辩证法思想。“轮不蹍地”正与之大异其趣；且据刘校当作“轮行不蹍于地”，则在文字形式上亦正与其截然相反。

(9)“目不见。”

有解作目之所见只是物的反光而非物的本体的，以今天的光学知识为说，恐非是。有认为说的是目之共相、见之共相无关而分离的意思，这是在以《公孙龙子·坚白论》文作解，非；且其理解的《公孙龙子》文亦不确④。

---

① 马叙伦：《庄子天下篇述义》，第 78 页。

② 刘文典：《庄子补正》，云南人民出版社 1980 年版第 1008 页。

③ 恩格斯：《反杜林论》；《马克思恩格斯全集》，第 20 卷第 132 页。

④ 说详《公孙龙评传》之第三章第二节第（四）小节。

有认为说的是目之见物须凭借光线和心神，或虽能见物而不能自见；是。其哲学的意义，当是：目见物的功能不是无条件的、绝对的，其中还包含有否定的因素。

(10)“指不至，至不绝。”

历来的解法，可分三大类。

一类的理解是：“指”是手指或以手指指物，“至”是到达。

其中，有认为所以“不至”是因为手指取物还须有假于物，如“取火以钳，刺鼠以锥”(《释文》引一说)、“因力而至”、“有神以御之”(秦毓鎏：《读庄穷年录》)；“绝”之义为断绝即“不至”，所以“不绝”是因为虽假于物而毕竟还是“由指”(《释文》引司马说)或“指之力不绝”、“神不绝”(秦毓鎏)。据司马说，钱基博认为“原文本作‘指不至，指不绝。’”[①] 钱穆[②]、郭湛波[③]认为原文当作“指不至不绝”。两说实无区别，所言皆为“指”既“不至”又“不绝”，均是。“不至”即是“绝”，而“不绝”则又就是“至”。所以，原论题之意当是“至”又“不至”、“绝”又“不绝”，即同一性自身包含着差异。

又有认为“不至”是由于“指有所遗”(罗勉道：《南华真经循本》)即总有所遗漏，或至少“不能”“自指”(陆西星：《南华真经副墨》)即不能指手指自己；就其仍在指出其局限性而言，亦是。只是将下句释为“虽至有所不能尽”(罗勉道)、“使其俱……至，则不至穷绝矣”(陆西星)则否，因罗释与上句“不至”重复而陆释则成了与上句矛盾的假设语气了。

还有，解作无所谓“至”和“不至”，显系相对主义观点而

---

① 钱基博：《读庄子天下篇疏记》，商务印书馆1933年版第75页。

② 钱穆：《惠施公孙龙》，第120页。

③ 郭湛波：《先秦辩学史》，第127页。

非原意。

另一类则认为“指”是“物的表德”、“共相”、“概念”。

其中，一种认为“不至”就是“指”不能完全反映物或物的本体，“不绝”是说又不能离绝表象去进行认识；亦是。至于还解“不绝”是对物的反映永无“至”境，则与释“不至”重复；还有认“不至”是根本没有物的本体，或据《列子·仲尼》的“发引千钧，势至等也”和《汤问》注的“发甚微脆而‘至不绝’者，至均故也”而认为“至不绝”就是极细之物至均则可引极重之物而不绝，亦不必是。

一种认为“不至”是共相不能感觉，亦是；至于又认“不绝”是具体的物则始终存在着的意思，因亦据《列子·仲尼》篇校原文作“指不至，物不绝”，则不必是。

再一种认为是在讲概念与对象或物性既有密切关系（“不绝”）而又有不同（“不至”），亦可通；其中有把“不绝”释为不能绝对地代表物性的，亦因与释上句重复而不确。

第三类认为下句应作“耳不绝”，说的是天下事都可口耳相传，或相反地认为是听觉所得非实体的意思。“至”字无由误成“耳”字，说亦无据。

(11)“龟长于蛇。”

有以无所谓长短或与无限大的空间相较可以不计长短等相对主义观点为说的，不确。

有从各种特定角度如寿命、知吉凶（龟甲可以占卜）、伸缩力、大龟比小蛇、形体常伸直而不蜷曲、宽度等等作解的，原则上都可能正确。但是，原文不一定在说龟比蛇长。“于”字，亦可作“如”解[①]。蛇，“从虫而长”（《说文》），世称长虫，

---

① 《经传释词》卷一：“于，犹如也。”

因而也就可以作为“长”的代称。“龟长如蛇”，就是龟与蛇一样长，也就是龟既短又长的意思。要之，亦在论龟与蛇或长与短的同一性而已。

(12)“矩不方，规不可以为圆。”

“为”，在此应作“谓”字讲①，意思是称为、叫做、认为是。这样，“规不可以为圆”才与“矩不方”相对称。

此论题的意思，《释文》引司马彪的解释：“矩虽为方而非方，规虽为圆而非圆，譬绳为直而非直也。”是正确的。矩虽然称为方而不是方、规虽然称为圆而不是圆，说的也就是同一个矩（规）既方（圆）而又非方（圆）；一个“虽”字，已经表示得十分明确。方而不方、圆而不圆，亦即矩、规自身包含着差异的意思。

有人释“为”为“画”，认为此论题的意思是矩和规不能自己画出方、圆而只有人才能用之画方画圆，不确。有人更认为“矩不方”本亦应当是“矩不可以为方”，更误。两句文例本不必一律。在原文，还正好是有意运用的一种避免文字单调、平板的修辞方式——“错综辞法”。说“矩不方，规不可以为圆”，或说“矩不可以为方，规不圆”，其义与“矩不可以为方，规不可以为圆”都一样。而且，运用这种错综辞法以后，“不可以为圆”的“为”字作“谓”讲而不当“制作”讲的意思也就表示得更加明确，毋庸置疑了。

为什么方而不方，圆又不圆?

有认为是因为“名谓不定、方圆无实”；作相对主义解，不确。

---

① 《经传释词》卷二：“家大人曰：‘为，犹谓也。’”

有认为是说个体的矩和规不会绝对的方或圆，可从。

至于有人认为“矩之体固不方”，因而“矩不方”似乎成了废话[1]；亦须具体分析。曲尺、圆规的形体，固然不是正方形和正圆形。但是，它们可以用来画方和圆，还是“正方之器”（《荀子·不苟》注）和“正圆之器”（《诗·沔水序》郑笺）即检验方、圆的工具。因此，“规矩，方员之至也。”（《孟子·离娄上》）就是最完满的方和圆。那末，如果一般地说，当然更就是方和圆了。如《楚辞·离骚》王逸注即说：“圆曰规，方曰矩。”《吕氏春秋·自知》注亦说：“规圆矩方也。”在一般的行文中，规矩二字甚至还都就是直接地作圆和方解的。如《太玄经·玄图》“天道成规”注云“规，圆”；《三国志·蒋琬传》“规方无成”的“方”字，也无疑地就是“矩”字。

（二）“二十事”各解（下）

（13）“凿不围枘。”

“枘”是榫头，凿是接受榫头纳入的卯眼。卯眼不是围住榫头的，为什么？

有说是因为榫头进入卯眼只穿过空的地方而没有与之接触，恐与事实不符。有认为说的是榫头进入卯眼还可旋转因而没有被围住，嫌迂。有解作不是卯眼围住榫头而是榫头自己进去的，亦非。还有解作：单说卯眼不包含围住榫头的意思，或当榫头进入卯眼时已经没有卯眼，或围榫头的是卯眼周边的木头而不是空虚的卯眼，或围榫头的只是个体的而不

---

① 高亨：《庄子天下篇笺证》，《文史述林》第518页。

是共相的卯眼；亦不必是。

正确的解法当是：卯眼和榫头，既是两个东西，卯眼的大小又总要超过榫头，所以周围不一样而不相包围①。也就是说：“具体的凿和具体的枘总不能完全相合”②。至于其“不能完全相合”的原因，“凿枘人为，其不能适合无间也，明矣。”（秦毓鎏：《读庄穷年录》）亦合理。此题所论，亦凿枘之间既相围又不相围，即相围中包含有不相围，的因素的意思。

（14）“飞鸟之景未尝动也。”

一种解法认为这是说的鸟动影不动：视觉上获得的飞鸟影子的连续移动，并不真是影子在移动；实际上只是随着飞鸟的不断移动而原来被挡住的光线依次到达地面，前影立即消失而又产生了新影。此说颇确。这个论题所说的，也是动与不动的同一性问题。至于还有认为所以不动之由是影不离形因而不能自动，则不确。

另一种理解是鸟与影均不动。其中有以相对主义的没有“现在”或没有动静区别为说的，不确。也有用一切皆静止的形而上学作解的，更多的则以芝诺的“飞箭不动”为释，亦都不确。此论题并不主张飞鸟不动，因而不能用一般否定运动的形而上学观点来解释。

前些年，还有一种非常流行的看法：“看电影，银幕上那些人净是那么活动，但是拿电影拷贝一看，每一小片都是

① 说据《释文》引“司马云：‘凿枘异质，合为一形。凿积于枘，则凿枘异围。凿枘异围，是不相围也。’”“积”可训多，例如：“积，多也”（《汉书·食货志下》颜师古注），“积也多”（《太玄·玄错》）；而“多”则可训超过，如《春秋公羊传》宣公十五年“多乎什一，大桀小桀”《疏》云：“夏桀无道，重赋于人。今过什一，与之相似。”

② 冯友兰：《中国哲学史新编》，第1版第345页。

不动的[①]。《庄子》的《天下篇》说：‘飞鸟之影，未尝动也。’世界上就是这样一个辩证法：又动又不动。净是不动没有，净是动也没有。动是绝对的，静是暂时的，有条件的。”[②] 这认为说的是飞鸟之影“又动又不动”，不确。原文明明白白说“未尝动”，即从未动过，怎么能是“又动又不动”？同时，这又是把它当作了完美的辩证法，亦不确。就影是鸟的一部分或一方面看，可以认为本论题所说也就是包括鸟影在内的全鸟运动的“又动又不动”的矛盾。但是，对于动与不动，它毕竟还没有达到统一的理解，而只是分配给了两个不同的部分或方面；其一部分（方面）为动，而另一则为不动，它们仍然是分立的。对于“动是绝对的，静是暂时的，有条件的”这个辩证法的精髓，它更是完全没有涉及。所以，它虽然包含着辩证法思想的因素，但还只是辩证法的一种并不十分确切的表述。

(15)“镞矢之疾，而有不行不止之时。”

有用相对主义解释的，有以人的视觉所得好像不动为说的，有以“行”在弓之发射、“止”在地心引力而均不在“矢”为说的，均不必是。

另一种解释：“若从‘运动的结果’（“形”）来看，镞矢是止的也就是不行的，若从‘运动的可能性’（“势”）来看，镞矢是行的，也就是不止的”[③]。这是完全正确的。也就是说：“这个

① 杨注：以电影为喻，起源还极早，“譬如我们看电影戏，见人马飞动；其实只是一张一张不动的影片”（胡适：《中国哲学史大纲》，第240—241页）。

②《毛泽东选集》，第5卷，人民出版社1977年版第313页。

③ 孟乃昌：《惠施与公孙龙学说中的论题》，《光明日报》1962年2月9日。这是对《释文》引司马彪说——“形分止，势分行”的解释。

辩论认识到运动就是一个物体于同一时间在一个地方又不在一个地方。就其在一个地方说，它是‘不行’；就其不在一个地方说，它是‘不止’。”[①] 这个论题所说的，也正就是“运动本身就是矛盾”[②] 这个真理。因为“不行”就是“止”而“不止”又就是“行”，所以“而有不行不止之时”也完全可以写成“而有既止且行之时”。这样，就连在语序上都正好与恩格斯的“既在一个地方（译成辩者的语言即是“止”、“不行”）又在另一个地方（也即是“行”、“不止”）”、“既在同一个地方（也即是“止”、“不行”）又不在同一个地方（也即是“行”、“不止”）”[③] 相一致了。

(16)“狗非犬。”

《说文》：“犬，狗之有悬蹄者也。”[④]《尔雅》：“犬未成豪曰狗。”[⑤]《礼记·曲礼》孔疏：“通而言之，狗犬通名。若分而言之，则大者为犬，小者为狗。”这样，狗和犬是在常识上有别的二物：犬是猎狗，或是已长成的狗。这个论题的意思是：普通的狗、未长成的狗（狗）与猎狗、长成的狗（犬）是有区别的。冯友兰认为此题与“白马非马”相同[⑥]，颇确。此之思想倾向与上列各题迥异，意在强调不同事物间的相异：狗不就是犬。同时，从另一方面看，也就是在强调事物的自身同一：狗就是狗，犬就是犬。因此，这实际上也就是一种认为

① 冯友兰：《中国哲学史新编》，第1版第346页。

②③ 恩格斯：《反杜林论》；《马克思恩格斯全集》第20卷第132页。

④ 徐灏《说文解字笺》曰：“县蹄，盖指猎犬言，南海曾氏钊曰：‘……凡犬蹄四趾，惟猎犬足上有一趾不履地，此所谓县蹄欤？’”

⑤ 邵晋涵《尔雅正义》曰：“犬子生而长毛未成者为狗。”

⑥ 冯友兰：《中国哲学史》，第275页。

“一个事物不能同时是它自身又是别的”、把事物“看作只和它自己同一的东西”即“与一切别的东西”相“差异”的“旧的、抽象的、形式的同一性观点”①。

亦有认为狗和犬在常识上是无差别的一物，而用名实相离、名称毫无意义的相对主义或与之相反的既称为狗则不可再称为犬来解释狗、犬之相非的，均不确。

(17)“黄马骊牛三。”

“黄马骊牛”怎么是三个？说法颇多。

有牵附《公孙龙子》的“鸡足三”为释的：(1) 牛、马、牛马，共三个形体；(2) 黄、骊、黄骊，是三种颜色；(3) 黄马、骊牛、黄马骊牛，是三种形体和颜色；(4) 黄马骊牛的共相或名称，再加上一个具体的黄马、一个具体的骊牛；(5) 马之形体，牛之形体，马、牛之神；均不确。有人更以《公孙龙子·通变论》的“羊不二，牛不二，而羊牛二”为证，更误。“羊不二，牛不二”，即是羊为一、牛为一，因而是“羊牛二”。羊牛既为二，马、牛怎能成为三？

还有：(1) 马一，牛一，加上黄骊色一；或黄一，骊一，加上马牛一。亦不确。如马牛二体、黄骊二色则当共为四，如马牛皆体、黄骊皆色并为一则只有二；总不能为三。其中有人以《公孙龙子·通变论》的“二无一”证“牛马”为一，更误。“二无一”是“两个东西没有一个统一体”② 的意思，因而二就是二，完全不可能有牛、马为一的思想；依此，亦不得有黄骊为一的思想。(2) 认为“骊”是纯黑色的马，因而黄马、骊、牛很自然就成了三。亦不确。骊固可作纯黑色的马解，黄亦

① 恩格斯：《自然辩证法》；《马克思恩格斯全集》第 20 卷第 556、557 页。

② 说详《公孙龙评传》之第五章第二节第（一）小节。

可指黄色的马[①]；但这里都不是这样的用法。这里既不曰"黄、骊、牛三"而曰"黄马骊牛三"，"骊"亦当但指色而与"牛"连读甚明。(3) 骊是黄、黑相杂的非正色，为名家所弃，故仅有黄、马、牛三。此说亦不近情理。且所举《公孙龙子·通变论》的"非正举者，……骊色章焉"及其前后的一大段文字，实在都不是公孙龙的思想、非《通变论》原文而疑为旧注注文或反对者评文所羼入[②]，因而不足为证。

总之，黄马骊牛绝不能是"三"，"三"疑"非"之形误。原文本或当作"黄马非骊牛"；一误而为"黄马三骊牛"，再误而为"黄马骊牛三"。其思想实质，当与"狗非犬"为一类，而与上文所有其余各题均异。同时，胡适曾"疑心'牛'字是'马'字之误。"[③] 果如此，则《白马论》"白马非马"论题的原始形态就有可能是"白马非黄马"或"白马非黑马"。《白马论》原文，数称"黄、黑马"："求马，黄、黑马皆可致。求白马，黄、黑马不可致。……故黄、黑马一也，而可以应有马，而不可以应有白马"。"谓有白马为有黄马，可乎？曰：未可。""白马者，有去取于色；黄、黑马皆（所以）〔以所〕色去"。或亦可资推证。

(18)"白狗黑。"

一种解法：名谓无实，形色全空，因而就可以指白为黑。这是以相对主义观点为释，非是。又一些解法：白、黑人所命名又是约定俗成的，或白狗黑狗都是狗而共相相同。亦不必是。

---

① 《诗·鲁颂·駉》："有骊有黄"。

② 说详《〈公孙龙子〉蠡测》之《〈通变论〉释疑》。

③ 《惠施公孙龙之哲学》；《东方杂志》第15卷第5、6号，1918年5—6月。

还有：认为白狗黑目即可称黑狗；或白狗与白雪比、黑暗中看白狗、盲人看白狗，就都是黑的。两说均可通。要之，亦在说明白狗中间含有它的对立面——黑的因素。

(19)“孤驹未尝有母。”

一种解释：“驹生有母，言孤则无母，孤称立则母名去也。母尝为驹之母，故孤驹未尝有母也。”（《释文》引李颐说）颇确。此论题的意思：一方面，从孤驹本身看，孤驹既然是无母之驹，就是绝对即从来无母的。另一方面，从孤驹与未孤时之驹的关系看，它们又是绝对分离、没有任何联系的；孤驹非驹而且未尝为驹，所以未孤时之母就不是已孤后所曾有之母。此之意趣，显为与“狗非犬”、“黄马非骊牛”相类，而与其他各题异。

另一种是直接解作孤驹“无母”。

其中有就孤驹之“共相”为说的，非是。孤驹为无母之驹，完全是常识范围之事，不会成为辩难的对象。

还有为列出其推理形式：“孤驹非驹；驹有母，非驹则无母。”并以《列子·仲尼》的“非孤犊也”为证[1]的。认为这直接地就是由“孤驹非驹”所推出，亦不确。引《列子》证亦非。《列子》原文，明白地作“非孤犊也”而不作“非犊也”。在逻辑推理上说，从“驹有母”、“孤驹非驹”这两个前提也推不出孤驹“无母”的结论来，因为这里的前提并没有逻辑地蕴涵着这个结论。按郭说，如果把它写成严格的直言三段论式，当是：驹有母，孤驹非驹，故孤驹非有母。这里，作为逻辑的推理，就存在着严重的问题。首先，小前提“孤驹非驹”是不真实的。

---

① 郭沫若：《名辩思潮的批判》；《十批判书》，第278页。

其次，这个三段论属第一格的AEE式；由于违反了“在前提中不周延的概念在结论中也不得周延”（或“小前提必须是肯定判断”）这一条规则，犯了结论中大项不当周延的错误，因而是不能成立的。为了充分地说明问题，我们可以再举一个例子：“驹有母，犊非驹，故犊非有母。”这个推理的逻辑错误，就是一望而知的了。事实上，世间并非仅马驹有母，即使发此论的辩者本人，亦不能否认包括他在内的人类是有母的，怎么能说非驹（其他幼畜、幼禽、幼童）就都无母呢？如果一定要用三段论来证此意，则其论式当写成：“称孤者非有母，孤驹称孤者，故孤驹非有母。”但这已经是另外一回事了。其实，“孤驹非有母”是不必用三段论来证明的，只需将“有母非孤驹”进行“简单换位”即得。《列子》之文从俞樾《诸子平议）校补，当为：“孤犊未尝有母，〔有母〕非孤犊也。”如暂不计郭理解“未尝”义之不确，则其前后句正好就是一个逻辑的“简单换位”。

对于这个论题，多有认为正确的，实则不然。关键之处是一个“尝”字的用法。《说文》段注：“引申凡经过者为尝，未经过为未尝。”“尝”指的是过去，用今天的话来说是“曾经”。驹之有母和孤驹之无母，说的都只是为驹和为孤驹当时的情况，即：驹有母，孤驹非有母。如肯定此论题者所说：“驹尝有母矣，孤驹未尝有母也。”[①] 就是把驹之有母和孤驹之无母都说成是过去的而不是当下的状况了。同时，就过去的情况来说，后来的孤驹也就是那时的驹，而且当时是有母的：孤驹尝为驹，为驹时有母。因此，结论就与原论题正相反对：

① 高亨：《庄子天下篇笺证》；《文史述林》，第520页。

孤驹尝有母。所以，陈元德认为此论题的实质是在“以驹当孤时之无母，糊混驹之生而无母”，是“播弄言语”的“诡辞”①，是确有见地的。

(20)“一尺之捶，日取其半，万世不竭。”

捶，通“棰”、“箠”，意为杖、棍棒、鞭子。“一尺长的棍子，每天取去它的一半，永远也取不完。”意思极为明显。

但是，历来解释却甚多。

一种是《释文》引司马说：“若其可析，则常有两；若其不可析，其一常存。”如果可以取下一半，则取后仍然剩下一半；这是一种假定条件下的“不竭”，完全不合原文本意。原意应该是可以日日取用直至万世即无限远的时间以后而不竭，完全是无条件的。如果已经不能再取下一半了，原来的那一段还在那里；更是违背了取其半以后犹不竭的原意。

一种是成玄英《疏》：“问曰：‘一尺之杖，今朝折半，逮乎后夕，五寸存焉，两日之间，捶当穷尽。……’答曰：‘……名曰尺捶，每于尺取，……。’”亦非。其所设问难者认为第二次与第一次一样取五寸，固非。答语认为每次都从一尺中间去取，更非。当以高亨说正之：“其为代词，用以代捶，……既取之后，其字所代者今日为半捶，明日为半捶之半，再明日为半捶之半之半”②。

再一种是林希逸说：“一尺之捶折而为二，今日用此五寸，明日用彼五寸，虽旋转万世不尽可也。”（《南华真经口义》）一尺之捶折成两半，轮流使用；更完全不合原意。

第四种是洪迈说：“盖但取其半，正散为微尘，余半犹存，

① 陈元德：《中国古代哲学史》，中华书局1939年版第312页。

② 高亨：《庄子天下篇笺证》，《文史述林》第520—521页。

虽至于无穷可也。”[①] 此说才正确无误。就是说，只要所取仅为原来的一半，即使对已经小如“微尘”的捶余，取后犹有“余半”可存，还可以继续析取而无穷时。其要，在“谓物质可无限分割”[②]，或“猜测物质是有限和无限的统一，这是一种辩证的思想”[③]。此之深意，亦在证尺捶是有限（一尺之长）与无限（组成单位）的统一，即有限的物体尺捶本身包含着差异（无限的因素）。

（三）学派归属

二十事的持说者为谁？历来见解亦多分歧。

一种说法，认为是惠施本人。《列子·仲尼》张湛注、《世说新语·文学》注、成玄英《疏》“又解”、林疑独（说存褚伯秀：《南华真经义海纂微》）、陆西星（《南华真经副墨》）、俞樾[④]、胡怀琛、胡韫玉（均见《朴学斋丛书》第五册：《惠施诡辩新解》）等主之。

此说实不确。《天下》篇原文，在述“十事”以后结之曰：“惠施以此为大观于天下而晓辩者，天下之辩者相与乐之。”在历述二十事之后又结之曰：“辩者以此与惠施相应，终身无穷。”这就已经指明：前者为惠施所持说；后者则非，而系“辩者”所持说。

所以会认为二十事是惠施所持说，无非因为惠施亦是一

---

① 洪迈：《容斋随笔》，上海古籍出版社 1978 年版第 111 页。
② 冯友兰：《中国哲学史》，第 275 页。
③ 冯友兰：《中国哲学史新编》，第 1 版第 346 页。
④ 俞樾：《诸子平议》，第 385 页。

个辩者。诚然，惠施固为“辩者”之一。《天下》篇即说：“惠施日以其知与人（之）辩，……卒以善辩为名。”但是，《天下》篇行文却又是把惠施从一般辩者中分别出来而单独叙述的。正如蒋锡昌说：“庄子以惠施学说为一类，以天下辩者桓团等学说为一类。……所以必欲以惠施与桓团等分述者，盖以惠施为天下辩者著名之首领，其学说影响极大，自有另述必要故也。”[①] 泾渭分明，实不容混淆。

另一种说法，认为二十事为公孙龙所持说。成玄英《疏》、伍非百[②]、谭戒甫[③]、李石岑[④]、罗根泽[⑤]等主之。

此说所据，系《天下》篇“桓团公孙龙辩者之徒”一语；但此语实恐有误。

看《天下》篇原文，在此之前是：“辩者以此与惠施相应，终身无穷。”在此之后是：“饰人之心，易人之意，能胜人之口，不能服人之心，辩者之囿也。惠施日以其知与人（之）辩，特与天下之辩者为怪。”前后文紧相呼应，整个一段话都讲的是“辩者”与惠施的辩论。这样，中间这一句话就显得突兀，不仅没有它存在的地位，反而使前后文义不能连贯。因此，这句话很可能原是“辩者”一语的注文而后来误入正文的。

再者，《庄子》书中公孙龙的形象亦很不佳。他被比作“坎井之蛙”，是“知不知是非之竟”，“知不知论极妙之言，而自适一时之利者”；就是说，像浅井里的青蛙，是智慧不足以

① 蒋锡昌：《庄子哲学》，商务印书馆 1937 年版第 276 页。

② 伍非百：《中国古名家言》第 502—503 页；但对“鸡三足”、“目不见”、“黄马骊牛三”三条有存疑之意。

③ 谭戒甫：《庄子天下篇校释》，第 33 页。

④ 李石岑：《中国哲学十讲》，第 199 页。

⑤ 罗根泽：《诸子考索》，第 414 页。

知道是非的境界和谈论极妙的言论而只知满足于一时之利的人。公孙龙“自以为至达”的“察”和“辩”，又被贬为“用管窥天、用锥指地”即用管子窥测蓝天，用锥子度量大地那样的眼光狭窄和见识短浅。在“庄子之言”面前，公孙龙甚至被描写得只能“适适然惊，规规然自失”，“口呿而不合，舌举而不下，乃逸而走”；即惊讶不定，局促不安，自感不如，张口结舌地赶紧逃离而去。所以，《庄子》书对公孙龙亦只是偶然略一反对及之，着墨不多。著名的、公孙龙据以成名的“白马非马”、“坚、白、石”“离”之说都只隐约论及，并未指名道姓。庄子全书，不计《天下》篇这一处，涉公孙龙者仅《秋水》的一处；提到“辩者”（《天地》）、“辩士”（《天道》、《至乐》、《徐无鬼》）之处（包括《天下》篇的另外五处）均未涉及公孙龙。因此，可以说公孙龙其人是在庄书的视野以外的，或者最多也只被看作当时众多的辩者之一——后生小子而已。这些，亦均可据以推证《天下》篇“桓团公孙龙辩者之徒”一语不必为庄书原文。

其实，公孙龙的年代（学术界比较一致地推定为约公元前320—前250年）本不及与惠施辩论。顾实①、马叙伦②之所以认为施、龙两人可以相互辩论，实由将惠施卒年无根据地推迟了十余年之故。以二十事“与惠施相应，终身无穷”的“辩者”，不是公孙龙，而是公孙龙的前辈。

还有一种说法，认二十事中有为公孙龙所持说或属于公孙龙后学的。此说始自《淮南子·诠言》许慎注；以后，《列

---

① 顾实：《庄子天下篇讲疏》，第136—137页。

② 马叙伦：《庄子天下篇述义》，第85页。

子·仲尼》篇、胡韫玉[①]、顾实[②]、冯友兰[③]、郭湛波[④]、郭沫若[⑤]等均主之。从顾实开始，把二十事分为“合同异”、“离坚白”[⑥] 二类。到了冯友兰，则把由他划归“离坚白”类的“鸡三足”、“火不热”、“轮不辗地”、“目不见”、“指不至，物不绝”、“矩不方，规不可以为圆”、“凿不围枘”、“飞鸟之影，未尝动也”、“镞矢之疾，而有不行不止之时”、“狗非犬”、“黄马骊牛三”、“孤驹未尝有母”、“一尺之捶，日取其半，万世不竭”等十三事定为“就公孙龙之观点立论者”[⑦]；并基本上为以后学术界所接受。此外，郭湛波、郭沫若还认“白狗黑”、“犬可以为羊”亦为公孙龙说。这些，亦当一为之辨。

此十五事被论定为公孙龙说的根据，有两个方面：历史文献的记载和思想内容的理解。

在文献记载方面，有认为“鸡三足”、“目不见”见于《公孙龙子》[⑧] 的，“指不至，至不绝”、“飞鸟之景未尝动也”、“镞矢之疾，而有不行不止之时”、“孤驹未尝有母”、“一尺之捶，日取其半，万世不竭”见称于《列子》书[⑨]的，“火不热”见称于《淮南子·诠言》许慎注[⑩]的。但是，这些记载都并不可靠。

---

① 《周秦诸子学略》，载《国学丛选》第13—16集；国光书局1922年版。

② 顾实：《庄子天下篇讲疏》，第100、103—104页。

③ 冯友兰：《中国哲学史》，第271—272、269页。

④ 郭湛波：《先秦辩学史》，第181页。

⑤ 郭沫若：《名辩思潮的批判》，《十批判书》第278页。

⑥ 顾实：《庄子天下篇讲疏》，第99页。

⑦ 冯友兰：《中国哲学史》，第271—272、269页。《中国哲学史新编》第1版说同；第2版则将“一尺之捶，日取其半，万世不竭”题属诸“惠施一派”（第2册第176页）。

⑧ 冯友兰：《中国哲学史》，第272、273页。

⑨ 同上书，第273页；郭湛波：《先秦辩学史》，第176、179、180页。

⑩ 郭湛波：《先秦辩学史》，第168页。

《公孙龙子》的“鸡足三”，原来就是“鸡足二”之误文①。按照公孙龙“离”(《坚白论》)、“二无一”、一“不可”“谓二”(《通变论》)、“白马非马”(《白马论》)的基本思想及其推衍——“坚、白、石”“二”、“石一也，坚白二也”(《坚白论》)、“羊不二，牛不二，羊牛二”(《通变论》)，也不可能有“鸡足三”的思想②。《公孙龙子·坚白论》有“目不见”一语，虽文字相同，但在龙书并非表示基本思想的论题。《坚白论》整个一段的原文是：“且犹白以目，以火见，而火不见，则火与目不见而神见，神不见而见离。坚以手而手以捶，是捶与手知而不知，而神与不知。神乎！是之谓离焉。离也者天下，故独而正。”其意则在证“离也者天下，故独而正”的根本思想。同时，说精神性的本体“坚”、“白”等等是“目不见……神不见而见离”、“手知而不知，而神与不知”的东西，也只是仅凭人的目、手等感觉器官和神这个思维器官不能知见，即并不包含在人的感觉和思维之中而是与之相离相藏的客观的独立存在的意思③。所以，这三个字在公孙龙书中只是一般的语言而不是龙特有的思想，更不具有特殊的哲学的含义；与二十事中的“目不见”完全无关。伍非百虽认二十事属公孙龙，但倒正是认为“鸡三足”“似非公孙龙所持，而为一般辩者所言”，而“目不见”亦“非公孙澈底之主张”④。“镞矢”、“尺捶”两条，与郭引以为属公孙龙说之证的《列子》原文“后镞中前括，发发相及，矢矢相属，前矢造准，而无绝落，后矢之括犹衔弦，

①② 说详《〈公孙龙子〉蠡测》之《〈通变论〉释疑》。

③ 说详《公孙龙评传》第三章第一节。

④ 伍非百：《中国古名家言》，第502、503页。

视之若一焉”、“物不尽”明显地都不是一回事，“物不尽”实际上倒是“至不绝”的异文。“指”和“飞鸟”（还有“尺捶”）条，张湛注又明确地认为是惠施说，其不属公孙龙，亦至为明显。“火不热”，仅据《淮南子》注为说，亦难成定论。因此，只有“孤驹”一条可信而已。

从思想内容看，绝大多数亦并不属于公孙龙或以他为代表的学派。“鸡三足”、“目不见”两题，已如前述。

关于“指不至，至不绝”。冯友兰说：“盖公孙龙之徒以‘指’‘物’对举，如《公孙龙子·指物论》所说。”[①] 亦不确。据前述，此题本应作“指不至，指不绝”或“指不至不绝”，那末就不再是“‘指’‘物’对举”了。同时，《指物论》所讨论的其实只是本体论的问题[②]，而冯及其他用《指物论》以为释者却又都是把此题当作谈认识论的，亦不合。

关于“轮不蹍地”、“白狗黑”、“犬可以为羊”。冯友兰[③]、郭沫若[④]认为均与公孙龙的“白马非马”相类，亦不确。“白马非马”是一种认为“白马就是白马”而绝不同其他的极端别异观点。依此，就应该认为轮永远蹍地、白狗就是白狗、犬就是犬；而不能是相反：不蹍地、黑、可以为羊。如郭所云：“白狗非狗，白狗亦非白。白狗非白，故可云‘白狗黑’。”亦非。从“白狗非白”是无论如何也得不出“白狗黑”的结论的；事实上公孙龙也没有从“白马非马”得出“白马黑”的结论，反而可以也应该从“黑马非马”推出“黑马非黑”来。

---

① 冯友兰：《中国哲学史》，第273页。

② 说详《〈公孙龙子〉蠡测》之《〈指物论〉辨析》。

③ 冯友兰：《中国哲学史》，第273页。

④ 郭沫若：《名辩思潮的批判》；《十批判书》第278页。

关于"火不热"、"矩不方，规不可以为圆"、"凿不围枘"、"飞鸟之景未尝动也"、"镞矢之疾，而有不行不止之时"、"一尺之捶，日取其半，万世不竭"。冯友兰认为即是"公孙龙'离坚白'之说"①；但并未分别指明与公孙龙思想的具体联系，只是一般地以共相说为释："火之共相为火，热之共相为热。二者绝对非一。具体的火虽有热之性质，而火非即是热。"②任继愈则认为其中有些论题"是完全割裂了个别与一般或部分与整体之间的内在联系"③。实皆不然。公孙龙"坚、白、石""离"或"离也者天下，故独而正"(《坚白论》)的"离"，并不专指共相与具体事物或个别、部分与一般、整体的相离，而是泛指一切："各自分离，是天下万物共同的性质，所以独立自存才是正常的状态。"同时，这几个论题中所涉及的火与热、矩规与方圆、凿与枘、鸟影之动与静、矢之行与止、尺捶之可无限分割与否等等，根本都不是共相与具体的关系；其中的火与热、矩规与方圆、凿与枘，更绝不是个别与一般、部分与整体的关系。而且，如果是站在公孙龙"离"的思想的基本立场，那就应该主张火即是热、矩规绝对地是方圆、凿枘密合无间、动静行止不能共存、有限无限不可兼有，而决不可能如各该论题所表示的完全相反的意思了。郭湛波并以《坚白论》的"火不见"比附"火不热"④，亦大误。"火不见"的原意是："(颜色凭借眼睛和光线来看见)，而光线单独不能看见"；"火"是"光线"、"明亮"的意思，"见"与"热"也完全无涉。

①② 冯友兰：《中国哲学史》，第272页。

③ 任继愈主编：《中国哲学史》，第1册第183页。

④ 郭湛波：《先秦辩学史》，第168页。

此外，还有“狗非犬”、“黄马非骊牛”、“孤驹未尝有母”三题。从思想倾向看，此三题均在强调不同事物之间的差别即事物自身的同一，不同于所有其他各题而与公孙龙“离”的思想为类。从文字形式上看，“狗”、“黄马”二题与“白马非马”相类，“孤驹”题则又正与“丁子有尾”截然相反。所以，只有此三题，才属公孙龙思想的系统，而为公孙龙前辈所持说。

更有一种说法，主张二十事的持说者是惠施学派的辩者。（宋）范无隐早已指出：“自至大无外至天地一体皆惠子之言，鸡三足至万世不竭乃从学辩者相应之辞。”（说存褚伯秀：《南华真经义海纂微》）林希逸亦认为，“卵有毛以下之论”皆惠施所“教学辩之人”“学于惠子推广其说以与惠子相应”者，只是误认其人“即桓团公孙龙之徒”（《南华真经口义》）而已。张铁君则更明确地说：“惠施历物与二十一条是有一贯性与关连性，这正等于墨经与墨经说一样。我以为惠施历物发表以后，必然要引起墨家的批评，于是天下的辩者，为了拥护惠施的主张起见，又不得不来一次或二次答辩，二十一条的辩论或许就是这样产生的”①。

凡此诸说，基本上都正确。原文“辩者以此与惠施相应”的“应”字，成玄英《疏》早已释为“应和”，罗勉道更明确地说是“当时辩者以此与惠施相与应和”（《南华真经循本》）；钱基博亦曰：“‘应’者，非与惠施殊指也。”② 就二十事的思想倾向说，除上已述应归属以公孙龙为代表的学派的三事以外，其余十七事都是在强调同一事物的自身差异或不同事物的同一，与惠施思想完全一致，确可认为是惠施学派的辩者所持说。

---

① 《名家学说的新认识》；《文化先锋》，第5卷第9期，1935年9月1日。

② 钱基博：《读庄子天下篇疏记》，第79页。

综上述，二十事的绝大部分属于惠施学派；间有与公孙龙思想为类者仅三事，可能是被《天下》作者误认为惠施后学的思想而羼入。

（四）思想实质

辩者二十事在历史上以至今天所遭受的非议，比“历物”十事更甚。

自（明）陆西星开始认为“二十事”比“十事”“更无足观”（《南华真经副墨》）以后，一直至当代都被认为更是“诡辩”[①]、“远在惠施之下”[②]。典型的如冯友兰：“惠施和公孙龙的哲学思想中，有的地方为诡辩开了后门，有的地方陷入了诡辩，但他们的体系还不是诡辩。上面所讲的辩者二十一事的辩论，除去一两条以外，则都是诡辩了。”[③] 彻底否定其为诡辩者，笔者所见仅吕思勉一人，云：“细绎其旨，皆哲学通常之理，初无所谓诡辩也。”[④]

同样，也还有关于“合同异”的指责。认二十事即为惠施所持说者之论，固不用赘举。认其为惠施学派所持说者，有曰：“辩者的二十一条，都是围绕着这‘天地一体’的主张而产生出来的辩论，……是根据以下两个原理：第一，他们是以无限级系的可分性来否认‘分’，第二，他们是泯灭一切事物的相对性来反证‘一’。”[⑤]

其实，惠施学说不是诡辩，亦不主“合同异”；已如《惠

① 章太炎：《诸子略说》，第57页；梁启超：《庄子天下篇释义》。

② 李石岑：《中国哲学十讲》，第208页。

③ 冯友兰：《中国哲学史新编》，第1版第348页；第2版中已删去。

④ 吕思勉：《先秦学术概论》，中国大百科全书出版社1985年版第116页。

⑤ 张铁君：《名家学说的新认识》。

施评传》所述。辩者二十事，除属以公孙龙为代表的学派的“孤驹未尝有母”以外，也都不是诡辩；亦已略见于前文“各解”。同属以公孙龙为代表的学派的“狗非犬”、“黄马非骊牛”两题，虽与“白马非马”相类，但亦非诡辩①。其他属惠施学派的各题，不仅不是诡辩或“合同异”论；而且还都是在说明同一性自身的差异这个辩证法思想，因而正如张岱年先生所早已指出的：“就其大体观之，注意于事物之分析，在中国哲学史中是很有特色的。”②

如何对二十事各论题按其思想内容进行分类？也是研究中的一个重要问题。

对此，历来学者所见亦各各不同，主要有如下各种：

（一）胡适：

> “第一，论空间时间一切区别都非实有。（3）（9）（15）（16）（21）
>
> 第二，论一切同异都非绝对的。这一组又分两层：
>
> （甲）从‘自相’上看来，万物毕异。（13）（14）（17）
>
> （乙）从‘共相’上看来，万物毕同。（1）（5）（6）（12）
>
> 第三，论知识。（2）（7）（10）（11）（18）
>
> 第四，论名。（4）（19）（20）”③

---

① 说详《公孙龙评传》第五章第一节并第六章。

② 《中国哲学大纲》，第158页。

③ 《中国哲学史大纲》，第239页。此及下文引各家分类中各论题的标号，均仍各家作二十一事之旧。

（此说是后来流行的多数分类的原型。日人渡边秀方《中国哲学史概论》说竟几乎与此全同；仅将（2）（4）二题重复列入此之“第二”之（乙），又把胡未予归类的（8）题列入“第三”，把（21）题从“第一”移入“第三”。汪奠基《中国逻辑思想史料分析》的分类亦然；只是将（8）列入“第三”，又将（17）从原类移入“第四”）

（二）杨宽：

“（一）辨大小一体”（3）

“（二）辨有无一体”（1）（5）（6）（8）（20）（21）

“（三）辨同异一体”（4）（11）（12）（13）（14）（17）（18）（19）

“（四）辨古今一体”（9）（15）（16）

“（五）辨离坚白”（2）（7）（10）①

（三）范寿康

“一、普通所视为不同的一切事物，从共相（相同处）看，无一不同。（1）（3）（4）（5）（6）（8）（9）（12）（15）（16）（19）（21）

二、普通所视为相同的一切事物，从自相（相异处）看，无一不异。（13）（14）（17）（20）”

三、我们的行动与知识都有赖于心神或知觉的作用。（2）（7）（10）（18）

---

① 杨宽：《名家言释义》；《光华大学半月刊》，第2卷第9期，1934年6月3日。

四、我们对物的知识一时不能完全，但却不绝地逐渐向着完全接近。(11)"①

但是，所有这些都并不确当。

首先，分类得出各子目之间有纠缠不清的毛病。如"空间时间一切区别"、"大小"、"有无"、"古今"等等，光从名称上看已经都同样也就是"同异"关系了；至于所谓"知识"、"名"、"离坚白"各类中各论题所说的，实际上同样也就是事物的"同异"关系。这是因为，他们都没有遵守应当根据同一个标准来进行划分的逻辑规则。形式逻辑要求：一次划分只

① 《中国哲学史通论》，第126页。此外，还有钱基博的分类：

"一曰'抱一。'"列入(3)(21)

"二曰'齐物。'"列入(1)(5)(6)(13)(14)(17)

"三曰'无名。'"列入(4)(11)(19)(20)

"四曰'去知。'"列入(7)(10)

"五曰'存神。'"列入(2)(9)

"六曰'致虚。'"列入(8)

"七曰'守静。'"列入(15)(16)(《读庄子天下篇疏记》，第80—83页)

陈元德的分类：

"学术"：

"一、知识"：(11)(10)(7)

"二、空间"：(3)(21)(8)(14)

"三、运动"：(15)(16)(9)

"四、准绳"：(13)(12)

"诡辩"：

"五、算数"：(2)(18)

"六、发展"：(1)(5)(6)

"七、文字"：(17)(4)(19)

"八、言语"：(20)(《中国古代哲学史》，第305—312页)

二家所列类目比较散乱，不成系统，故姑置不论。

能根据一个标准来进行，只有这样，划分后的子项之间才能相互排斥而绝不相容。

其次，各论题的具体归属难有定论；这是子目相互界限不清的必然结果。例如，仅就胡适的分类来看，(3)(9)(15)(16)(21)各题为什么是属于论“空间时间”而不是如范寿康所说属于论同异一类？(4)(19)题为什么属“论名”而不如渡边秀方、范寿康所说属论同异？(2)(7)(10)(11)(18)各题为什么属“论知识”、(20)题又为什么属“论名”而不皆属于论同异？如此等等。对杨、范二家就不拟细论了。还有，在上举各种分类中，各家所列子目有相同而归入的论题可以不同；甚至同一个论题在一个分类系统中往往可以两属，即或如汪奠基的分类所谓：“狗非犬”虽列在“名实”类而亦有“自身差异”类的意义，而列入“认识”类的“指不至，至不绝”、列入“时间空间”类的“尺捶”“完全可归一类看。”① 这些，也是分类并不确当的证明。

其实，据上文“各解”中对各论题基本意义的诂定及“学派归属”中的研究，二十事之所辩均为“同异”即同一和差异的问题。范寿康将胡、杨归入他类的一些论题移归“同异”类，实为有见；惜未彻底。如果再加细分，可以属公孙龙所代表学派的“孤驹未尝有母”、“狗非犬”、“黄马非骊牛”三题为一类，所论是抽象的同一性及其与差异的对立，其中前一题侧重在论事物与自身的同一，后二题则在论事物与一切别的东西的差异；其他属惠施学派的十七事，所论为同一性自身包含着差异性，其中又可分为直接地就一物论其自身包含着差异和就二物论其间存在着同一性两个小类。具体划分可如下表：

---

① 《中国逻辑思想史料分析》，第171—173页。

辩者二十事

- 属惠施学派者（论同一性自身包含着差异性）
  - 论同一事物的自身差异
    - 卵有毛，鸡无足。
    - 马有卵。
    - 丁子有尾。
    - 火不热。
    - 山有口。
    - 轮不蹍地。
    - 目不见
    - 指不至，指不绝
    - 龟长于蛇。
    - 矩不方，规不可以为圆。
    - 凿不围枘。
    - 飞鸟之影未尝动也。
    - 镞矢之疾，而有不行不止之时。
    - 白狗黑。
    - 一尺之捶，日取其半，万世不竭。
  - 论不同事物的同一
    - 郢有天下。
    - 犬可以为羊。
- 属以公孙龙为代表的学派者（论抽象的同一性及其与差异的对立）
  - 论事物与自身的同一——孤驹未尝有母。
  - 论事物与一切别的东西的差异
    - 狗非犬。
    - 黄马非骊牛。

据此，就属于惠施学派的十七事看，其绝大部分直接地论述了同一事物的自身差异；作为其标志的“指不至，指不绝”、“镞矢之疾，而有不行不止之时”、“一尺之捶，日取其半，万世不竭”三题，又已经把同一与差异二者完全结合在一起了。因此，与惠施“历物”十事相比较，不仅不是“益近诡辩饰说。此又每况愈下。辩者之所为不如惠施者也。”[①]也不是把“惠施……哲学中的形而上学观点都完全暴露出来了”[②]，而倒是在辩证思维发展的道路上更前进了一步。

① 钱基博：《读庄子天下篇疏记》，第 84 页。
② 冯友兰：《中国哲学史新编》，第 1 版第 347 页，第 2 版中已删去。

《公孙龙子》校译

迹　　府

公孙龙，六国（时）[①] 辩士也。疾名实之散乱，因资材之所长，为（守）［坚］白之论。假物取譬，以（守）［坚］白辩，谓白马为非马也。白马为非马者，言“白”所以名色，（言）[②]“马”所以名形也；色（非形）［形，非］[③] 形非色也。夫言色则形不当与，言形则色不宜从；今合以为（物）［形］[④]，非也。如求白马于厩中，无有；而有骊色之马，然不可以应有白马也。不可以应有白马，则所求之马亡矣，亡则白马竟非马。欲推是辩，以正名实，而化天下焉。

龙与孔穿会赵平原君家。穿曰：“素闻先生高谊，愿为

① 为节省篇幅起见，本篇诸校说，凡已见于《公孙龙评传》者，均不再出注。
② 说详《〈公孙龙子〉蠡测》之《〈迹府〉考略》。
③ 据谭戒甫《公孙龙子形名发微》说校改。
④ 说详《〈迹府〉考略》。

弟子久，但不取先生以白马为非马耳。请去此术，则穿请为弟子。”龙曰：“先生之言悖，龙之所以为名者，乃以白马之论尔。今使龙去之，则无以教焉。且欲师之者，以智与学不如也。今使龙去之，此先教而后师之也；先教而后师之者，悖。且白马非马，乃仲尼之所取。龙闻楚王张繁弱之弓，载忘归之矢，以射蛟兕于云梦之圃，而丧其弓。左右请求之。王曰：‘止。楚（王）［人］遗弓，楚人得之，又何求乎？’仲尼闻之曰：‘楚王仁义而未遂也。亦曰人亡弓人得之而已，何必楚？’若此，仲尼异楚人于所谓人。夫是仲尼异楚人于所谓人，而非龙异白马于所谓马，悖。先生修儒术而非仲尼之所取，欲学而使龙去所教，则虽百龙，固不能当前矣。”孔穿无以应焉。

公孙龙，赵平原君之客也。孔穿，孔子之叶也。穿与龙会。穿谓龙曰：“臣居鲁，侧闻下风，高先生之智，说先生之行，愿受业之日久矣，乃今得见。然所不取先生者，独不取先生之以白马为非马耳。请去白马非马之学，穿请为弟子。”公孙龙曰：“先生之言悖。龙之学，以白马为非马者也。使龙去之，则龙无以教；无以教而乃学于龙也者，悖。且夫欲学于龙者，以智与学焉为不逮也。今教龙去白马非马，是先教而后师之也。先教而后师之，不可。先生之所以教龙者，似齐王之谓尹文也。齐王之谓尹文曰：‘寡人甚好士，以齐国无士，何也？’尹文曰：‘愿闻大王之所谓士者。’齐王无以应。尹文曰：‘今有人于此，事君则忠，事亲则孝，交友则信，处乡则顺；有此四行，可谓士乎？’齐王曰：‘善。此真吾所谓士也。’尹文曰：‘王得此人，肯以为臣乎？’王曰：‘所愿而不可得也。’是时齐王好勇。于是尹文曰：‘使此人广庭大众之中，见侵侮而终不敢斗，王将以为臣乎?’王曰：‘钜士也? 见侮而不斗，辱也。辱则寡人不以为臣矣。’尹文曰：‘唯见侮而不斗，未失其四行也。是人未失其四行，[是未失] 其所以为士也。然而王一以为臣，一不以为臣，则向之所谓士者乃非士乎?’齐王无以应。尹文曰：‘今有人君，将理其国。人有非则非之，无非则亦非之；有功则赏之，无功则亦赏之。而怨人之不理也，可乎?’齐王曰：‘不可。’尹文曰：‘臣窃观下吏之理齐，其方若此矣。’王曰：‘寡人理国，信若先生之言，人虽不理，寡人不敢怨也。意 [者][①] 未至然与?’尹文曰：‘言之敢无说乎? 王之令曰：“杀人者死，伤人者刑。”人有畏王之令者，见侮而终不敢斗，是全王之令也。而王曰：“见侮而不斗者，辱也。”谓之辱，非之也。无非而王（辱）[非][②] 之，故因除其籍，不以为臣也。不以为臣者，罚之也。此无罪而王罚之也。且王辱不敢斗者，必荣敢斗者也。荣敢斗者，是（而）[③] 王是之，必以为臣矣。必以为臣者，赏之也。（彼）[此][④] 无功而王赏之。王之所赏，吏之所诛也；上之所是，而法之所非也。赏罚是非，相与四谬，虽十黄帝，不能理也。’齐王无以应焉。（故龙以子之言有似齐王）[⑤] 子知难白马之非马，不知所以难之说。以此，犹知好士之名，而不知察士之类。[故龙以子之言有似齐王。][⑥]”

---

① 据《吕氏春秋·正名》校增。
② 据俞樾《诸子平议补录》说校改。
③ 据《说郛》校删。
④ 据俞樾《诸子平议补录》说校改。
⑤⑥ 说详《〈迹府〉考略》。

今译

公孙龙是山东六国的辩士。他憎恶名实关系的混乱，凭着卓越的天资和才能，研究“坚白”的学说；假借具体的事物作为比喻，根据“坚白”的学说进行辩论，认为白马是“非马”。白马是“非马”，就是说：“白”是用来称颜色的，“马”是用来称形体的；颜色和形体的结合（白马）并不就是形体（马），也不就是颜色（白）。因此，讲颜色就不应当涉及形体，讲形体也不宜附带上颜色。假如①把颜色和形体合起来称呼②形体，是不对的。如果在马厩里找白马，没有；而只有黑色的马，然而不可以答应说有白马。不可以答应说有白马，就是并没有所要找的白马；没有所要找的白马，白马终究是“非马”了。想要推广这个辩论，用来纠正名实关系的混乱，从而改变社会的风气。

公孙龙和孔穿在赵国的平原君家里相见。孔穿说：“一向听到先生崇高的德义，希望做您的学生已经很久了，只是不赞成先生把白马当作‘非马’的主张罢了。请您放弃这个学说，我就请求做您的学生。”公孙龙说：“先生的话是错误的，我的所以有③名，就是凭着这个白马的学说呢！现在要我放弃它，就没有什么用来教人了。而且想拜一个人为老师，总是认为才智与学问不如他吧。现在要我放弃自己的学说，这就是先来教训我而后再拜我为老师了；先来教训我而后再拜我

① “今”，训“若”，说见《经传释词》卷五。
② “为”，与“谓”通，说见《经传释词》卷二。
③ “为”训“有”，说见《经传释词》卷二。

为老师,是错误的。况且‘白马非马’的说法，还就是仲尼所赞成的。我听说楚王拉开‘繁弱’良弓，搭上‘忘归’好箭，用来在云梦泽的园林里射取蛟兕，丢失了那张弓。随从的人要求去寻找。王说：‘不要找了。楚国人丢失了弓，楚国人拾到了它，又为什么要去找寻呢?’仲尼听到了这件事，说：‘楚王是仁义的，但还没有做到家。只须说人丢失了弓人拾到了它就可以了，哪里还一定要这个“楚”字呢?’像这样，仲尼是把楚人从所谓的人中间区别出来的。肯定仲尼把楚人从所谓的人中间区别出来，而否定我把白马从所谓的马中间区别出来，是错误的。先生学习儒家的学说而否定仲尼所赞成的，想学习而又要我放弃用来教人的东西，就是有胜过我一百倍的人，也一定[1]不能面对着您（做您的老师）了。”孔穿没有对答的话了。

公孙龙是赵国平原君的门客。孔穿是孔子的后代。孔穿和公孙龙相见。孔穿对公孙龙说：“我住在鲁国，仰慕着您[2]，认为先生的才智高超，又爱慕先生的德行，希望拜您为老师跟您学习已经很久了，到今天才见到您。然而不赞成先生的，只是不赞成先生的把白马当作‘非马’这一点罢了。请您放弃‘白马非马’的学说，我就请求做您的学生。”公孙龙说：“先生的话是错误的。我的学问，就是把白马当作‘非马’。要我放弃它，我就没有什么用来教人了；到了没有什么用来教人才向我学习，是错误的。而且想跟我学习，总是认为才

① “固”，犹“必”也，说见《古书虚字集释》第323页。

② “侧闻”：从旁听到；“下风”：原意是风向的下方，常用以喻地位的卑下。“侧闻下风”，此处用作谦词，是当时表示自谦的套语，并无实质性意义，也不易用恰当的现代汉语对译。

智与学问不及我吧。现在教训我放弃‘白马非马’的学说，这是先来教训我而后再拜我为老师了。先来教训我而后再拜我为老师，是不行的。先生用来教训我的话，像齐王对尹文的谈话。齐王对尹文说：‘我非常喜欢士，而齐国没有士，这是为什么？’尹文说：‘希望听听大王所说的士是怎样的人。’齐王没有对答的话。尹文说：‘如果现在[①]有一个人，侍奉君主是忠诚的，侍奉父母是孝顺的，与朋友交往是信实的，与邻里相处是和睦的；有这四种德行，可以称为士吗？’齐王说：‘太好了！这就是我所说的士了。’尹文说：‘王得到这个人，肯用他作臣子吗？’王说：‘正希望这样而得不到呀！’这时齐王正喜欢谈勇敢。于是尹文说：‘假使这个人在大庭广众之中，受到侵犯欺负而始终不敢起来搏斗，王还打算用他作臣子吗？’王说：‘这样，难道还是士吗？被欺负而不起来搏斗，是耻辱。甘于耻辱的人，我是不用他作臣子的了。’尹文说：‘虽然被欺负而不起来搏斗，但并未失去上面说的那四种德行。这个人没有失去那四种德行，这就是没有失去用来做一个士的品德。然而王一会儿说可以用他为臣，一会儿又说不能用他为臣，那么刚才所说的士竟不是士了吗？’齐王没有对答的话。尹文说：‘现在有一位君主，要治理他的国家。人民有过错就责罚他们，没有过错也责罚他们；有功劳就奖赏他们，没有功劳也奖赏他们。他却反而埋怨人民的不好治理，可以吗？’齐王说：‘不可以。’尹文说：‘我私下观察下面官吏的治理齐国，差不多刚好就是这种样子呢！’王说：‘我治理国家，如果真像先生所说的那样，人民虽然治理不好，

① “此”，指时间，即现在。用例如：“彼一时，此一时也。”（《孟子·公孙丑下》）

我也是不敢埋怨的。或者，还不至于这样吧?’尹文说：‘我说了这样的话，难道敢不说说清楚吗？王的法令说：“杀人的处死，伤人的受刑。”人民中有畏惧王的法令的，被欺负而始终不敢起来搏斗，这是在顾全王的法令啊！但是，王却说：“被欺负而不起来搏斗，是耻辱。”说他耻辱，就是否定他。没有什么不对而王却否定他，所以就把他的名字从官吏的名册上除去，不用他做臣子了。不用他做臣子，就是惩罚他了。这就是无罪而王惩罚他了。而且，王认为不敢起来搏斗的人耻辱，就一定认为敢起来搏斗的人光荣了。认为敢起来搏斗的人光荣，这就是王肯定他，一定要用他做臣子了。一定用他做臣子，就是奖赏他了。这就是无功而王奖赏他了。王所奖赏的，却是官吏所要惩罚的；君上所肯定的，又是法令所否定的。奖赏、惩罚、肯定、否定相互乖错，虽然有胜过黄帝十倍的君主，也不能治理好国家。’齐王没有对答的话了。您只知道非难‘白马非马’，却并不知道用来非难的理由。比照‘齐王之谓尹文’来说，就跟只知道喜欢士人这个名称而不知道考察士人的品类是一样的。所以我认为你的话像齐王。”

白马论

白马非马，可乎?

曰：可。

曰：何哉?

曰：马者，所以命形也；白者，所以命色也。命色(者)［形］非命形也。故曰：白马非马。

曰：有白马，不可谓无马也。不可谓无马者，非马也？有白马为有马，白［马］① 之非马，何也？

曰：求马，黄、黑马皆可致。求白马，黄、黑马不可致。使白马乃马也，是所求一也。（所求一者，白者不异马也）所求不异，如黄、黑马有可有不可，何也？可与不可，其相非明。故黄、黑马一也，而可以应有马，而不可以应有白马，是白马之非马，审矣。

曰：以马之有色为非马，天下非有无色之马也。天下无马，可乎？

曰：马固有色，故有白马。使马无色，有马如已耳，安取白马？故（白者非马）〔非马者，白〕②也。白马者，马与白也，（马）［白］与（白）马也。故曰：白马非马也。

（曰）③：马未与白为马，白未与马为白。合马与白，复名（白）④ 马。是相与以不相与为名，未可。故曰：白马非马。（未可）⑤

曰：以有白马为有马，谓有白马为有黄马，可乎？

曰：未可。

曰：以有马为异有黄马，是异黄马于马也。异黄马于马，是以黄马为非马。以黄马为非马，而以白马为有马，此飞者入池而棺椁异处，此天下之悖言乱辞也。

曰：有白马不可谓无马者，离白之谓也；不离者有白马不可谓有马也。故所以为有马者，独以马为有马耳，非有白

①② 说详《〈公孙龙子〉蠡测》之《〈白马论〉述微》。

③ 此“曰”字或为衍文，或其前客论脱。

④⑤ 说详《〈白马论〉述微》。

马为有马。故其为有马也，不可以谓（马）[白][1] 马也。

曰：白者不定所白，（忘）[兼][2]之而可也。（白马）[马白][3]者，言白定所白也，定所白者非白也。[马者不定所马，兼之而可也。白马者，言马定所马也，定所马者非马也。][4]马者，无去取于色，故黄、黑皆所以应；白马者，有去取于色，黄、黑马皆（所以）[以所]色去，故唯白马独可以应耳。无去者非有去也，故曰白马非马。

今译

客：说“白马非马”，可以吗？

主：可以。

客：为什么？

主：“马”，是用来称呼形体的；“白”，是用来称呼颜色的。称呼颜色连同形体的（白马），不就是称呼形体的（马）。所以说：“白马非马”。

客：有了白马，就不可以说没有马。不可以说没有马，不就是马了吗？有白马就是有马，却又说“白马非马”，是为什么呢？

主：要一匹马，牵黄马、黑马来都可以。要一匹白马，牵黄马、黑马来就不可以了。如果白马就是马，上面这两种需要就是一样的了。既然两种需要没有区别，那么黄马、黑马有时可以牵来有时不可以牵来，又是为什么呢？可以牵来和不可以牵来，它们的相互差别是明白的。同样的黄马和黑

---

①②③④ 说详《〈白马论〉述微》。

马，可以答应说有马，而不可以答应说有白马；这样，白马的“非马”，就是十分确实的了。

客：把有颜色的马当作“非马”，而世界上并没有无颜色的马。那末，说世界上没有马，可以吗？

主：马本来就是有颜色的，所以才有白马。如果马没有颜色，那就只有马罢了，还到哪里去找白马呢？所以，说“非马”，是因为那个白的缘故。所谓白马，是马和白的结合，或白和马的结合。所以说：“白马非马。”

马还没有与白结合在一起的时候，就称为马；白还没有与马结合在一起的时候，就称为白。马和白结合在一起，仍旧称为马；这是用不相结合的词（马）去作相结合的物（白马）的名称了，是不可以的。所以说：“白马非马。”

主：如果把有白马当作有马，那么认为有白马就是有黄马，可以吗？

客：不可以。

主：认为有马与有黄马不相同，这就是把黄马从马中间区别出来了。把黄马从马中间区别出来，这就是把黄马当作“非马”了。把黄马当作“非马”，而把白马当作有马，这等于说往上飞的东西进了池塘，棺和椁处在不同的地方，这是世界上少有的胡言乱语啊！

主：有白马不可以说是无马，只是一种离去了白的说法。不附加以离白的条件，有白马就不可以说有马了。因此，有白马的所以叫做有马，是单单把马叫做有马罢了，而不是把有白马叫做有马。所以，那个有马的说法，是不可以用来指称白马的。

主："白"，不是固定在某一个物体上的[①]，而是可以遍及各种物体的。作为马的颜色的白，所说的就是固定在某一个物体（马）上的白了；固定在某一个物体上的白，不就是白的本身了。"马"，不是固定为某一种颜色的[②]，而是可以遍及各种颜色的。白色的马，所说的就是固定为某一种颜色（白）的马了；固定为某一种颜色的马，不就是马的本身了。所谓马，对于颜色没有取舍，所以黄、黑马都可以承当；所谓白马，对于颜色就有所取舍了，黄、黑马就都因为它的颜色而被排除在外，所以只有白马才可以承当了。对颜色没有取舍的，不就是对颜色有取舍的。所以说："白马非马。"

指物论

[曰][③]：物莫非指，而指非［非］指。天下无指，物无可以谓物。[谓物]非指者，天下（而）[无]物可谓指乎？

[曰]：指也者，天下之所无也；物也者，天下之所有也。以天下之所有，为天下之所无，未可。天下无指，而物不可谓指也；不可谓指者，非指也；非指者，物莫非［非］指也。

[曰]："天下无指，而物不可谓指"者，非有非指也；非有非指者，物莫非指也；物莫非指者，而指非［非］指也。

[曰]：天下无指者，生于物之各有名，不为指也。不为指，而谓之指，是（兼）[无]不为指。以有不为指，之无不为指，未可。

---

① 严格地说，应是：不是固定在它使之具有白色的那个物体上的。下同。

② 严格地说，应是：不是固定为它使之与自己发生关系的那种颜色的。下同。

③ 此及下文共五个"曰"字之补，说详《〈公孙龙子〉蠡测》之《〈指物论〉辨析》。

[曰]：且指者天下之所兼。天下无指者物，不可谓无指也。不可谓无指者，非有非指也。非有非指者，物莫非指，指非非指也，指与物非[非]指也。使天下无物、指，谁（径）谓非指？天下无物，（谁）径谓指。[使]天下有指无物、指，谁（径）谓非指？[天下有指无物、指]，径谓[指]。无物非指。且夫指固自为（非）指，奚待于物，而乃与为指。

今 译

主：物没有不是指的，而指则不是非指。如果世界上没有了指，物也就不能成其为物了。你们说物不是指，难道世界上竟没有一物可以称为指吗？

客：指，是世界上所没有的；物，是世界上所实有的。把世界上所实有的物，当作世界上所没有的指，是不可以的。世界上没有指，物就不可以称为指了；物不可以称为指，就是非指了；物是非指，物就没有不是非指的了。

主：你说“世界上没有指，而物不可以称为指”，但世界上没有“非指”这种东西；既然没有“非指”这种东西，物就没有不是指的了；物没有不是指，而指也就不是非指了。

客：世界上没有指，是由于各有自己名字的物不是指，物本来不是指，而却认为它是指，这样就没有不是指的了。把有不是指的，说成没有不是指的，是不可以的。

主：而且，指是总括世界万物的。世界上虽没有一般所认为的“物”那样的指，但不可以说没有指。不可以说没有指，是因为没有非指。没有非指，物就没有不是指，指也就不是非指，指和物也就都不是非指了。如果世界上没有物和指的对待，还有谁会说什么非指呀？世界上没有物，直截了当地说指就是了。如果世界上有指而没有物和指的对待，还有谁会说什么非指呀？世界上有指而没有物和指的对待，直截了当地说指就是了。但是，要知道没有一物不是指啊！而且，指本来自己就是指，哪里一定要依赖于物，才能跟它一起成为指的呢？

通 变 论

曰：二有一乎？

曰：二无一。

曰：二有右乎？

曰：二无右。

曰：二有左乎？

曰：二无左。

曰：右可谓二乎？

曰：不可。

曰：左可谓二乎？

曰：不可。

曰：左与右可谓二乎？

曰：可。

曰：谓变（非）[而] 不变可乎？

曰：可。

曰：右有与，可谓变乎？

曰：可。

曰：变（隻）[奚]？

曰：右。

曰：右苟变，安可谓右？苟不变，安可谓变？

曰：二苟无左，又无右，二者左与右，奈何？

[曰][①]：羊合牛非马，牛合羊非鸡。

曰：何哉？

曰：羊与牛唯异。羊有齿，牛无齿，而羊牛之非羊也、之非牛也。（未可，是不俱有，而或类焉）羊有角，牛有角，[羊] 牛之而羊也、（羊）之而牛也，未可；是俱有，而类之不同也。羊牛有角，马无角；马有尾，羊牛无尾。故曰：羊合牛非马也。非马者，无马也。无马者，羊不二，牛不二，而羊牛二；是而羊而牛，非马可也。（若举而以是，犹类之不同。若左右犹是举）[②]

牛羊有毛，鸡有羽；（谓）鸡足（一，数足）二，（二而一，故三。谓）牛羊足（一，数足）四。（四而一，故五。牛羊足五，鸡足三）故曰：牛合羊非鸡。非，有以非鸡也。

[若举而以是，犹类之不同。若左右犹是举。][③]

（与马以鸡，宁马。材不材，其无以类，审矣。举是，谓乱名，是狂举。）[④]

曰：他辩。

曰：青以白非黄，白以青非碧。

曰：何哉？

曰：青白不相与，而相与，反对也。不相邻，而相邻，不害其方也。不害其方者，反而对，各当其所，若左右不骊。

---

① 据陈柱《公孙龙子集解》校增。

②③④ 说详《〈公孙龙子〉蠡测》之《〈通变论〉释疑》。

故一于青不可,一于白不可。恶乎其有黄（矣）[碧][1] 哉?

（黄其正矣。是正举也，其有君臣之于国焉，故强寿矣。而且青骊乎白，而白不胜也。白足之胜矣，而不胜，是木贼金也。木贼金者碧，碧则非正举矣。青白不相与，而相与；不相胜，则两明也。争而明，其色碧也。与其碧，宁黄。黄其马也，其与类乎！碧其鸡也，其与暴乎！暴则君臣争而两明也。两明者，昏不明，非正举也。非正举者，名实无当，骊色章焉；故曰：两明也。两明而道丧，其无有以正焉。）[2]

今　译

客：两个东西有一个统一体吗?

主：两个东西没有一个统一体。

客：两个东西里面有统一的‘右’吗?

主：两个东西里面没有统一的‘右’。

客：两个东西里面有统一的‘左’吗?

主：两个东西里面没有统一的‘左’。

客：“右”可以笼统地指着两个对象说吗?

主：不可以。

客：“左”可以笼统地指着两个对象说吗?

主：不可以。

客：“左”与“右”可以说是二吗?

主：可以。

客：说变又不变，可以吗?

---

① 据章士钊《名学他辨》、《名墨方行辨》引及说（均见《逻辑指要》）校改。

② 说详《〈通变论〉释疑》。

主：可以。

客："右"有了附加，可以说是变了吗？

主：可以。

客：变成什么了？

主：变成了"右"。

客："右"如果变，怎么可以认为仍旧是"右"？如果没有变，怎么可以认为是变了呢？

客：两个东西里面如果没有左，又没有右，怎么解释左与右可以说是二呢？

主：羊和牛相加不是马，牛和羊相加不是鸡。

客：为什么？

主：羊和牛不同。羊有上下牙，牛有下牙没有上牙；因而羊和牛相加不是羊，又不是牛。羊有角，牛有角，但认为羊和牛相加就是羊，或就是牛，也是不可以的；这个角虽然是羊和牛都有的，但它们的类是不同的。羊和牛有角，马没有角；马有鬃毛长尾，羊和牛没有鬃毛长尾。所以说：羊和牛相加不是马。说不是马，因为其中没有马。其中没有马，是因为羊不是二，牛不是二，羊和牛相加才是二；这样，羊和牛相加，还是羊，是牛，而不是马，就清楚了。

牛和羊有毛，鸡只有羽。鸡有两只脚，牛羊有四只脚。所以说：牛和羊相加不是鸡。说牛和羊相加不是鸡，是确有不是鸡的根据的。

以这个[①]（羊牛马鸡之喻）为举，是由于羊牛马鸡之间有类的不同的缘故。左与右[②]为二而无一的情况，与这里

①② "若"，句首助词，说见《词诠》第252页。

所举的情形一样。

客：再谈一点其他事例吧。

主：青色和白色相合不是黄，白色和青色相合不是碧。

客：为什么?

主：青色和白色不能相合，而使它们相合，就会彼此反对。不相邻近而使它们连接起来，倒不影响它们各自的方位。不影响它们各自的方位，是因为它们虽然互相反对，却各自处在其应处的位置上，就好像左右的不相附着那样。所以，不能统一为青色，又不能统一为白色，哪儿还会有黄色和碧色呢?

坚白论

"坚白石"三，可乎?

曰：不可。

曰：二，可乎?

曰：可。

曰：何哉?

曰：无坚得白，其举也二。无白得坚，其举也二。

曰：得其所白，不可谓无白。得其所坚，不可谓无坚。而之石也之于然也，非三也?

曰：视不得其所坚，而得其所白者，无坚也。拊不得其所白，而得其所坚[者]，(得其坚也)无白也。

[曰：目不能坚，手不能白，不可谓无坚，不可谓无白。其异任也，其无以代也。坚白域于石，恶乎离?]

[曰：(于)石一也，坚白二也。而在于石，故有知

焉，有不知焉；有见焉，有不见焉。故知与不知相与离，见与不见相与藏。藏故，孰谓之不离?]［离也者，因是。]

曰：天下无白，不可以视石。天下无坚，不可以谓石。坚、白、石不相外，藏三可乎?

曰：有自藏也，非藏而藏也。

曰：其白也，其坚也，而石必得以相（盛)[①] 盈。其自藏奈何?

曰：得其白，得其坚，见与不见［离]。(与不见离）一(一)［二］不相盈，故离。离也者，藏也。

曰：石之白，石之坚，见与不见，二与三，若广修而相盈也。其非举乎?

曰：物白焉，不定其所白。物坚焉，不定其所坚。不定者兼，恶乎（甚)［其］石也?

曰：循石，非彼无石，非石无所取乎白石。不相离者，固乎然。[物］其无已!

(曰：于石一也，坚白二也。而在于石，故有知焉，有不知焉，有见焉。故知与不知相与离，见与不见相与藏。藏故，孰谓之不离?)

(曰：目不能坚，手不能白，不可谓无坚，不可谓无白。其异任也，其无以代也。坚白域于石，恶乎离?)

曰：坚未与石为坚而物兼，未与［物］为坚而坚必坚，其不坚石物而坚。天下未有若坚，而坚藏。白固不能自白，恶能白石、物乎? 若白者必白，则不白物而白焉。黄、黑与之然。石其无有，恶取坚白石乎?（故离也。离也者，因是。

① 据《合刻五家言》等本校删。

力与知，果不若，因是）且犹白以目、以火见，而火不见，则火与目不见而神见，神不见而见离。坚以手而手以捶，是捶与手知而不知，而神与不知。神乎！是之谓离焉。离也者天下，故独而正。

今　译

客：说一块又坚又白的石头包含着三个因素，可以吗？

主：不可以。

客：包含着两个因素，可以吗？

主：可以。

客：为什么？

主：有的时候，没有坚而得到白，所举出来的是两个。有的时候，没有白而得到坚，所举出来的也是两个。

客：看到了白的石头①，就不能说没有白。摸到了坚的石头②，就不能说没有坚。这块石头就是这样的，不正好是三个因素吗？

主：看不到坚的石头，而只能看到白的石头，就是没有坚。摸不到白的石头，而只能摸到坚的石头，就是没有白。

客：眼睛不能看到坚，手不能摸到白，不可以认为没有坚，不可以认为没有白。这是因为眼睛和手有不同的职能，没有用来相互代替的东西。坚和白都在石头里面，哪里是分离的呢？

主：石头是一个，坚和白是两个。从石头上面去看，坚

① 严格地说，应是：看到了使它具有白色的那块石头。下同。
② 严格地说，应是：摸到了使它具有坚性的那块石头。下同。

和白本来就有知道的，有不知道的，有看见的，有看不见的等等不同情况。所以，知道的与不知道的是相互分离的，看见的和看不见的是相互隐藏的。因为隐藏的缘故，谁能说它们不相分离？说分离，就是因为这个缘故。

客：世界上没有白，就不能看到石头。世界上没有坚，石头也就不能叫做石头了。坚、白、石是不相互分离的，你把那第三者（指坚或白）藏起来，总不可以吧？

主：它自己原来就藏起来的，不是谁去把它藏起来的。

客：那个白，那个坚，石头是一定能够与①它们相互包含、相互充满的。它们的自藏，怎样解释呢？

主：有时候看到那个白，有时候摸到那个坚，显现出来的与没有显现出来的就是分离的。石头和坚白不能互相包含，所以是分离的。所谓分离，就是藏。

客：石头的白，石头的坚，显现出来的和没有显现出来的，说二和说三，但总是像宽和长那样互相包含的。难道不能这样说吗？

主：物体有白的，白却并不是固定在某一个物体上的。物体有坚的，坚也并不是固定在某一个物体上的。不固定在某一个物体上，就是可以遍及各种物体的了。哪儿一定是在那块石头上的呢？

客：抚摸②一块石头得到坚，没有坚也就没有石头，没有石头也就找不到白的石头了。坚、白、石不相互分离，是一定如此的。从石头推论到万物，差不多也都是这样而没有止境的。

---

① “以”，训“与”，说见《广雅·释诂三》及王念孙《广雅疏证》。

② 据金受申《公孙龙子释》、王琯《公孙龙子悬解》说。

主：坚不一定与石头在一起才成为坚而是与各种物体在一起都可以，又不一定与物体在一起才成为坚而是坚的本身一定就是坚，那么也就不必使石头与其他物体具有坚性而就是坚的了。世界上没有这种坚，而坚也就藏起来了。白如果本来不能自己成其为白，怎么能够使石头、使其他物体具有白色呢？如果白的本身一定就是白的，那么也就不必使物体具有白色而就是白的了。黄色、黑色与白色是一样的。石头也与坚、白一样，不一定与白在一起才成为石头而是与各种颜色在一起都可以，又不一定与颜色在一起才成为石头而是石头本身一定就是石头，那么也就不必使颜色与石头发生关系而就是石头了。世界上差不多也没有这种石头，而石头也就藏起来了。这样，还到哪里去找又坚又白的石头呢？再说，假若白的颜色凭借眼睛和光线来看见，而光线单独不能看见，那末光线与眼睛单独都不能看见了；或者精神可以看见吧，精神单独也不能看见。这样，就表现出白与眼睛、与光线、与精神是相分离的了。坚的性质是用手而手又是用捶来知道的，这就是捶与手又知又不知，精神也是又知又不知。精神啊！这种情况（即坚、白等等既离物又离目、手、神的情况）就叫做分离。各自分离，是天下万物共同的性质，所以独立自存才是正常的状态。

名　实　论

天地与其所产焉，物也。物以物其所物而不过焉，实也。实以实其所实［而］不旷焉，位也。出其所位非位；位其所位焉，正也。

以其所正，正其所不正；[不][以其所不正]，疑其所正。其正者，正其所实也；正其所实者，正其名也。

其名正则唯乎其彼此焉。谓彼而彼不唯乎彼，则彼谓不行；谓此而（行）[此]不唯乎此，则此谓不行。其以当不当也。不当而[当]①，乱也。故彼彼当乎彼，则唯乎彼，其谓行彼；此此当乎此，则唯乎此，其谓行此。其以当而当也。以当而当，正也。故彼（故）彼止于彼，此此止于此，可。彼此而彼且此，此彼而此且彼，不可。

夫名实，谓也。知此之非[此]也，知此之不在此也，(明)[则]不谓也。知彼之非彼也，知彼之不在彼也，则不谓也。

至矣哉，古之明王。审其名实，慎其所谓。至矣哉，古之明王。

今 译

天地和它们所产生的东西，就是"物"。"物"这个名称用来称呼那所称呼的东西而不过分的，就是"实"。"实"这个东西用来充实那所充实的东西而不欠缺的，就是"位"。离开了那个应该处的位，就是非位；处在那个应该处的位，就是正。

用那已经纠正了的，来纠正那还没有纠正的；不用那还没有纠正的，来怀疑那已经纠正了的。所谓正，就是正那个实所充实的东西；正那个实所充实的东西，就是正那个名。

---

① 据《子汇》等本校增。

所谓名正，就是“唯乎其彼此”。称那个东西为彼，而“彼”这个名称又不专用于那个东西，则“彼”这个名称就不能通行。称这个东西为此，而“此”这个名称又不专用于这个东西，则“此”这个名称就不能通行。那是因为把不适宜的名称作为适宜的。把不适宜的作为适宜的，就是乱。所以，称那个东西为彼而又适宜于那个东西，就专用于那个东西，那样才可称为“行彼”；称这个东西为此而又适宜于这个东西，就专用于这个东西，那样才可称为“行此”。那是因为把适宜的名称作为适宜的。把适宜的作为适宜的，就是正。所以，称那个东西为“彼”，而又仅止于称那个东西，称这个东西为“此”，而又仅止于称这个东西，是可以的。称这个东西为“彼”，因而弄得那个东西成了“此”，称那个东西为“此”，因而弄得这个东西成了“彼”，是不可以的。

名实的问题，是一个称谓的问题。如果知道这个东西不叫“此”，知道“此”这个名称不仅指这个东西，就不要用“此”这个名来称呼了。如果知道那个东西不叫“彼”，知道“彼”这个名称不仅指那个东西，就不要用“彼”这个名来称呼了。

完美啊，古代贤明的君王！详尽地考察名和实，谨慎地称谓那所称谓的东西。完美啊，古代贤明的君王！

名家（辩者）诸子、诸书资料辑略

（一）邓析（公元前545—前501年）

“郑驷歂杀邓析，而用其《竹刑》。”（《左传·定公九年》）

“山渊平，天地比，齐秦袭，入乎耳，出乎口，钩有须，卵有毛，是说之难持者也，而惠施、邓析能之。然而君子不贵者，非礼义之中也。”（《荀子·不苟》）

“郑国多相县以书者。子产令无县书，邓析致之。子产令无致书，邓析倚之。令无穷，则邓析应之亦无穷矣。是可不可无辨也。……

“洧水甚大，郑之富人有溺者。人得其死者。富人请赎之，其人求金甚多，以告邓析。邓析曰：‘安之。人必莫之卖矣。’得死者患之，以告邓析。邓析又答之曰：‘安之。此必无所更买矣。’……

“子产治郑，邓析务难之，与民之有狱者约，大狱一衣，小狱襦袴。民之献衣襦袴而学讼者，不可胜数。以非为是，以是为非，是非无度，而可与不可日变；所欲胜因胜，所欲

罪因罪。郑国大乱，民口喧哗。”（《吕氏春秋·离谓》）

“卫有五丈夫，俱负缶而入井，灌韭终日一区。邓析过，下车为教之曰：‘为机，重其后，轻其前，命曰“桥”。终日灌韭百区不倦。’五丈夫曰：‘吾师言曰：“有机知之巧，必有机知之败。”我非不知也，不欲为也。子其往矣？我一心溉之，不知改已。’邓析去，行数十里，颜色不悦怿，自病。弟子曰：‘是何人也？而恨我君，请为君杀之！’邓析曰：‘释之。是所谓真人者也，可令守国。’”（《说苑·反质》）

“邓析者，郑人也，好刑名，操两可之说，设无穷之辞，当子产之世，数难子产之法。记或云子产起而戮之。于《春秋左氏传》昭公二十年而子产卒，子太叔嗣为政。定公八年，太叔卒，驷歂嗣为政。明年，乃‘杀邓析而用其竹刑。’……竹刑，简法也。久远，世无其书。子产卒后二十年而邓析死。传说或称子产诛邓析，非也。其论无厚（者）[①] 言（之）[②]异同，与公孙龙同类。”（刘向：《〈邓析子〉叙录》[③]）

“《邓析》二篇（自注：郑人，与子产并时）。”（《汉书·艺文志》）

“郑之圃泽多贤，东里多才。圃泽之役有伯丰子者，行过东里，遇邓析。邓析顾其徒而笑曰：‘为若舞彼来者奚若？’其徒曰：‘所愿知也。’邓析谓伯丰子曰：‘汝知养养之义乎？受人养而不能自养者，犬豕之类也。养物而物为我用者，人

①② 据梁启超《汉书艺文志诸子略考释》（《饮冰室合集》之专集十八册）说校删。

③ 原篇现存未有刘向署名。《荀子·不苟》杨倞注引“刘向云：‘邓析好刑名，操两可之说，设无穷之辞，数难子产为政，子产执而戮之。’”显系《叙录》之文。（宋）《崇文总目》则谓校者为刘歆。

之力也。使汝之徒食而饱，衣而息，执政之功也。长幼群聚而为牢藉庖厨之物，奚异犬豕之类乎?’伯丰子不应。伯丰子之从者越次而进曰：‘大夫不闻齐、鲁之多机乎？有善治土木者，有善治金革者，有善治声乐者，有善治书数者，有善治军旅者，有善治宗庙者，群才备也；而无相位者，无能相使者。而位之者无知，使之者无能，而知之与能为之使焉。执政者迺吾之所使，子奚矜焉！’邓析无以应，目其徒而退。”（《列子·仲尼》）

“子产……有兄曰公孙朝，有弟曰公孙穆。朝好酒，穆好色。……子产日夜以为戚，密造邓析而谋之，……邓析曰：‘吾怪之久矣，未敢先言。子奚不时其治也，喻以性命之重，诱以礼义之尊乎?’子产用邓析之言，因间以谒其兄、弟而告之曰：‘人之所以贵于禽兽者，智虑。智虑之所将者，礼义。礼义成，则名位至矣。若触情而动，耽于嗜欲，则性命危矣。子纳侨之言，则朝自悔而夕食禄矣。’朝、穆曰：‘吾知之久矣，择之亦久矣，岂待若言而后识之哉？凡生之难遇而死之易及，以难遇之生，俟易及之死，可孰念哉！而欲尊礼义以夸人，矫情性以招名，吾以此为弗若死矣。为欲尽一生之（观）［欢］[①]，穷当年之乐，唯患腹溢而不得恣口之饮，力惫而不得肆情于色；不遑忧名声之丑，性命之危也。且若以治国之能夸物，欲以说辞乱我之心，荣禄喜我之意，不亦鄙而可怜哉！我又欲与若别之。夫善治外者，物未必治，而身交苦；善治内者，物未必乱，而性交逸。以若之治外，其法可暂行于一国，未合于人心；以我之治内，可推之于天下，

① 据杨伯峻《列子集释》（中华书局（北京）1979年版第226页）说校改。

君臣之道息矣。吾常欲以此术而喻之，若反以彼术而教我哉?’子产忙然无以应之。他日，以告邓析。邓析曰：‘子与真人居而不知也，孰谓子智者乎?郑国之治偶耳，非子之功也。’”（《列子·杨朱》）

“今本《邓析子》无厚转辞二篇，乃与施、龙之言迥异，颇有文不对题之嫌，盖篇名真而书伪耳。然其书虽伪，究非隋唐以前人不能为，以其深明古训，非近代人所能及也。”①

“今是书其所明义，尚法而不能坚，治名而不能精，于韩非、慎到之旨，时或一中，又杂而不醇，儒家言亦往往焉存。其辞不类出春秋时人，又复驳裂似聚敛众书为之者。……《汉志》所录二篇，鲁胜既不得见，此为后之妄人，掇拾残文，伪托于旧传，故不徒剿取之失，抑且甚失其义，不然，何以与周秦人所称并不合哉！以《序录》及中所剿取于诸书者观之，或且出伪《列子》《鬼谷子》后也。”②

“全书皆肤廓粗浅，摭拾道家言，与名家根本精神绝相反。盖唐宋后妄人所为，决非《汉志》旧本也。邓析有无著书，本属疑问，‘无厚’‘同异’诸论，皆起自《墨经》以后，疑原书已属战国末年人依托，今本又伪中出伪也。”（梁启超：《汉书艺文志诸子略考释》）

“窃疑邓析之书，散佚盖久，今本二篇，出于晋人之手，半由捃拾群书，半由伪造附会。”③

“邓析本为郑之一大讼师，并非名家之祖。《汉志》所著

① 王启湘：《周秦名家三子校诠》，第3页。

② 马叙伦：《邓析子校录后序》；《天马山房丛著》民国铅印线装本第22—23页。

③ 罗根泽：《“邓析子”探源》；《诸子考索》第389页。

录之邓析书，乃战国后期，辩学大盛，辩者之徒，欲显其学之源远流长，以邓析以教讼名于世，遂依托而为其书焉。”①

（二）惠施（约公元前380—前310年）

见《惠施评传》。

（三）尹文（公元前350—前285年）

“不累于俗，不饰于物；不（苟）［苛］② 于人，不忮于众；愿天下之安宁以活民命，人我之养，毕足而止，以此白心。古之道术有在于是者，宋钘、尹文闻其风而悦之。作为华山之冠以自表，接万物以别宥为始。语心之容，命之曰‘心之行’。以聏合欢，以调海内。（请）［情］③ 欲（置之）［寡少］④ 以为主。见侮不辱，救民之斗，禁攻寝兵，救世之战。以此周行天下，上说下教；虽天下不取，强聒而不舍者也。故曰：上下见厌而强见也。虽然，其为人太多，其自为太少。曰：‘（请欲固置）［情固欲寡］⑤，五升之饭足矣。’先生恐不得饱，弟子虽饥，不忘天下，日夜不休。曰：‘我必得活者，图傲乎？’救世之士哉！曰：‘君子不为苛察，不以身假物。’以为无益于天下者，明之不如已也。以禁攻寝兵为外，以情欲寡

① 孙次舟：《邓析子伪书考》；《古史辨》（第六册），上海古籍出版社1982年版第213页。

② 据章炳麟《庄子解故》说（《章太炎全集（六）》，上海人民出版社1986年版第168页）校改。

③④⑤ 据唐钺《尹文和〈尹文子〉》说（《古史辨》第六册第225、225—226页）校改。

浅为内；其小大精粗，其行适至是而止。”（《庄子·天下》）

“尹文见齐王。齐王谓尹文曰：‘寡人甚好士。’尹文曰：‘愿闻何谓士？’王未有以应。尹文曰：‘今有人于此，事亲则孝，事君则忠，交友则信，居乡则悌，有此四行者，可谓士乎？’齐王曰：‘此真所谓士已。’尹文曰：‘王得若人，肯以为臣乎？’王曰：‘所愿而不能得也。’尹文曰：‘使若人于庙朝中，深见侮而不斗，王将以为臣乎？’王曰：‘否。(大)[1] 夫见侮而不斗，则是辱也。辱则寡人弗以为臣矣。’尹文曰：‘虽见侮而不斗，未失其四行也。未失其四行者，是未失其所以为士一矣。未失其所以为士一（而王以为臣，失其所以为士一）[2] 而王不以为臣，则向之所谓士者乃士乎！’王无以应。尹文曰：‘今有人于此，将治其国，民有非则非之，民无非则非之，民有罪则罚之，民无罪则罚之，而恶民之难治，可乎？’王曰：‘不可。’尹文曰：‘窃观下吏之治齐也，方若此也。’王曰：‘使寡人治信若是，则民虽不治，寡人弗怨也。意者未至然乎？’尹文曰：‘言之不敢无说。请言其说。王之令曰：“杀人者死，伤人者刑。”民有畏王之令，深见侮而不敢斗者，是全王之令也。而王曰“见侮而不斗，是辱也”。夫谓之辱者，非此之谓也，（以为臣）[3] 不以为臣者罪之也。此无罪而王罚之也。’齐王无以应。”（《吕氏春秋·正名》；又见《公孙龙子·迹府》公孙龙引以谓孔穿，文有小异）

“齐宣王谓尹文曰：‘人君之事何如？’尹文对曰：‘人君之

① 据毕沅说校删。

②③ 据（清）陈昌齐《吕氏春秋正误》说校删。

事，无为而能容下。夫事寡易从，法省易因，故民不以政获罪也。大道容众，大德容下，圣人寡为而天下理矣。《书》曰：‘（睿）[容][①] 作圣。’诗（人）[②]曰：‘歧有夷之行，子孙其保之。’宣王曰‘善。’”（《说苑·君道》）

“刘向亦以其学本于黄老，大较刑名家也。”（山阳仲长氏《尹文子序》）

“与宋钘俱游稷下。”（颜师古《汉书》注引刘向说）

“《尹文子》一篇（自注：说齐宣王，先公孙龙）。”（《汉书·艺文志》）

“尹文课名实之符”（刘勰：《文心雕龙·诸子》）。

“《尹文子》书大略学黄老而杂申韩者”（（明）凌稚隆《汉书评林》引沈津说）。

“《庄子·天下》篇尹文与宋钘并称，……彼宗专标‘见侮不辱’‘情欲寡浅’两义，……《吕氏春秋·正名》篇引尹文语，专论‘见侮不辱’，……然则尹文非邓析惠施一派之名家明矣。今本尹文子……疑魏晋人所编，……其书则本为先秦名家言，编者不得其主名，遂归诸尹文耶？”（梁启超：《汉书艺文志诸子略考释》）[③]

---

①② 据向宗鲁《说苑校证》（中华书局（北京）1987年版）说校改。

③ 唐钺更认为：“先秦书中没有说过尹文和名家，法家或道家有任何关系。《汉志》以‘《尹文子》一篇’列入名家；但这并不能证明尹文和惠施，公孙龙是一家。《汉志》分家，不是根据那个人的根本学说，乃是根据当时所传著作的内容的要点。……《尹文子》所以归入名家，也不过当时所传一篇，大部是说名理的。”亦认为：“今日所流行的《尹文子》，大约是陈隋间人的伪托。”（《尹文和〈尹文子〉》，《古史辨》第六册第230—231、241页）

（四）兒　　说

“兒说，宋人，善辩者也，持‘白马非马也’服齐稷下之辩者。乘白马而过关，则顾白马之赋。”（《韩非子·外储说左上》）

“鲁鄙人遗宋元王闭。元王号令于国：‘有巧者皆来解闭。’人莫之能解。兒说之弟子请往解之，乃能解其一，不能解其一。且曰：‘非可解而我不能解也，固不可解也。’问之鲁鄙人，鄙人曰：‘然，固不可解也。我为之而知其不可解也。今不为而知其不可解也，是巧于我。’故如兒说之弟子者，以不解解之也。”（《吕氏春秋·君守》）

“兒说之为宋王解闭结也。”（《淮南子·说山》）

“夫兒说之巧，于闭结无不解。非能闭结而尽解之也，不解不可解也。至乎以弗解解之者，可与及言论矣。”（《淮南子·人间》；许注：“兒说，宋大夫。”）

“倪、惠以坚白为辞”（《文选·演连珠》刘峻注）。

（五）桓　　团[①]

“桓团公孙龙，辩者之徒。”（《庄子·天下》）

“姓桓名团……赵人……辩士也，客游平原君之家。”（成《疏》）

---

① 《列子·仲尼》作“韩檀”。

（六）公孙龙（约公元前320—前250年）

见《公孙龙评传》。

（七）毛　公

“公子（指信陵君魏无忌——杨注）闻赵有处士毛公藏于博徒，薛公藏于卖浆家，公子欲见两人，两人自匿不肯见公子。公子闻所在，乃闲步往从此两人游，甚欢。”（《史记·魏公子列传》）

“论坚白异同，以为可以治天下。此盖《史记》所云‘藏于博徒’者。”（颜师古《汉书》注引刘向《别录》）

“《毛公》九篇（自注：赵人，与公孙龙等并游平原君赵胜家）。”（《汉书·艺文志》）

（八）田　巴

“齐辩士田巴，服狙丘，议稷下，毁五帝，罪三王，服五伯，离坚白，合同异，一日服千人。有徐劫者，其弟子曰鲁仲连，年十二，号‘千里驹’，往请田巴曰（此上十二个字《太平御览》卷四六四作“谓劫曰：‘臣愿得当田子，使之不敢复谈可乎？[①]’徐劫言之田巴曰：‘劫弟子年十二耳，然千里之驹也，愿得侍议于前。’田巴曰：‘可。’鲁连曰”；卷三八五大同）：

---

① 此数语本《文选·与杨德祖书》李善注引《鲁连子》，文字略有小异。

‘臣闻堂上不奋，郊草不芸，白刃交前，不救流矢，急不暇缓也。今楚军南阳，赵伐高唐，燕人十万，聊城不去，国亡在旦夕，先生奈之何？若不能者（《太平御览》有“田巴曰：‘无奈何’”），先生之言有似枭鸣，出城而人恶之。愿先生勿复言。’田巴曰：‘谨闻命矣。’巴谓徐劫曰：‘先生（《太平御览》作“先生之驹”）乃飞兔也，岂千里驹！’巴终身不谈。”（《史记·鲁仲连列传》《正义》引《鲁仲连子》）

（九）綦毋子

“綦毋子与公孙龙争辩”（《元和姓纂》卷二引《战国策》）。

（十）黄公

“《黄公》四篇（自注：名疵，为秦博士，作歌诗，在秦时歌诗中）。”（《汉书·艺文志》）

（十一）成公生

“与李斯子由同时。……成公生游谈不仕。”（颜师古《汉书》注引刘向说）

“《成公生》五篇（自注：与黄公等同时）。”（《汉书·艺文志》）

“姓成公。”（颜师古《汉书》注）

索　引

人名索引

二　画

卜子夏（22）

三　画

于鬯（31、137）
士尹池（24）
久保爱（97）
尸子（108）
卫玠（156）
子之（31）
子产（75、117）
子思（51、131）
马国翰（11、47、48）
马佳氏（152）
马骕（152）
马叙伦（10、13、48、145）
马端临（150）

四 画

王力（198）
王夫之（122）
王引之（180）
王师政（149）
王先谦（45、48）
王先慎（45）
王安石（155）
王启湘（144、145、146、155、162、201）
王叔岷（13、61）
王念孙（15、44、71、75、87）
王琯（108、150、155、171、173、183、186、193、208、220）
王敦（156）
王弼（156）
王德裕（50、83、100）
王缵堂（152）
太史伯（122、123、124）
贝克莱（176、177）
毛公（11、106、134、240）
公仲连（134）
公输子（鲁班）（98）
方授楚（109）
心史（145、146）
尹文（107、143、144、231、240）
邓云昭（108）
邓析（11、44、75、107、118、240）
孔子（仲尼、孔丘）（17、24、40、41、117、123、124、131、132、142、143、158、159、202、215、228、230、237、238、240、242）
孔穿（130、131、132、141、142、143、144、146、150、158、199、230、231、240、242）

五 画

艾可（176）
平原君（130、131、132、133、134、136、137、138、139、141、142、144、145、146、150、158、159）
卢文弨（3、145）
归有光（11、47、152、155、159）
叶适（103）
申子（106）
冉有（238）
田口文之（133）

田子方（22、23）
田巴（73、74、240）
田忌（8）
田单（74）
田驷（30）
田婴（薛公）（5、6）
田需（5、6、10、34、72）
白圭（8、9、28、35、45、46、92、97、98）
白起（138）
乐正子舆（130、150）
乐毅（135）
冯友兰（11、48、50、52、69、78、85、92、100、116、160、161、178、193）
冯郝（14、26、32）
冯谖（198）
司马迁（129）
司马谈（3、89、104、107、118）
司马彪（11、59、131、158）
司城子罕（剔成肝）（24、25、26）
司星子韦（25）

六 画

老聃（110）
亚里士多德（55、78）
芝诺（77）
西门豹（22）
列宁（82、125、169、188、204、223、225、249）
成公生（106、241）
成玄英（7、11、39、48、57、59、61、62、86、113、131、134、158）
尧（31、39、40）
匡章（4、15、16、27、28、35、45、91、92）
吕不韦（103）
吕思勉（110、111、183）
毕沅（33、110、118、137、138、145）
朱熹（122）
伍非百（155、157、183、185、207、241）
休谟（181）
任继愈（50、56、70、100）
向戌（25）
庄子（庄周）（3、5、11、12、13、14、35、36、37、38、39、40、41、42、45、54、73、98、106、110、111、112、113、114、115、116、120、121、122、191、245）

刘文英（58）
刘向（88、89、106、107、129、132、140、141、151）
刘禹（140、157）
刘峻（157）
刘培育（243）
刘歆（88、106、107）
刘霦（153）
齐威王（7、8）
齐桓公（62、226）
齐景公（135）
汤（124、242）
许由（31）
许维遹（15、29）
许慎（11、13、131、151）
纣（124、242）
阮裕（157）
孙冯翼（132）
孙诒让（52、59、108、155、165、243）
孙武（22、119）
孙道升（42）
孙碌（148）
孙锵鸣（29）
孙膑（8）

七　画

苏厉（138）
苏代（6）
苏时学（25、243）
苏秦（46、101）
苏轼（159）
严可均（132、152、154、155）
严复（38）
杜国庠（69、80、110、150、161、162、163、165、169、170、171、173、175、177、180、197、206、211、232、233、235）
杜预（33）
李石岑（63、79）
李悝（22）
李疵（130）
李斯（17、133）
李慈铭（88）
杨士奇（153）
杨仪（153）
杨永志（178）
杨朱（110）
杨荣国（113、175、176、192、194、197、207、211、212、233、234）
杨柳桥（155）
杨树达（180）
杨俊光（113、155）
杨倞（52、158）

杨宽（22、25、49、82）
杨循吉（153）
杨慎（60、155、159、164）
吴师道（31）
吴宽（153）
吴起（22、119）
何清谷（14、17）
伯牙（42）
邹衍（130、131、139、141、150）
应侯（130）
辛从益（152、155、180、183、220）
辛风（231）
冷冉（173）
汪中（108）
汪奠基（83）
汪馥炎（148）
沈有鼎（124）
宋子（106）
宋元君（宋元公、宋元王）（14、24、25、41）
宋平公（24、25）
宋君偃（宋康王、徐偃王）（25、26）
宋桓侯（璧兵）（25）
宋景公（24、25）
宋濂（159、161）
张仪（6、10、31、32、33、35、37、92、93、95）
张怀民（155）
张国铨（26）
张岱年（42、51、62、68、69、124）
张采田（107）
张泽民（108）
张宗祥（153）
张载（122）
张惠言（82、108）
张湛（157、158）
张海鹏（132、152）
陆德明（6）
陈中凡（160）
陈仁锡（152、155）
陈进坤（155）
陈伯达（17、108）
陈奇猷（33、45、137、145）
陈柱（104、155、171、183、186、220）
陈轸（10）
陈亮（103）
陈振孙（150、159）
陈景元（49）
陈嗣古（149、154、155）
陈澧（108、152、153、155、171、183、192、206、220）

八　画

武庚（24）
范寿康（78）
范耕研（145）
林希逸（49、50）
林春溥（31、137）
拉法格（246）
欧布里德（227）
欧阳修（155）
欧阳清（152）
叔孙豹（46）
周子义（152）
周云之（84、243）
周公（24）
周文王（33、94）
周文英（84）
周武王（24、124、202、242）
周瀚光（68）
罗根泽（60）
罗振玉（141）
知伯（21）
季子（6、7、87、106）
季历（33）
季良（39）
季真（39）
兒说（141、240）
金受申（155、183、207）
金德建（18、20、49）
庞朴（152、155、206）
郑樵（149、150）
法琳（158）
建信君（130）
屈志清（155）
孟轲（23、110、117）
孟尝君（60、134）
驷颛（118）

九　画

春申君（134）
郝立权（80、108）
赵孝成王（134、138）
赵希弁（155）
赵武灵王（130、134、137）
赵烈侯（134）
赵奢（101、138）
赵惠文王（93、130、134、137、138、159）
赵鞅（117）
荀况（15、44、45、48、76、87、94、95、96、97、99、106、108、109、116、118、121、193、226、228、229、234、235、239、249、250）

荀寅（117）
胡曲园（155）
胡怀琛（86）
胡适（4、55、56、63、65、67、68、107、108、130、160、197、241）
胡道静（131、143）
胡韫玉（86）
昭鱼（6）
段干木（22、23）
段玉裁（3）
禹（124、242）
钟子期（42）
钟会（156）
钟惺（152、155）
俞樾（6、9、42、117、155、171、185、186、211）
信陵君（134、138）
侯外庐（69、73、85、86、92、99、102、103、157、193、223、245）
爰俞（157）
费尔巴哈（195、196）
姚际恒（147）
羿（39）

十　画

秦昭王（137）
班固（3、11、88、89、106、107、134）
莫绍揆（60）
晋鄙（138）
聂崇岐（132）
桓团（韩檀）（134、240、241）
桓谭（132、140、148）
贾大隐（149、154、155）
贾谊（225）
顾广圻（45）
顾观光（31、137）
顾实（10、48、50、78、141、162）
晏婴（123、124）
恩格斯（54、55、72、77、78、79、85、121、189、196、203、204、210、212、213、215、232、236、244、246、247、248）
徐仁甫（39、234）
徐劫（74）
钱基博（110）
钱熙祚（133、152）
钱穆（5、6、8、9、10、26、90、92、108、109、130、155、207、242、243）
殷纣王（24）
殷浩（156）

桀（124、242）
栾星（155）
栾调甫（148、149）
高亨（51）
高诱（11、14、26、131、141、156、216）
高儒（155）
郭沫若（24、56、69、79、80、85、86、90、91、110、173、241）
郭象（113、121）
郭湛波（11、83）
唐且（9）
凌稚隆（88）
谅毅（137）
陶宗仪（152、153、164）
陶鸿庆（118）

十一画

培根（83）
黄公（疵）（106、241）
黄丕烈（132）
黄式三（31）
黄震（159）
黄缭（42、43、44）
康德（179、181）
章士钊（109、208）
章太炎（48、49、60、65、85）
章沛（70）
商鞅（94、97、118、119）
淳于髡（23、24）
梁玉绳（4）
梁启超（48、55、56、86、90、97、107、108、151）
梁启雄（45）
梁履绳（137）
尉缭（17）

十二画

喜多村直宽（132）
斯大林（237）
斯宾诺莎（248）
蒋维乔（9）
董份（88）
韩非（44、45、71、94、97、99、107、108、117、118、119）
黑格尔（55、76、77、83、203、204、225、249）
嵇文甫（12、101）
傅山（152、153、155）
傅嘏（156）
舜（31）
鲁仲连（74）

鲁非（176）
鲁胜（75、81、108、109、157、161、215）
鲁遽（39、40）
普列汉诺夫（225）
渡边秀方（63、110）
谢玄（156）
谢汝韶（152）
谢希深（132、154、159）
犀首（6、10、31、33、92）

十三画

蒲叔献（132）
虞卿（130、138、139、150）
微子（24）
詹子庆（91、95、97、100）
鲍彪（31、140）
慎子（87、106、113）
阖闾（22）
褚伯秀（49）

十四画

綦毋子（138、156、241）
裴学海（52、164、167）
裴骃（158）
裴頠（156）
管仲（226）
谭戒甫（48、80、148、155、171、173、175、180、200、211、216、217、219、220）
翟蒴（20、28、35、45、91、95、96、99）

十五画

樊洪业（79、80）
墨子（63、82、87、98、106、108、121、123、124、228、242）
颜师古（149、227）
潘寿（鹿毛寿）（31）

十六画

燕王哙（31）
燕昭王（93、130、135、136）
隰朋（226）

十七画

戴晋人（7、8、27）
魏太子申（6）
魏太子鸣（28）
魏文侯（22、23、130）

魏牟（14、73、130、131、134、150）
魏武侯（22、23）
魏挚（130）
魏惠王（4、5、6、7、8、9、10、17、22、23、24、27、28、29、31、32、33、35、72、92、94、95、100、111）
魏襄王（4、5、6、10、31、33、34）

文献索引

二　画

二十家子书（152、154）
十二子（152、154）
十批判书（56、69、80、91、173、241）
七略（88、106、141）
人物志（140、141、157）

三　画

三国志（156、157、202）
廿二子全书（152、153、154）
与梁卓如论墨子书（108）
广雅（53、221、222、225）
广释词（234）
小逻辑（77、204）
习学纪言序目（103）
子汇（152、153、154、166、197、220）
子书百家（152、154）
子华子（154）
马克思主义与语言学问题（237）
马克思恩格斯全集（第12卷）（81）
马克思恩格斯全集（第20卷）

（54、55、72、77、78、85、121、196、203、204、210、212、213、215、232、244、246、247、248、249）
马克思恩格斯全集（第21卷）（189、236、248）
马克思恩格斯全集（第38卷）（77）

四　画

艺文类聚（15、16、131、135）
五子书（152、154）
太平御览（13、35、74、118、131、132、133、135、148）
太平御览引得序（132）
中国历史上的逻辑家（84）
中国古代时空观念的产生（58）
中国古代社会史论（103）
中国古代思想史（113、175、207、212）
中国古名家言（155、157、183、185、207、241）
中国思想通史（第一卷）（69、73、85、86、92、99、103、193、223、245）
中国思想通史（第三卷）（157）
中国哲学十讲（63、79）
中国哲学大纲（62、69、124）
中国哲学史（冯友兰）（11、52、69、92、160）
中国哲学史（任继愈主编）（50、56、70、100）
中国哲学史大纲（4、55、63、65、67、130、160）
中国哲学史史料学（42、51）
中国哲学史讲授提纲（73）
中国哲学史通论（78）
中国哲学史概论（63、110）
中国哲学史新编（第一版）（11、48、50、78、79、85、92、100、116、117、178、193）
中国哲学史新编（第二版）（79、85）
中国逻辑思想史料分析（83）
中国逻辑思想史稿（84）
中庸（51）
升庵全集（60）
爻山笔话（25）
公孙龙子考（131、143）
公孙龙子形名发微（148、155、173、175、180、200、211、216、217）
公孙龙子注（辛从益）（152、180、183、220）

公孙龙子注（陈澧）（152、183、192、206）
公孙龙子研究（152、206）
公孙龙子斠释（155）
公孙龙子悬解（108、150、155、173、183、208）
公孙龙子集解（183）
公孙龙子释（155、183、207）
公孙龙子蠡测（129、145、153、154、166、167、186、190、200、217、231）
公孙龙的《白马论》和《指物论》（173）
公孙龙哲学批判（178）
文史述林（51）
文苑英华（107、149、150）
文选注（51、158）
文献通考（150）
尹文子（106、107、154）
邓析子（106、107、151）
孔丛子（145、157）
水经注（7）

五 画

玉函山房辑佚书（11、47）
玉海（152）
玉篇（53）
正蒙（122）
世本（11）
世说新语（121、156、157）
艾子杂说（159）
古今伪书考（147）
古书虚字集释（13、52、164、167、201）
古本竹书纪年辑证（7）
古史辨（四）（145）
古代汉语（上册第一分册）（198）
札迻（52、155、165）
左传（29、46、58、117、118、123、202）
东方格致（49、60）
东塾读书记（108）
北齐书（42）
北堂书钞（15）
旧唐书（149、154）
史记（3、4、5、6、7、8、9、10、11、15、17、19、21、22、23、24、25、26、27、31、32、33、34、73、74、88、101、102、118、129、130、131、132、133、134、135、137、138、139、140、148、158、164、227）
史记志疑（4）

史记评林（88）
史微（107）
四库全书总目提要（150）
仪礼（66）
汉书（3、7、24、47、66、88、104、106、107、129、131、133、134、147、149、227、240）
汉书艺文志诸子略考释（151、162）
礼记（52、65）
奴隶制时代（24）
司马谈论六家要指书后（107）

六　画

老子（124）
朴学斋丛书（第五册）（86）
百川书志（155）
列子（129、130、131、151、157、158）
列宁全集（第10卷）（225）
列宁全集（第14卷）（181、188、189、224、225、246、248）
列宁全集（第38卷）（77、82、83、121、169、187、188、204、205、210、215、224、244、245、246、247、249）
吕氏春秋（4、5、8、9、11、14、16、17、18、22、23、24、26、27、28、29、31、32、33、35、60、63、71、72、75、90、91、92、93、95、97、107、110、118、129、131、132、135、136、138、141、143、144、145、146、156、216、225、227）
吕氏春秋汇校（9）
吕氏春秋校释（33）
吕氏春秋高注补正（15、29）
吕氏春秋集释（15）
朱子语类（122）
先秦诸子系年（6、9、26、92、130、137）
先秦逻辑史（243）
先秦辩学史（11、83）
后汉书（66）
合刻五家言（152、153、154、165）
合诸名家批点诸子全书（152、154、167、194）
名家起于三晋说（12、101）
名家是法家的同盟军（231）
庄子（3、7、12、13、14、17、19、20、35、36、37、38、

39、40、41、42、45、47、49、51、53、58、60、63、66、73、74、80、86、87、98、106、111、112、113、114、115、116、120、121、131、134、140、145、148、151、164、176、191、192、202、216、228、245）
庄子人名考（6）
庄子义证（13）
庄子天下篇讲疏（10、48、50、78）
庄子天下篇述义（10、48、51）
庄子天下篇的作者问题（42）
庄子天下篇校释（48、80）
庄子天下篇释义（48、55、86、90、108）
庄子佚文（13）
庄子校释（13、61）
庄子疏（11、39、48、49、57、59、61、62、86、113、131、134、158）
庄子集解（48）
庄子解（122）
庄子辨正（39）
守山阁丛书（152、153、154）
论语（20、59、62、63、105、117、123、222、238、239）
论晚近诸家治墨经之谬（49）
论惠施（50、79、83、100）
论惠施数学背理的哲学基础（68）
论衡（25、66、149、226）
孙子兵法（22）

七　画

形而上学（55）
严复集（38）
杜国庠文集（69、70、80、110、111、150、165、170、173、177、178、180、182、194、197、206、211、232、233、235、242）
杨子法言（156）
杨升庵先生评注先秦五子全书（142、152、153、154、159、164、165、166）
坚白盈离辩（148）
别录（88、89、106、129）
别墨问题之探讨（108）
佞汉斋丛书（152、154）
评惠施治魏（91、95、97、100）
宋史（154）
初学记（141）
词诠（180）

陈亮集（103）
驳唐晓文《名家是法家的同盟军》的反动谬论（176）

八　画

青铜时代（80、86、90、110）
直斋书录解题（150、159）
抱朴子（216）
尚书（29）
周易（49、52、89）
周季编略（31）
周秦名家三子校诠（144、145、155、162、201）
国学讲习会略说·论诸子学（85）
国语（53、102、123、202）
国故论衡（65）
国策纪年（31）
国策编年（137）
鸣沙石室古籍丛残（141）
金楼子（131、135）
沫若文集（第10卷）（79）
诗经（15、63）
孟子（18、19、20、23、62、117、184、202）
绎史（152、153、197）
经子解题（110、111、183）
经传释词（180、201）
经典释文（6、11、48、59、61、69）

九　画

春秋谷梁传（225）
春秋经传集释（33）
荀子（17、20、44、45、47、48、49、52、53、63、75、87、95、97、105、106、107、118、121、158、176、180、225、226、228、229、235）
荀子简释（97）
南华真经口义（49、50）
南华真经义海纂微（49）
指海（133）
战国史（22）
战国纪年（31、137）
战国策（5、6、9、10、17、18、22、26、27、28、31、32、33、34、35、46、60、93、94、96、101、129、130、132、134、135、137、138、227）
战国策年表（137）
思想起源论（246）

重考古今伪书考（141）
说文通训定声（226）
说文解字（3、18、52、53、58、59、60、65、104、184、202、221、225、226）
说苑（15、23、30、42、49、131、225、226）
说郛（152、153、154、164、165、194）
郡斋读书志（155）
费尔巴哈哲学著作选集（下卷）（196）

十画

盐铁论（151）
晋书（75、108、161、215）
贾谊新书（26）
破邪论（158）
哲学小辞典（儒法斗争史部分）（79、116）
哲学史讲演录（第二卷）（225）
唐书（47、107、149）
唐宋白孔六帖（140）
资治通鉴（74、138、139）
诸子平议（9、42、117、155、185、211）
诸子汇函（11、47、152、154、159）
诸子考索（60）
诸子奇赏（152、153、154、166）
诸子品节（9）
诸子通谊（160）
诸子略说（85）
诸子概论（104）
诸子辨（159、162）
读书杂志（44、71、75、87）
读庄子天下篇疏记（110）
读诸子札记（118）
通志（149、150）

十一画

黄氏日钞（159）
逻辑学（249）
逻辑学的兴起（60）
逻辑指要（109）
章太炎全集（一）（85）
章太炎全集（六）（48）
商君书（18、94）
淮南子（11、13、26、28、35、36、41、61、74、98、99、131、140、148、151、156、164、214、216、227）
寄思斋藏稿（153）

隋 书（47、106、147、148、149）

十二画

斯大林全集（第一卷）（190）
韩子浅释（45）
韩非子（3、10、17、20、25、26、30、31、32、45、70、77、92、93、94、97、98、99、109、117、118、119、141、225）
韩非子识误（45）
韩非子集释（45）
韩诗外传（23）
惠学锥指（74）
惠施三论（18、20、49）
惠施及其他辩者的哲学思想（17、108）
惠施公孙龙（6、9、90、109、155、208）
惠施公孙龙之哲学（108、197、241）
惠施传（80、108）
惠施行年考（14、17）
皕宋楼藏书志（132）
嵇文甫文集（上）（101）
鲁仲连子（鲁连子）（73、74）
道 藏（32、150、152、153、154）

十三画

简明中国哲学史（192、194、197、212、233、234）
新书（225）
新中国的考古发现和研究（102）
新中国的考古收获（102）
新论（桓子新论）（132、133、140、141、148）
新原道（160、161）
新唐书（149、154）
新理学（160、161）
新序（22、23、26、131、132、135）
新序校注（26）
群书拾补（3）

十四画

臧三耳辨（145）
鹖冠子（154）
管子（18、51、53、105、108、119、225、226）

十五画

墨 子（53、66、81、82、98、

99、107、109、110、117、121、124、193、215、225、226、241、242、243、244）
墨子（钱穆）（242）
墨子刊误（243）
墨子间诂（59）
墨子序（108）
墨子学案（108）
墨子经说解（82、108）
墨子研究论文集（148、149）
墨学源流（109）
墨经正文解义（108）
墨经的逻辑学（124）
《墨经》研究的一个卓越成果（82）
墨经校释（108）
墨经哲学（82）
墨海金壶（152、153、154）
墨辩探微（108）
墨“辩”辨正（215）

十六画

澹生堂藏书目（152）
辩证逻辑基础（70）

十七画

霜红龛集备存（152、153）

二十二画

鬻子（154）

重要词语索引

二　画

二无一（151、206、207、208、209、210、211、217、228、232）
二元论（80、188、189、190）

三　画

大一（47、49、50、57、64、66、67、68、69、70、76、84、110、111）
大同异（47、55、57、58、64、66、68、83）
小一（47、49、50、57、64、66、67、68、69、70、76、84、110、111）
小同异（47、55、56、57、58、64、66、68、83）
马克思主义（125、160、161、162、183、210、215、244）

四　画

无（124、164、165、176、177、178、185、206、207、208、

246）
无厚（47、51、52、65、66、70、84、119、151）
不可知主义（不可知论）（178、179、181、224）
历物之意（历物十事）（44、46、47、48、62、64、66、67、68、69、70、72、76、77、78、80、82、85、91、111、112）
内涵（83、200、201、218、219）
见（179、180、181）
方法论（242）
认识论（63、215、224、225）

五　画

正（193、194、195、197、216）
正名（88、89、105、108、196、197、198、214、215、216、220、221、222、228、229、233、237、239、240）
去尊（62、90、91、100、109、110、111、118）
节用（110）
平（53、54、70）
世界统一性（248、249）
归纳法（81、83）
白马非马（139、140、141、142、143、144、148、150、156、157、158、161、191、199、200、201、202、203、204、205、214、218、223、228、230、231、240、242）
外延（83、201、218、219）
主观主义（224、225）
汉学（160、183）
对立统一（对立面的同一）（78、82、123、124、125、210、224）
矛盾律（82、223）

六　画

共相（57、160、163、166、170、183）
同（55、56、72、120、121、122、123、124、204、205、215）
同一（72、78、79、100、121、125、203、204、212、213、215）
同一律（81、121、190、207、213、215、223）
同异（56、57、58、65、66、

67、69、70、72、73、76、79、81、82、85、111、112、120、121、122、123、124、125、150、215、216、228、229、245）
因明（83）
自在之物（181）
自相（57）
自藏（145、163、170、171、172、178）
合同异（54、69、72、73、74、75、76、140、216）
合纵（92、93、94）
杂家（107、108、118、151）
名（81、92、104、105、108、159、183、186、192、194、195、197、198、199、200、215、216、220、221、228、229、235、236、237、238、240）
名学（107、150、229）
名实（88、105、106、107、159、192、193、194、196、215、228、233、235、237、239、240、249）
名家（3、50、51、85、88、89、101、102、103、104、107、108、116、119、129、134、157、161、182、212、215、240、241）
宇宙论（宇宙观，世界观）62、63、79、80、86、163、182、232）
守白之论（148）
观念论（79、80、163、173）

七　画

麦加拉学派（227）
形式逻辑（81、82、83、84、190、215、218、219、223、249）
形而上学（77、199、210、212、213、214、224、244）
两可之说（75）
折衷主义（224）
别同异（74、81、121、140、202、214、215、216、217、218、220、228）
别墨（109）
坚白同异之辩（坚白之谈）（41、119、131、140、145、146、148、149、158、162、164）
利民（71、90、91、100、109、118）

位（192、193、195）
言（226、239）
怀疑论（224、249）
泛神论（80）
泛爱（47、61、62、63、64、66、67、76、91、93、109、110、112）
宋尹学派（50、51）
纵横家（103、227）

八画

抽象思维（169、225、245、246、247）
非（109、190、192、202、203）
非攻（92、93、94、109、241、242）
尚同（109、118、124）
和（122、123）
物（165、166、167、168、170、172、173、174、175、177、182、183、184、185、186、187、188、189、190、192、193、194、195、228、247、248）
物质（176、189、190、237、246、247、248）
变而不变（151、206、210、211、212、228、231）
法术势（119）
法国唯物主义者（248）
法治（92、99、117、118）
法家（92、94、104、107、108、116、117、118、119、156、231、241）
定义（84、219、238）
实（97、105、159、192、193、194、195、197、198、221、235、236）
诡辩（85、86、87、88、89、95、223、224、225、226、227、228）
限定（218、219）

九画

指（160、161、163、174、182、183、184、185、186、187、188、189、190、191、193、227、228、245、246、247、248）
相对主义（54、59、60、62、69、79、86、120、121、223、224、225、228、245）
思维（82、84、105、169、175、179、188、189、216、248）

思维规律（249）
思辨（163、177、179、245）
独（167、221、231）
盈（146、148、165、166、169、172）
盈坚白（242）
盈派（180）
差异（72、77、79、81、100、101、121、203、205、212、215）
类（124）
神（167、168、169、170、172、174、175、176、178、179）
绝对主义（121、223、245）
统一体（62、63、112、208、210）

十　画

耕战（119）
埃利亚学派（77）
哲学（44、55、87、100、105、106、107、123、125、140、150、157、159、161、163、176、188、189、190、193、195、214、225、232、238、241、244、245、246、248、250）
哲学基本问题（247）
离（121、146、148、163、165、166、168、169、170、172、175、176、177、178、179、180、182、199、205、216、228、231、246、247）
离坚白（73、140、146、148、160、164、176、199、216、228、242、246）
兼（166、167、178、183、184、186、187、228）
兼爱（63、91、92、93、109、137、138、140、150、231、241、242、243、244）

十一画

理学（161、176）
理性主义（179）
黄老（156）
排中律（82）
推理（81、84、85、223、229、243、246）
唯心主义（唯心论）（50、79、105、160、163、169、174、175、176、178、182、187、188、189、190、192、193、195、196、214、223、224、

225、227、244、245、247、248、249）
唯乎其彼此（220、222、228、233）
唯物主义（唯物论）（79、80、145、169、172、173、188、189、190、192、193、196、228、229、244、246、247、248、249）
逻辑学（44、81、82、84、85、87、105、106、107、123、125、140、157、159、214、215、216、218、221、222、223、225、227、228、229、235、238、241、242、243、244、247、249、250）
偃兵（案兵，寝兵）（8、9、93、94、109、135、136、137、138、140、150、231、241、242）

十二画

智者气象（245）
道家（51、104、107、110、111、116、241）

十三画

概念论（219、249）
概括（218、219、245）
感觉（169、175、177、178、181、188、196）
辞（45、81、97、106、229）

十四画

演绎法（81、83）
察（45、87、88、215）

十五画

墨辩（81、108、215、250）
墨家（39、40、45、81、104、106、107、108、109、110、116、215、229、241、243、244、249）
稷下唯物主义学派（228）

十六画

儒家（39、40、51、95、106、107、108、117、118、228、240）
辩（42、43、44、45、61、81、114、140、144、215、225、226、227）
辩证判断（83）

辩证法（辩证论）（77、78、79、80、82、85、121、122、203、204、210、213、224）
辩证逻辑（82、83）
辩者（辩士）（3、42、43、44、48、60、86、87、104、129、134、140、151、215、216、225、240、241）
辩经（108）

十七画

藏（144、145、146、150、165、166、167、168、169、170、171、172、173、175、177、178、179）
魏晋玄学（121、176）

后　　记

这本小书，是在两本旧稿（《公孙龙子蠡测》，1982年秋间脱稿，齐鲁书社1986年版；《惠学锥指——惠施及其思想》，成稿于1984年初春，近蒙南京大学出版社支持，已经安排在今年内出版）的基础上写出来的。

在写作中，除了继续发掘资料、加深分析论证以使学术水平略有新的进境以外，主要则在致力把握“评传”体的个性——对传主思想和活动“全面地评述”（《关于组织撰著〈中国思想家评传丛书〉的规划。撰著的指导思想和体例》）、结构匀称的学术著作。具体地说是做了下列三个方面的工作。

（一）对于旧稿（其中的《蠡测》实为论文集而非全面系统的著述）中极为简略的时代背景、生平事迹部分，重新全面地搜集、分析资料，予以补充。

（二）对于旧稿中因本人并无新见而从略的一些传主思想的基本内容以及阶级属性等等，借用了学界成说或提出个人的测度之辞，以力图接近“全面”性的要求。

（三）对于旧稿中由于个人研究兴趣的专注而产生的结构上肢大于股、资料上或有堆砌等不免枝蔓、烦琐的部分，则不惜割爱或作出适度的剪裁；对于有些比较专门而又非主要的问题则只提出结论而将论证略去，并注明见于旧著的某一篇章以供有兴趣的读者参阅。

这些，说到底都只是主观的愿望。实在则限于学养而谬误自亦难免，企望学界前辈、先进同志并读者诸君不吝批评指正。

此稿草成，即承中国思想家研究中心延聘专家并由蒋广学副教授悉心审读，后获南京大学出版社金眉同志精心编辑，都提出了许多宝贵意见；又蒙中心洪家义教授赐序阐论战国名家之学、评议小书得失，南京图书馆杨世明研究员英译“目录”、“内容简介”。这一切都足为小书生色，在此一并致以感谢之忱。

杨俊光

1991 年 7 月于南京大学

图书在版编目(CIP)数据

惠施　公孙龙评传/杨俊光著. —南京：南京大学出版社，1992.5(2009.12 重印)
(中国思想家评传丛书/匡亚明主编)
ISBN 978-7-305-01273-0

Ⅰ.惠…　Ⅱ.杨…　Ⅲ.①惠施(公元前370～公元前310年)—评传　②公孙龙(公元前320～公元前250)—评传　Ⅳ.B225

中国版本图书馆 CIP 数据核字(2006)第 044107 号

中国思想家评传丛书
惠施　公孙龙评传
杨俊光　著

南京大学出版社出版发行
社址：南京市汉口路 22 号　邮编：210093
电话：025-83596923　025-83592317　传真：025-83328362
网址：http://www.NjupCo.com
电子邮箱：Press@NjupCo.com
Sales@NjupCo.com(市场部)
南京爱德印刷有限公司印刷
开本 850×1168　1/32　印张 11.5　字数 257 千
1992 年 5 月第 1 版　2009 年 12 月第 4 次印刷
印　数　7501—8500
ISBN 978-7-305-01273-0

定价：35.00 元